Charlotte Wolff

INNENWELT UND AUSSENWELT

Autobiographie eines Bewußtseins

Autorisierte Übersetzung aus dem
Englischen von Christel Buschmann

München 1971 : Rogner & Bernhard

Reihe Passagen
Editor: Axel Matthes

Erste Auflage 2000 Exemplare
Alle Rechte der deutschen Ausgabe vorbehalten
© Verlag Rogner & Bernhard GmbH., München
© der Originalausgabe »On the Way to Myself,
Communications to a Friend« by Methuen & Co Ltd,
London 1969
Die Vorderseite des Einbandes zeigt den Abdruck
der linken Hand von Maurice Ravel, »Minotaure« N° 6,
Paris, Winter 1935
Satz in der 10 und 8 Punkt Concorde mit Kursiv
Gesamtherstellung Druckerei Ludwig Auer,
Donauwörth
Printed in Germany, Oktober 1971
ISBN 3 920802 80 2

INHALT

Vorwort

Einige Jahre lang habe ich darüber nachgedacht, wie ich das Material dieses Buches ordnen könnte, das keine Lebenschronik, sondern die Autobiographie eines Bewußtseins ist. Nach ein paar Fehlstarts und viel Formen und Umformen entdeckte ich dann plötzlich während eines Frankreichaufenthalts den ›roten Faden‹ meines Lebens: die Wechselwirkung zwischen Kreativität und äußeren Ereignissen. Während ich nämlich an jedem Morgen meiner Ferien meine täglichen Gedanken skizzierte, wurde mir allmählich bewußt, daß ich die so eingehend reflektierte Autobiographie ja bereits schrieb. Ich hatte das Gefühl, wirklich so zu leben, wie ich schreiben wollte. Dennoch hat das Tagebuch keinem geringeren Zweck gedient als dem der Flucht. Es war also auf der einen Seite reiner Zufall, daß diese Flucht Bedingungen geschaffen hatte, unter denen sich meine schöpferische Aktivität entfalten konnte, auf der anderen Seite wurde ich in meiner Ansicht bestärkt, daß die innersten Impulse und äußere Ereignisse voneinander abhängig sind.

Das im Februar 1967 in Frankreich begonnene und später in London fortgeführte Tagebuch bildet das erste Kapitel dieses Buches. Es bedeutet in mehr als einer Hinsicht einen Anfang. Entwicklungen, die ein Individuum verändern, sind immer produktiv; es sind Schockerlebnisse mit erheblichen Konsequenzen für das Schicksal eines einzelnen. Die Erzählstruktur meiner Autobiographie nun bilden meine eigenen Schockerlebnisse. Und diese Erzählstruktur läßt nur gelegentlich eine chronologische Lebensbeschreibung zu. Einige Vorgänge gehören viel eher in den Zusammenhang ihrer Auswirkungen als in den zeitlich unmittelbar auf sie folgender Ereignisse: die übliche Tagebuch-Chronologie hätte meinem Vorhaben also nicht gerecht werden können.

Mein erstes intensives, konsequenzenreiches Schockerlebnis hatte ich mit 16 Jahren, als ich noch in Danzig zur Schule ging; darüber berichtet das zweite Kapitel.

Kapitel drei beschreibt meine durch das Hitler-Regime erzwungene Flucht aus Deutschland. Diese Flucht hatte Kräfte in mir freigesetzt, die aufgrund unerklärlicher Mechanismen, Situationen, Freundschaften und Ereignisse geradezu *anzuziehen* schienen, die ihrerseits wiederum meine Produktivität steigerten und weiterentwickelten. Auch die übrigen Kapitel folgen demselben Prinzip genannter Wechselwirkung von schöpferischer Aktion und zufälligen äußeren Begebenheiten. Das vierte Kapitel — eine Art Zwischenbilanz — enthält Reflexionen. Und das letzte Kapitel schließlich führt weniger weiter, als daß es die vorangehenden vervollkommnet.

Einleitung

Am 9. Februar 1967 flog ich nach zweieinhalbjähriger Abwesenheit von Frankreich mit dem Trident Jet nach Nizza. Meine Vitalität war von Englands Insel-Isolation aufgesogen worden wie Wasser vom Schwamm. Aus England herauszukommen, auf der Stelle, war dringend nötig für mich, wenn ich Gefühl und Geist vor dem Absterben bewahren wollte. Als ich beim Abheben der Maschine fast ohnmächtig wurde, bezweifelte ich allerdings, ob mein Entschluß zu gehen, allzu klug gewesen war, aber die bekannte Autosuggestion, es würde schon alles gutgehen, arbeitete für mich, und gesund und munter kam ich in Nizza an. Meine Freundin Ann holte mich ab und brachte mich zu ihrem Haus auf dem Hügel. Ich bekam ein Zimmer mit Blick nach Westen auf die Kirche St. Paul und nach Norden über das Tal in Richtung Vence. Die Aussicht war die gleiche wie vor zweieinhalb Jahren, das beruhigte mich. Wenn ich eine Reise antrete, habe ich immer erst das Gefühl, ich würde gehängt werden. Wir sind Veränderungen ausgeliefert und wissen nicht, was uns am anderen Ende erwartet. Veränderungen der Natur vollziehen sich so allmählich, daß das menschliche Auge sie nicht wahrnehmen kann, und also scheinbar Unverändertes registrieren wir als ein Zeichen der Ermutigung und des Friedens. Was dagegen Menschenhände, Maschinen an der Natur und vielleicht mehr noch an Häusern und Städten, dem äußeren Rahmen menschlicher Existenz, verändern, trifft uns wie ein Schlag, löst unzählige Fragen aus und manchmal auch Bewunderung.

Ich hatte das Gefühl, es sollte mir in diesem gemütlichen, einsamen Haus, das von weitem wie ein Pilz aussah, gutgehen. Meine Freundin Ann schien dieselbe geblieben zu sein, ganz sicher sah sie immer noch so aus wie früher. Sie hat ein hübsches ›Affen‹-Köpfchen mit einer dicken Haarmähne, die ihr tief in die Stirn fällt, und sanfte braune Augen, die ebenso schnell weinen wie sie lachen. Dieselbe Weichheit, die ihren

Mund eher zu einem Sinnes- als Sprachorgan machten, schien ihren Körper zusammenzuhalten, locker und biegsam.

Seit langem bin ich davon überzeugt, daß es richtig ist, einen Gesichtsausdruck als zwingend zu akzeptieren und ihm zu folgen. Meiner Meinung nach ist es Unsinn, nach tiefgründigen Motiven zu forschen, wenn Unerfreuliches uns irritiert, oder an der Aufrichtigkeit von Zuneigung und Liebe zu zweifeln, indem wir unterstellen, sie sei bloß Schau und Anbiederei. Der Gedanke, daß Menschen im Grunde unfähig seien, miteinander zu kommunizieren, ist von Schriftstellern und Psychologen überstrapaziert worden. Es mag schon sein, daß wir nicht richtig oder nicht direkt kommunizieren, wegen der Gehirnwäsche, der jedermann unterworfen ist, aber wir alle befinden uns permanent in einem Kommunikationsprozeß. In Wirklichkeit sind wir so ungeheuer abhängig voneinander, daß wir zu jeder Zeit, Tag und Nacht, miteinander in Verbindung stehen, wenn wir denken, sprechen, uns bewegen, ruhig sind und träumen.

Ann und ich waren allein, zusammen mit einem Hund, drei Katzen, einem Auto, einem bequemen Haus, einem Garten und der Landschaft um uns herum. Ich atmete mehr Sauerstoff als in London, und Frankreich war in mir von Kopf bis Fuß. Für Ann bedeutet Freundschaft gute Laune und Befriedigung. Da sie Halbjüdin ist und warmherzig, fühlte ich mich in den Schoß meiner Familie zurückversetzt. Sie ist bezeichnenderweise Mitglied eines Tierschutzvereins, nicht nur, weil sie Tiere liebt und sich um sie sorgt, sondern auch aus einer religiösen Verpflichtung heraus. Sie muß in ihrer Kindheit sehr einsam gewesen sein, da sie sich ein so starkes und beständiges Verhältnis zu ihrem kleinen Zoo aufgebaut hat. Der Hund und die Katzen hatten das Sagen im Haus, und niemand durfte sie stören, egal wo sie zu sitzen oder liegen wünschten.

Ann war ein reiches, verwöhntes Mädchen, das viele Krisen durchmachen mußte, aus denen sie als ein zärtlicherer, verständnisvoller und religiöser Mensch hervorging. Früher hatten wir uns geliebt. Zärtliche Gefühle und gegenseitiges Verständnis aber sind geblieben. Bei meiner Ankunft in Frankreich war ich vor Müdigkeit wie gelähmt, und es war ganz klar, daß ich keine angenehme Gesellschaft sein würde. Gleich zu Anfang meines Besuches hatte ich mir vorgenommen, unnütze, weitschweifende Unterhaltungen und lange Plattenspieler-Sitzungen zu vermeiden. Ich habe Ann klargemacht, daß ich früh ins Bett gehen wollte und wenig reden, und wir entwarfen einen strengen Tagesplan. Morgens sollte ich allein gelassen werden, zum Schreiben, Lesen oder was auch immer. Mittags wollten wir zum Essen ans Meer fahren und anschließend die schöne Landschaft genießen.

Das Mittagessen in französischen Restaurants wurde zur geliebten Gewohnheit. Da, wo wir hingingen, war es meistens zum Platzen voll, von Vertretern, Angestellten und wohlhabenden Bauern aus der Umgebung. Fremde habe ich sehr wenig gesehen, und soweit ich beurteilen kann, nur ein paar, die von Berufs wegen da waren. Ann und ich gehörten zu den wenigen sonderbaren Kunden dieser Gegend. Die französische Bourgeoisie versteht zu befehlen und hat die Zügel in der Hand; man wurde dementsprechend gut bedient. Die Luft wurde von dem gemeinsamen Eßritual bald dick und heiß. Die Franzosen verfügen über eine unüberwindbare Körperlichkeit. Ihr Verstand scheint fest in ihren Körpern zu sitzen; so schafft er Selbstvertrauen und Natürlichkeit, zwei Faktoren, die die Atmosphäre dieser Plätze glücklich beeinflußten. Ich habe niemals plumpes oder einfältiges Benehmen beobachtet, das Resultat, wenn der Geist dem Körper ›entschlüpft‹. Die Franzosen können ihr sinnliches Essen und Trinken mit gewandter Unterhaltung koppeln, und sie beeinträchtigt ihre Konzentration auf den Schmaus in der Hand in keiner Weise. Ihre Natürlichkeit, Gradheit und Lebendigkeit griff auch auf uns über, und auch wir steigerten uns, wenngleich verhaltener, in Essen und Trinken immer mehr hinein.

Nach dem Essen fuhren wir gewöhnlich die Küste entlang ins Hinterland der Alpes-Maritimes. Obwohl ich fast die ganze Gegend kannte, überkamen mich Entdeckerschauer. Die Côte d'Azur ist ein düsterer

Ort. Das Ausmaß ihrer Traurigkeit und Verlassenheit steht in direktem Verhältnis zur gewaltigen Größenordnung der reichen und monströsen Hotels, den goldenen Käfigen moderner und weniger moderner Kapitalisten. Die Küste ist für mich ein Symbol der Negation des Lebens.

Im Laufe der Zeit konzentrierten wir uns auf die Hügel und Täler von Var und Siagne. Wir fuhren in kleine Dörfer, wo niemand jemals gewesen zu sein schien, wo die Luft rein war, und jeder Hund zottelig. Je tiefer wir ins Hinterland eindrangen, desto weiter entfernten wir uns aus dem 20. Jahrhundert und seiner Zivilisation. Manchmal befanden wir uns wirklich im Mittelalter. Die wenigen Bäuerinnen, die wir sahen, trugen lange schwarze Kleider bis auf die Fersen und schwarze Kopftücher. Welch ein himmelweiter Unterschied zwischen der Künstlichkeit der Côte d'Azur und dem stillen Leben in dem Land dahinter! Wo immer wir auch hingingen, in Städte oder Dörfer: die grünen Rolläden der Fenster waren fest verschlossen. Ob Sonne oder Regen, Nachmittag oder Abend, es war immer dasselbe. Was tun die Franzosen hinter den geschlossenen Fensterläden? Schließen sie sich ein und kehren der Welt den Rücken? Sind sie von einem übertriebenen Sinn für das Privatleben besessen? Brauchen sie weder Luft noch Licht? Der Gegensatz zwischen ihrem abgekapselten Leben zu Hause und ihrer Geselligkeit in Restaurants schien unerklärlich.

Ich war auf unseren Ausflügen verhalten glücklich, aber längerer Unterhaltung gegenüber abgeneigt; obwohl ich mit meiner Freundin zusammen war, blieb ich allein. Ich weiß nicht, ob sie von ihrem schweigsamen Gast enttäuscht war. Vielleicht verstand und akzeptierte sie mein Bedürfnis. Auf jeden Fall, ich wünschte nicht, die Maske zu lüften, ich zog es vor, die Entwicklung unserer Beziehungen den Zufälligkeiten eines unkonventionellen Benehmens zu überlassen.

Jeden Morgen schrieb ich aus der jeweiligen Stimmung heraus eine Art Tagebuch des Geistes. Anfangs kam ich mir vor wie ein Kind, das Laufen lernt, aber allmählich wurden Geist und Hand durch Überzeugung und festen Vorsatz gestärkt. Ich schrieb, wie wir es alle tun, für mich selbst, aber war in gedanklicher Verbindung mit meiner Freundin, denn sie war es, die mich die letzten Jahre gedrängt hatte, eine Autobiographie des Bewußtseins zu schreiben. Ich habe ihr Zureden angenommen, und ich schreibe nun über mich selbst, über die Wege und Umwege, die ich ging für ein Ziel, das wir niemals erreichen: unser Selbst. Ich bin in von gewöhnlichen Autobiographien abweichender Weise vorgegangen, ich beginne am Ende und bewege mich kreuz und quer durch die Zeit. Dieses Dokument von der Entwicklung meines Bewußtseins wurde so niedergeschrieben wie das Hebräische, von hinten nach vorn.

Ein Tagebuch

10. Februar 1967: Unser Kopf arbeitet wie ein Kuhmagen: Reaktionen und Eindrücke müssen wir wiederkäuen. Unangenehmes ist schwer zu verdauen, und das Wiederkäuen dauert und dauert, bis Ermüdung oder neue Erlebnisse ihm ein Ende machen. Denken und handeln wir nun alle von Natur aus unter Zwang oder dank gründlicher Gehirnwäsche in unserer Kindheit?

Reisen läuft unter ›Szenenwechsel‹, so als wären wir Figuren in einem Drama. Ich glaube dem Shakespearevers »Die ganze Welt ist Bühne . . .« nicht (1); wir sind keine Schauspieler. Ich wünschte, wir wären es. Die Welt provoziert den Menschen in seiner Unsicherheit sich selbst und anderen gegenüber. Der Mensch ist ein verschrecktes Tier, leicht geneigt, sich anderen menschlichen Tieren gegenüber entweder ablehnend oder anbiedernd zu verhalten. Genügende Sicherheit, Mitmenschen mit Sympathie zu begegnen, hat nur eine kleine Gruppe; ein paar ausgesucht wenige sind gefestigt genug, für andere echtes Mitleid empfinden zu können.

Wenn wir in dieser Welt allein wären, dann hätte unser Geist wirklich ein vollkommenes Bilderbuch. Die Außenwelt sieht, je nach der Perspektive des einzelnen, farbenfroh und bedeutsam oder dunkel und fade aus. Insofern ist die Außenwelt ebenso subjektiv wie die Innenwelt. In einer neuen Umgebung bekommen wir neue Anregungen und Bilder, und der mögliche Nutzen einer Reise besteht darin, neues Geschirr für geistige Mahlzeiten aufzudecken. Reisen begünstigen den Zufall. Wir begegnen möglicherweise Menschen, die unsere Gefühle und Gedanken anregen oder intensivieren. Während ich dies schreibe, denke ich an Ronald Laings Buch »The Politics of Experience« (2). Was ich daran auszusetzen habe: er muß sich zu sehr

---

[1] Aus ›Wie es Euch gefällt‹, Übersetzung Schlegel/Tieck. Anm. d. Ü.

[2] Deutsch: ›Phänomenologie der Erfahrung‹, ed. suhrk. 314. Anm. d. Ü.

abquälen, um seine Thesen zu rechtfertigen, und entlarvt auf diese Weise seine Unsicherheit. Sonst halte ich das Buch für hervorragend, denn die eingeborene Unzulänglichkeit, die Isolation des Menschen, wird überzeugend und wahrheitsgemäß beschrieben. Laing hat für die Psychologie geleistet, was Stückeschreiber wie Ionesco und Beckett für das Theater getan haben. Für sie alle ist das Leben die Hölle und nichts als die Hölle. Es gibt in Laings Buch nur etwa sechs Seiten, aus denen hervorgeht, daß er ein kleines Stück Himmel gesehen hat: ›ich habe den Paradiesvogel gesehen und werde nie mehr derselbe sein.‹

Die Unmöglichkeit von Kommunikation haben er und andere Autoren übertrieben. Dennoch bezieht sie sich auf eine fundamentale psychologische Gesetzmäßigkeit; aber da wir beides sind, isoliert und integriert, führt die Darstellung nur eines Aspektes zu einseitigen Schlußfolgerungen.

11. Februar: Ergeben sich bei der Rekapitulation von Erlebnissen sinnvolle Strukturen? Diese Frage habe ich mir häufig gestellt. Ich habe sehr oft Ereignisse und Gedanken, Gefühle und Stimmungen wiedererlebt, was meinen Verdacht genährt hat, daß jeder Mensch von einer Art elektromagnetischem Feld umgeben ist, das zu verschiedenen Zeiten Bedingungen und Reaktionen ähnlicher Art anzieht. Möglicherweise ist es aber auch eine Anmaßung auf unserer Suche nach Sicherheit, in nebensächlichen Vorfällen Gesetzmäßigkeiten entdecken zu wollen.

Gestern fuhr ich mit meiner Freundin nach St. Paul, und dort spielte sich etwas ab, das mit meiner Erfahrung bei einem früheren Besuch praktisch identisch war. Wir trafen Lois und luden sie zum Tee ein. Lois begann dieselbe Unterhaltung wie damals, über Freunde ihrer Vergangenheit. Das letzte Mal hatte ich ihren wirren Erzählungen über Personen, die ich nie getroffen hatte, geduldig zugehört. Diesmal unterbrach ich sie abrupt und stellte Fragen. Ich erinnerte sie an unser erstes Treffen im Jahre 1936 und bestand darauf, daß sie mir von Leuten erzählte, die ich kannte und die inzwischen verstorben oder irgendwohin emigriert waren.

Die Begegnung war zufällig, aber diesmal wurde die Unterhaltung von mir gesteuert und sinnvoll gemacht. Daraus folgere ich, daß nebensächliche Vorkommnisse in der Wiederholung zu konstruktiven Erfahrungen werden können. Ich kam zu einem zweiten Schluß: Aberglaube ist eine wohlbegründete Furcht vor der Wiederkehr von Ereignissen und ihrer Gesetzmäßigkeit im Leben des einzelnen.

13. Februar: Sinneseindrücke wecken Erinnerungen; sie werden in ein ›Magnetfeld‹ gezogen und rufen Assoziationen hervor. Das Feld kann weit sein, ein unendlicher Strom von Erinnerungen, oder es kann begrenzt und repressiv sein und nur einige ganz bestimmte Bilder aus der Vergangenheit durchlassen. Die Durchlässigkeit hängt von der geistigen und emotionalen Gesundheit ab, von der Müdigkeit, vom Alter und anderen individuellen Bedingungen. Das Gedächtnis behält von der Kindheit bis ins hohe Alter seine Fähigkeit, Erlebtes zurückzurufen oder zu unterdrücken, und es spielt später bei der Reproduktion, Verdrängung und Einstellung von Vergangenem die entscheidende Rolle. Was wir in unserer Erinnerung verdrängen, ist sozusagen unser Skelett im Schrank. Unbewußt fühlen wir die Existenz unterdrückter Erlebnisse, aber wir können nicht zulassen, daß sie in unser Bewußtsein vordringen, es sei denn: zurechtgemacht, verschleiert. Viele von uns haben so ein Skelett im Schrank, und manche halten derartige Geister unter großer Anstrengung verborgen. Wir müssen unser Skelett verkleiden, ebenso wie wir den Kern unseres Seins besser verborgen halten: das Selbst. Täten wir es nicht, würden wir garantiert einen Nervenzusammenbruch bekommen.

Das Versteckspiel verbindet die Menschen. Die Gefahr einer Selbstentblößung macht aus uns Heuchler. Würden wir, wie Kinder es tun, unser Innenleben offenbaren, man würde uns sofort links liegenlassen. Die große Gehirnwäsche beginnt eben schon in einem Alter von sechs Monaten, und wir sind gezwungen, unser Leben als gehirngewaschene Heuchler zu verbringen. Spuren unseres eigentlichen Selbst dringen nur im Traum und in Augenblicken der Selbstbesinnung zu uns. Die kritische Selbstreflexion muß im geheimen stattfinden; niemand darf dabei sein, denn der Spiegel könnte zerbrechen.

15. Februar: Col de Vence, in etwa 950 Meter Höhe. Wir beabsichtigten nach La Tourette zu fahren, aber wir hatten durch ein glückliches Versehen eine Abzweigung verfehlt, und so fuhren wir den Col de Vence hinauf. Kein Haus war zu sehen, und nichts wuchs auf diesem dürren Boden. Wir waren in eine Mondlandschaft poröser, dunkelgrauer Felsen und Steine geraten, eine Gegend, die vor Millionen Jahren Meer war. Wasser und Mond, jener geheimnisvolle feminine Bund, wirkten auf mich direkter und intensiver als all die schönen Täler mit ihren Wäldern und Felsen, die wir sonst durchfahren hatten. Ich meinte, die Stimme eines lebenden Mysteriums, einer unbekannten Existenz aus dem Unendlichen zu hören, die mit geisterhaft anmutender magnetischer Anziehungskraft Sinn und Verstand aufrührte.

Nach diesem Ausflug in die Zeitlosigkeit kamen wir hinunter nach Vence und tranken in einem Puppenstuben-Restaurant Tee, dem berühmten Eßlokal Gordon Craigs, von dem an allen Wänden Fotos hingen. Der Besitzer und seine Tochter bedienten uns, und wieder fiel mir auf, daß die Franzosen von devotem Gebaren völlig frei sind. Dieser Umstand begünstigt die Leichtigkeit natürlichen Kontakts und übt auf den sozialen Umgang befreienden Einfluß aus.

16. Februar: Die Gleichheit aller Individuen! Es gibt sie nicht. Die meisten Menschen leben wie Automaten. Nur ein paar kreative Geschöpfe leben und erleben spontan und unmittelbar. Sie wandeln auf verschiedenen inneren Planeten. Die Idee von der Gleichheit aller ist nichts als eine Illusion politischer Idealisten und Demagogen, die einen träumen von einer Weltbrüderschaft, die andern beuten ein Schlagwort für ihre Zwecke aus. Zwischen dem schöpferischen Menschen und dem erstarrten, gedrillten Menschen besteht ein fundamentaler Unterschied; er zeigt sich in der Sensibilität des einzelnen und dem Spielraum seiner Empfindungs- und Wahrnehmungsmöglichkeiten. Zu der kreativen Gruppe zähle ich nicht nur Künstler, Schriftsteller und Musiker, sondern jeden, der spontan und unmittelbar zu leben vermag. Legt man dieses Maß an, wird der Unterschied zwischen Mensch und Mensch begreifbar, ein Unterschied, der angeboren ist und nicht durch Erziehung und Chancengleichheit beseitigt werden kann. Er ist zu tief angelegt, als daß wir ihn verstehen könnten, und ist eingebettet nicht in das Geheimnis von Chromosomen und Genen, sondern das der Seele, ein in Mißkredit geratenes Wort, das ich nur zögernd verwende. Wenn ich jemals an Gott glauben sollte, dann wegen dieses Unterschieds zwischen Mensch und Mensch.

17. Februar: A. und ich besuchten heute drei Freunde, und ich sah den lebenden Beweis dessen, was ich über kreative Menschen geschrieben habe. Mit ihnen zusammen zu sein ist schwierig und anstrengend. Sie sind unberechenbar, denn sie leben in einer Innenwelt, die an das Sein rührt und ständig in auf die Außenwelt gerichteter Bewegung ist.

A. und ich wurden um 4 Uhr erwartet, und pünktlich erreichten wir das Dorf, in dem die drei Freunde wohnen. Das Wetter war besonders unfreundlich, stürmisch und naß. Zu unserem Erstaunen sahen wir S. an uns vorbei von zu Hause weggehen. Sie winkte uns zu, wir winkten zurück, aber sie ging weiter. Mir kamen wegen unseres Besuchs böse Befürchtungen. Wir traten ein; es schien niemand da zu sein. Wir hatten so ein Gefühl, als wären wir überhaupt nicht existent, und waren leicht irritiert. Nach ein paar Minuten der Desorientierung kam E. in den Raum. ›S. muß einige wichtige Briefe zur Post bringen‹, erzählte sie uns. Sie benahm sich wie ein scheues Tier, unsicher, fast schnüffelte sie an ihrem Besuch; sie war irgendwie ängstlich, denn sie kam uns entgegen, ging aber gleich wieder zurück.

S. erschien und machte den Eindruck, als sei nichts vorgefallen, sie entschuldigte sich nicht und zeigte auch keine Schuldgefühle. Auch sie ging sehr scheu hin und her und redete sehr schnell, als wollte sie damit den schwierigen Augenblick überspielen, den wir alle erleben, wenn Freunde nach langer Abwesenheit wieder auftauchen. Sie bat uns, zu unserer dritten Freundin B. zum Tee hinüberzugehen. Jetzt wurde die

Situation richtig peinlich. Ich wurde auf ein Sofa neben einem lodernden Feuer plaziert. S., wegen der ich nach langer Abwesenheit gekommen war, setzte sich neben mich. Aber sofort sprang sie auf und rief: ›Dieses Flackern kann ich nicht aushalten‹, und ließ mich allein auf dem Sofa. Ihre Augen sind überempfindlich gegen Licht, so war ihr Einwand ganz natürlich. E. versuchte die Lücke zu füllen, aber aus mir unerfindlichen Gründen floh auch sie. Wie merkwürdig! Wie ungemütlich! dachte ich. B. überspielte die Situation, konnte aber die Spannung, die von nun an über dem Raum lag, auch nicht lösen.

Plötzlich durchschoß mich — wie ein Blitz aus meinem Unterbewußtsein — die Erkenntnis: Hier saßen Personen zusammen, denen es außerordentlich schwerfiel, Kontakt zu einem guten Freund zu finden, den sie selten sahen. Die Ambivalenz von Haltungen und Bewegungen rührte her von der Furcht vor der Welt eines anderen Menschen und ihrer Fremdheit. Ich sah plötzlich, wie innere Bewegungen mit äußeren korrespondierten. Ich bemerkte, wie sensibel ihre Reaktionen, wie richtig ihre Bewegungen waren.

Nach dem Tee bat mich S., gemeinsam mit E. in ihre Wohnung zu kommen. Das Unerwartete geschah fast in demselben Augenblick, als wir drei allein waren. Ausgelöst wurde es durch eine zufällige Bemerkung über die Malerei Francis Bacons und Oskar Kokoschkas. S. erregte sich. Sie ging unruhig auf und ab und verkündete mit Entschiedenheit, daß Bacons Welt eine Welt der Selbstzufriedenheit, Trägheit und Selbstisolation sei, ein teuflisches Gebilde, mit dem sie nichts zu tun haben wolle. ›Ich bin ein Vogel Strauß‹, sagte sie, ›mit keinem Verwendungszweck für diese Art von Leiden. Die wirkliche Tragödie liegt im menschlichen Altern und dem Schwinden von Möglichkeiten. Die Tragödie liegt in der Natur des Menschen, in ihm selbst und nicht darin, was äußere Höllen ihm antun können.‹ Sie sprach leidenschaftlich, und ich saß gebannt da. ›Und ich verabscheue Dostojewski‹, fügte sie hinzu, ›aus denselben Gründen‹. E. warf ein: ›Das hast du, so lange ich dich kenne, noch nie gesagt.‹ Hier unterbrach ich, auch voller Engagement, und erklärte: ›Ich liebe Dostojewskis Bücher und viele von Bacons Bildern, weil ich im Gegensatz zu dir glaube, daß der Dämon im Menschen das Primäre ist; er ist angeboren und muß in Kunst und Literatur gestaltet werden, damit wir lernen, ihn zu überwinden.‹ S. glaubt wirklich dem ›der Mensch ist gut‹. Sie sprach von Aldous Huxleys ›The Island‹ als dem Beispiel eines menschlichen Glücksabenteuers, sofern der Mensch von Anfang an nur gut behandelt werde.

Was auch immer wahr sein mag, wir drei durchlebten einen schöpferischen Augenblick, und ich werde diesen Besuch nie vergessen. Vielleicht hatten beide, S. und E., einen anderen Eindruck, vielleicht empfanden sie weniger intensiv als ich. Alles ist subjektiv, und was für mich zählt, ist meine eigene Erfahrung.

18. Februar: Depression ist entweder das Symptom einer geistigen Störung oder ein natürliches Ereignis. Meiner Ansicht nach übt unsere Gesellschaft einen sozialen Druck aus, der in vielen Fällen eine Depression bereits ausreichend erklärt. Wir leben in einer Welt voller Dummheit und Aggression. Die natürliche Reaktion jedes empfindsamen Menschen ist: Frustration, Angst und Depression. Je aufnahmefähiger und bewußter wir sind, desto verwundbarer werden wir, und die Depression, ein Rückzug aus der Feindseligkeit, ist unser Schutzschild gegen die Ungerechtigkeit. Die Psychiatrie hat ihre eigenen Zweifel an der pauschalen Zweiteilung in exogene und endogene Depressionen. Die Psychoanalyse führt letztere auf kindlichen Verlust und Entzug mütterlicher Liebe zurück und interpretiert Melancholie als verspätete Trauer. Ich neige sehr zu dieser Ansicht; aber ich würde hinzufügen, daß Depressionen bei älteren Leuten auch nichts anderes sein können als das Bewußtwerden biologischer Veränderungen, die zum Abbau physischer und geistiger Kräfte führen. Jeder kann, das ist ganz natürlich, aufgrund solcher Veränderungen ein Opfer depressiver Reaktion werden. Der Altersprozeß löst Versagung, Angst und Todesfurcht aus, natürliche Bedingungen und keine Krankheiten.

Niemand wird depressiv, der nicht entweder besonders leidenschaftlich oder besonders reizbar ist. Depression ist die Kehrseite der guten Laune, Überschwenglichkeit, Ekstase. Niemand also, der nicht über ein stark emotionales Innenleben verfügt, kann jemals richtig depressiv werden, abgesehen natürlich von denen, die an endogenen Depressionen leiden, was eher eine organische als emotionale Störung ist.

Depressionen sind erfrorene Leidenschaften. Sie zerstören den Lebenshunger, dessen erste Voraussetzung die Lebensfreude ist. Wir leiden an Depressionen, wenn Energie verdrängt, unterdrückt oder gelähmt wird. Sie bezeichnen eine Geistesverfassung, die auf Notsituationen zurückzuführen ist, ob diese nun offen zutage treten oder verdeckt sind. In jedem Fall sind Depressionen der Protest gegen einen Schlag, der das innere Gleichgewicht gestört hat. So sind sie paradoxerweise ein Schritt auf dem Wege zur Heilung. Das Gefühlspendel schwingt zu weit aus und wird in die Grenzen seiner Oszillation zurückverwiesen. Das Gefühlsleben zieht sich in eine unbequeme Ecke zurück, als wollte es dort überwintern. Haltung und Gestik eines depressiven Menschen sind verkrampft, und das Gefühlsbarometer steht unter dem Nullpunkt. Aus dieser mißlichen Lage kann man sich aus eigener Kraft nicht so leicht befreien. Depressionen müssen ausgestanden werden, bis Tauwetter einsetzt.

Körper — und Geist eines depressiven Menschen verkümmern. Wo ist das Selbst? Verschwunden. Das geistige Auge hält furchtsam nach einem Strohhalm Ausschau, an den es sich klammern könnte.

Das Ego, obwohl es verkümmert und ausgelaugt ist, bleibt immer gegenwärtig. Physischer Schmerz macht uns organbewußt, Depression macht uns schmerzhaft Ego-bewußt. Ich leide: warum ist mein Freund nicht gekommen, um mir zu helfen? Warum weiß der Doktor kein Mittel, mich aus dieser Art von Todeszelle herauszuholen. Warum kommt der Milchmann so spät? Warum hat mir niemand geschrieben? Werde ich in der Lage sein, heute zur Arbeit zu gehen? Was steht mir am Tag Schreckliches bevor? Wie kann ich nachts schlafen, wenn das Gespenst meiner nicht getanen Taten und fehlgeschlagenen Versuche um mein Bett geistert?

Während einer depressiven Phase ist alle aufwendbare nervöse Energie zur Verteidigung mobilisiert. Der Panzer des Selbstschutzes ist dicker geworden, aber es bleiben, da er in Panik entsteht, nicht zu verteidigende Flächen zurück, durch die Eindrücke der Außenwelt stoßen wie Messer. Geräusche sind eine Qual; auch freundlich gemeinte Worte verwunden. Das Ego versteckt sich hinter seiner Selbstverteidigung, aber es geht ihm schlecht dabei, viel zu schlecht. Es ist tatsächlich nichts anderes gegenwärtig als dieses ausgelaugte Ego, das kämpft, um vorwärtszukommen und sich zu behaupten. In seinen schweren Verteidigungspanzer gehüllt, wirkt es geschwollen und häßlich. Man verachtet sich selbst wegen der geringen Attraktivität seines Ego.

Alles, was den Geist erfreut und zu Abenteuern inspiriert, ist weg. Die Depression macht Bettler aus uns. Wir schreien um Hilfe; wir betteln um Lebensfreude und ein in seinem Selbstbewußtsein gestärktes Ego.

Die Depression zeigt klarer und deutlicher als jede andere Gefühlsstörung den Unterschied zwischen dem Ego und dem Selbst.

Impliziert die Depression eine Schwächung des Ego? Nein; das Ego drängt beständig nach vorn, aber während einer depressiven Phase verliert es sozusagen den Kopf und weiß nicht mehr, wie es seine Funktionen beherrschen soll. In seiner Verzweiflung und unter dem Verlust der Selbstkontrolle verschreckt es das Gute und die Güter der Außenwelt.

Je mehr das Ego wimmert, zusammenfällt, um sich schlägt, desto weniger Raum bleibt der Persönlichkeit sich zu entfalten und ihm zu Hilfe zu kommen; der Kern unseres Seins wird unerreichbar. In einer Art Gefühlsstarre zieht sich das Selbst immer mehr zurück und macht die innere Leere vollkommen. Wir sind nicht mehr ›wir selbst‹; wir scheinen die Verbindung zu unserem Kern verloren zu haben, zu dem Teil von uns, der für unser Identitätsbewußtsein verantwortlich ist, denn das Identitätsbewußtsein ist das Gefühl nicht für das Ego, sondern für das Selbst. Das Selbst wird durch die übermächtige Gegenwart des Ego verdeckt. Das Selbst ist nie zu fassen; wir sind sei-

23

ner nur in den wenigen Augenblicken bewußt, wenn Ego, Identitätsbewußtsein und Selbst miteinander harmonieren.

Östliche Religionen lehren, man müßte, um zu sich selbst zu finden, das Ego dem Selbst unterordnen. Ist es nicht klar, daß das Ego, das dem Selbst so unerfreulich im Wege stehen kann, das Medium ist, ohne das man nicht auf den Füßen stehen, nicht lieben und nicht kämpfen könnte? Das Selbst und das Ego sind in ein dauerndes Versteckspiel verwickelt. Ihre Verwandtschaft ist zugleich unangenehm, antagonistisch und eng.

Wenn das Ego Sturm bläst, wozu es immer geneigt ist, wendet das Selbst sich ab und versteckt sich. Das Ego ist der Kaufmann, der es in seinem Geschäft mit dem täglichen Leben zu tun hat, der Eindrücke der Außenwelt aufnimmt und überarbeitet. (Es ist der Agent.) Er paßt sie den Umständen an, und seine Stärke oder Schwäche läßt sich an seiner Fähigkeit und Kapazität messen, Geistiges und Emotionales zu verdauen.

Das Ego ist eher ein Mosaik als eine untrennbare Einheit. Die kleinen Steine, aus denen es zusammengesetzt ist, bilden manchmal ein Muster, aber meistens keins. Wenn sie es tun, bietet es seinem Besitzer nicht nur eine vollkommene Fassade dar, sondern es ist wirklich vollkommen.

Bei allen Störungen des Gefühls- und Geisteslebens ist ein nicht gespaltenes Ego unmöglich. Depressive Menschen sind immer ängstlich und unsicher; sie ändern dauernd ihre Meinung und können keinen Entschluß fassen. Sie möchten sich an andere anlehnen, weil die kleinen Steine ihres eigenen Ego in Unordnung sind. Deshalb schreit ein depressives Wesen verbal oder im Ausdrucksverhalten um Hilfe: Hilf mir, hilf mir! Ich kann nicht das tun, was ich tun sollte. Ich kann gar nichts tun.

Aber was meinen wir, wenn wir sagen ›Ich‹? Was beziehen wir unbewußt in dieses Wort mit ein? ›Ich‹ ist nur stark, wenn das Selbst hinter ihm steht. Je mehr Ego und Selbst getrennt sind, um so weniger Bedeutung hat ›Ich‹. Was wir mit ›Ich‹ zu erklären versuchen, verliert an Gewißheit und Überzeugung. Der Depressive wirkt immer unüberzeugt, abgesehen von dem, was sein eigenes Versagen und Unglück anbelangt. Wenn das Selbst dem Ego nicht den Rücken deckt, wird alles nutzlos und unwirklich; das Identitätsbewußtsein kann so schwach werden, daß der Depressive das Gefühl bekommt, gar nicht mehr da zu sein. Ungewißheit über das eigene Selbst verstört, denn, wir fühlen uns dann nicht nur verloren, sondern auch minderwertig und schuldig. Steht das Selbst nicht hinter dem Ego, ist nichts, was wir sagen oder tun, wahr! Der Depressive hält sich selbst für einen Sünder, und Vorwürfe und Selbstvorwürfe sind der Inhalt endloser Monologe. Angst ist der Zwilling der Schuld: beide sind negierende Gefühle, die eine endlose Kette negativer Gedanken auslösen. Gesichtsausdruck, Haltung, Gestik, der Tonfall der Stimme, die wenigen gesprochenen Worte — alles ist negativ.

Wenn wir unser Selbst verdrängen, fühlen wir uns unbewußt schuldig. Durch den ›Verlust‹ des Selbst entsteht Angst. Das Selbst ist es, das uns gegen Auflösung und destruktive Kräfte schützt. Niemand kann er selbst sein, der nicht instinktiv auf sein Selbst vertraut.

Wir scheinen unser Selbst zu verlieren, wenn das Ego aufgeblasen oder ausgelaugt ist. Viele Störungen von Körper und Geist werden durch exzessiven Narzißmus verursacht. Das Versäumnis, ein mehr oder weniger ausgeglichenes Ego zu entwickeln, treibt einen Keil zwischen uns und andere und zwischen uns und unser Selbst.

Das Ego kann nie im Gleichgewicht sein, wenn das Selbst nicht als sein Wesentlichstes empfunden wird. Das Selbst wächst mit konstruktiven Erfahrungen, aber verkümmert nicht aufgrund negativer oder sogar vernichtender Erfahrungen. Es versteckt sich, wenn die Dinge schlechtstehen, aber es ist nie ganz ausgelöscht. Das Selbst ist eine ungeteilte, unteilbare Einheit, die in uns ist von Geburt an. Vielleicht ist es das, was wir Seele nennen.

›Nicht man selbst sein‹, heißt, nicht wirklich sein, und dieses Gefühl empfinden sensible Menschen als Schuld. So ist ›nicht man selbst sein‹ eine besondere Art der

Sünde, die Verletzung eines natürlichen kosmischen Gesetzes.

Freud lehrt, daß ein Über-Ich in uns angelegt ist, das die Sünden des Ego kontrolliert und bestraft. Die Erziehung des Über-Ich ist natürlich bei den verschiedenen Rassen und Kulturen verschieden. Aber das Über-Ich hat sekundäre Funktion, es ist anerzogen und nicht angeboren.

Die christliche Grundlehre, daß wir alle mit und in der Erbsünde geboren worden sind, ist etwas, das ich bis vor kurzem niemals verstanden hatte. Dieser Fluch Adams schien mir ein merkwürdiger Anspruch zu sein. Jetzt glaube ich, daß die Erbsünde die Sünde ist, die jeder Mensch erfährt, wenn er unehrlich gegenüber seinem Selbst ist. Denn, da es unmöglich ist, das Selbst bewußt zu greifen, weil das Ego immer im Wege steht, erfahren wir ständig, unser ganzes Leben lang, Angst und Schuld; das gibt, wie ich glaube, eine Antwort auf den Begriff der Erbsünde.

Meines Wissens trägt die Psychiatrie dieser dem Menschen angeborenen Angst, die aus dem ständigen Kampf zwischen Ego und Selbst resultiert, keine Rechnung, ein Kampf, dessen Folge Depressionen sein können.

20. Februar: Ein Gefühl der Sicherheit erhandeln wir uns durch falsche Aufmerksamkeit und anbiederndes Benehmen. Beides sind Sünden gegenüber der Redlichkeit und dem Selbst.

London, 23. Februar: Menschliche Beziehungen: gibt es sie oder gibt es sie nicht? Ronald Laing glaubt, es gäbe sie nicht, und wir könnten das menschliche Wesen hinter seiner Maske nicht kennen. Ich glaube aber, wir können Menschen kennen, nicht durch Worte, nicht durch Taten, aber durch Schweigen und Ausdrucksverhalten. Nervöse Spannungen und Entspannung, das Schwanken von Stimmungen usw. kann nicht verborgen werden; es entlarvt sich in unwillkürlichen Bewegungen. Der Schlüssel zu ihrer Interpretation liegt in der Kenntnis unserer eigenen Reaktionen und Mittel, mit denen wir sie verdecken. Jede Interpretation und in der Tat alles psychologische Wissen sind subjektiv. Alles wirklich Wichtige ereignet sich in der subjektiven Welt, nämlich: mit sich selbst leben; mit anderen Menschen leben; mit Dingen leben; und mit Ideen leben.

Alles, was wert ist, gesagt zu werden, kommt aus der inneren Erkenntnis, die der Anfang aller Weisheit ist, wenn nicht die Weisheit selbst. Das innere Wissen entwickelt sich, wenn wir die Leiter der Selbsterkenntnis hinaufklettern. Äußeres oder objektives Wissen führt praktisch zu keiner menschlichen Beziehung und ist für die Annäherung an das Selbst ohne Bedeutung. Ich unterschätze nicht die fundamentale Bedeutung der Wissenschaft und ihren Wert für den materiellen Fortschritt des Menschen; sie mag die Kultur indirekt beeinflussen, indem sie zivilisierte und zivilisierende Bedingungen schafft; aber das ist auch alles. Menschen mit armseliger ›Innenwelt‹ können Koryphäen der Mathematik, Physik, Chemie und Astrophysik sein; und unmenschliche Leute können die Ursprünge des Lebensgeheimnisses entdecken.

4. März: Jung begründete ein System, das die Menschen in extravertierte und introvertierte einteilte. Es hat lange Zeit als Methode der Klassifikation der Persönlichkeit gedient. Aber, da die Persönlichkeit nicht das ganze menschliche Wesen ist, konnte diese Klassifikation nicht alle wesentlichen Angaben über den Menschen umfassen. Als ein statistisches Modell ist es eine in sich fragwürdige Methode zur Beschreibung des Menschen. Um Jung gegenüber fair zu sein, er erkannte die Fallgrube strenger Kategorisierung und klassifizierte auch die Individuen, die weder eindeutig extravertiert noch introvertiert sind; so war die Konzeption ein wenig beweglicher. Jung wußte natürlich, daß die Persönlichkeit dem eigentlichen Sein nur aufliegt, denn der Begriff persona meint eine Maske. Er sah den Menschen als eine Persönlichkeit, die von unterbewußten und unbewußten Kräften beherrscht wird, aber auch so bleibt seine Konzeption vom Menschen noch fragwürdig. Überdies war ich nie überzeugt von der Existenz von Jungs ›kollektivem Unbewußten‹. Ich glaube wirklich, daß es ein Phantasieprodukt ist.

Für mich ist der Mensch ein Universum auf einem mikrokosmischen Maßstab. Er ist eine Wesenheit, umgeben von einem elektromagnetischen Feld, ich möchte es einmal eine unsichtbare Membran nennen. Das bedeutet, daß er für die Psyche gesprochen noch nicht das Tageslicht erblickt hat. Diese unsichtbare Membran wird im Laufe des Lebens durchstochen. Die Zahl und Stärke der Stiche geben Auskunft über die Unterschiedlichkeit unserer Reaktionssysteme. Manche Menschen werden häufiger und tiefer durchstochen als andere. Alle Stiche sind Verletzungen, wenn auch sanft ausgeführte. Ein Stich kann von den einen als Liebkosung, von den anderen als Schmerz empfunden werden. Der Unterschied in der Reaktion hängt ab von Temperament, psychologischer Kondition und natürlich der Fähigkeit, mit Stichen umzugehen.

Wir können uns von der engen Verbindung zwischen Innenwelt und Außenwelt nie lösen, oder anders gesagt, der Abhängigkeit von Milieu und individueller Begabung. Der Widerstand gegenüber dem Druck (alias Stiche) hängt in der Hauptsache von zwei für die menschliche Entwicklung entscheidenden Faktoren ab: die psychophysische Konstitution und die ersten, von der Mutter beherrschten und beeinflußten Lebensjahre. Im psychophysischen Bereich steht die Bedeutung des Drüsensystems an erster Stelle, weil dieses am engsten und direktesten mit der Emotion und ihrem Ausdruck in Verbindung steht.

Ich sehe das menschliche Wesen daher unter den Bedingungen eines Universums, das sich ausdehnt und zusammenzieht, das seine Gestalt verändert und sich verschiedenen Konstellationen anpaßt. Wir werden mit einer intakten Innenwelt und einem vollkommenen elektromagnetischen Feld geboren. Das ist die einzige Jungfräulichkeit, die wir besitzen. Ich muß hinzufügen, daß die ›Stiche‹ gut und schlecht für ein Individuum sein können. Schlechte führen unvermeidlich zur Gehirnwäsche, bei allen, außer ungewöhnlich kreativen Menschen. Ohne diese ›Stiche‹ würden wir uns überhaupt nicht entwickeln. Wir wachsen durch die Erziehung, die ›gute Stiche‹ im richtigen Augenblick freigibt und auf die richtigen Stellen ansetzt.

6. März: Durch meinen Kopf geht, jeden Tag, das Geheimnis vom menschlichen Destruktionstrieb. Für mich ist er ein größeres Geheimnis als die Existenz oder Nicht-Existenz von Gott. Die gesamte Natur ist gleichermaßen versessen auf vorläufige oder endgültige Zerstörung, trotz ihrer ununterbrochenen Erneuerung. In dem Spiel um Leben und Tod ist der Tod der endgültige Sieger. Das Rad des Lebens ist in Wirklichkeit ein Rad des Todes, das von einer brutalen Macht angetrieben wird.

Ich kann an eine Wiedergeburt oder ein Leben nach dem Tode nicht glauben. Beides sind für mich Träume oder Illusionen, und ich gehe davon aus, daß das Lebensende wirklich das Ende ist. Wenn wir nach dem Tode ›aufwachen‹ müßten wie ein Geist, wäre ich sehr überrascht, und ich bin nicht sicher, ob ich erfreut wäre. Die Ewigkeit ist für mich ein ebensolches Schreckbild wie der Tod.

7. März: Wenn wir nach etwas suchen, das uns kostbar ist, sind wir wie Tiere, die nach Futter suchen, die Nase am Boden. Von einem starken Zwang getrieben attackieren wir unseren Besitz in Kommoden, auf Bücherregalen usw., kehren ihn drunter und drüber, als hinge unser Leben davon ab, den bestimmten gewünschten Gegenstand zu finden. Es scheint überaus wichtig, ihn zu finden, obwohl wir rational erkennen, daß es absolut bedeutungslos für unsere Existenz oder die gegenwärtige Situation ist.

Auf diese Art von Suche habe ich mich heute eingelassen. Ich wollte ein winziges Stück Papier mit einer Adresse finden. Ich hatte dieses Stück Papier 33 Jahre lang gehütet, und es war mir noch vor einem Jahr in die Hände gefallen, als meine Freundin Brenda mich besucht hatte. Um genau zu sein, der Zettel fiel mir in die Finger, als wir uns unterhielten. Ich zeigte gerade ein paar alte Fotos, die aus dem Zettelkasten gefallen waren, in dem ich sie aufbewahrte. Auf dem winzigen Papier stand die Adresse von Gurdjew, zusammen mit der Bleistiftzeichnung einer Oktave, einem Symbol seines Lehrens. Diese Adresse muß kostbar für mich gewesen sein, obwohl ich sie nie gebraucht hatte. Ich hatte sie aufbewahrt, sie behalten für einen künftigen Gebrauch. Diesmal spuckte die Brieftasche das Stück Papier nicht aus. Ich guckte wie wahnsinnig in alle

Schubladen meines Schreibtisches und in Bücher, für den Fall, daß er zwischen die Seiten geraten war, aber keine Spur von ihm. Er war weg.

Ich erfuhr, was so viele von uns erfahren, wenn wir suchen und nicht finden, was wir suchen. Es ist wie eine schnelle Reise in die Vergangenheit. Manchmal jedoch stoßen wir auch auf etwas anderes, was wir gar nicht suchen, etwas, das vielleicht sogar unsrem augenblicklichen psychologischen Bedürfnis noch mehr entspricht. Viele Jahre lang habe ich versucht, mir ein Gedicht ins Gedächtnis zurückzurufen, das ich 1925 in Deutschland geschrieben hatte. Vor sechs Jahren zitierte ein Freund von mir zwei Zeilen daraus, und sie spuken mir seitdem im Kopf herum. Ich habe nach diesem Gedicht wieder und wieder gesucht, aber erst heute ist es mir in die Hände gefallen, anstelle von Gurdjews Adresse.

Hier ist das Gedicht:

Die Juden

Klein und modrig, schon Gemälde
Dies jahrtausendealte Leid
Gekrümmter Rücken sucht nach Wurzel
Himmel abgewandt.

Unsichtbare Klagemauern
Erstehen wo Ihr seid
Beschauen gern noch Euer Nicken
Und Lächeln
Ins gelobte Land.

London, 8. März: Wir verlegen Dinge oder Briefe, weil wir müde und zerfahren sind, oder weil wir sie verdrängen wollen. Die Erregung bei der Jagd nach ihnen ist angstvoll, weil wir es vielleicht kompliziert oder quälend finden könnten, etwas wiederzusehen, das wir vergessen wollten. Andererseits wünschen wir inständig, verlorene Dinge wiederzuentdecken, denn, wenn sie auch Schmerzen bereiten, sie sind Teil unseres Ego, und wenn sie nicht wiedergefunden werden können, erfährt das Ego einen Verlust. Eine zufällige Entdeckung kann von entscheidendem Einfluß auf die

Zukunft sein, das betrifft den einzelnen wie auch die wissenschaftliche Forschung und Kunst. Wie viele Erfindungen und Entdeckungen sind das Ergebnis von Zufälligkeiten. Das Zufällige ist das eigentliche Material kreativer Aktionen, ob auf dem Gebiet der Wissenschaft, Kunst oder des Lebens.

9. März: Ich habe eine Aversion, meinen Blick in die Vergangenheit zu richten, und kann mich nur so damit versöhnen, daß ich mir klarmache: wir sind das, was wir gewesen sind. Mein Widerstreben rührt von dem Gefühl her, daß die Vergangenheit in keiner Hinsicht tot ist, sondern im Gegenteil lebendig und mächtig. Wann immer ich den Schlüssel umdrehe, um die Kammern der Erinnerung zu öffnen, leide ich unter dem Schock einer Verlusterfahrung. Das Alter ist eine Schranke zur Vergangenheit, und die Zukunft schwindet vor unseren Augen dahin. Je älter man wird, desto stärker klammert man sich in der Regel an die Gegenwart. Ich glaube nicht an die Rührseligkeit beim Auskosten vergangener Heldentaten. Wenn man jung ist, kann man im Vorgefühl der Zukunft leben; wenn man alt ist, kann man das nur mit Hilfe des Jenseits-Glaubens.

Die Alten haben, selbst wenn sie kein künftiges Leben sehen können, keinen Grund zu resignieren. Jeder Lebensabschnitt hat seinen eigenen Platz innerhalb der menschlichen Existenz und seine besondere Bedeutung. Die Älteren und die Alten sind dazu bestimmt, mütterliche oder väterliche Charaktere zu sein. Ich sehe sie als alte Olivenbäume, grau, aber gedrungen und kräftig. Ohne die Alten wäre das Gleichgewicht des Bewußtseins des Menschen gestört. Die älteren und die Alten können Früchte von Erfahrungen anbieten, die mit der Patina der Zeit bedeckt sind.

London, 12. März: Das Pendel menschlicher Gefühle schwingt zwischen Gewinn und Verlust. Die Alten haben dem Abbau der Körperkraft ins Gesicht zu sehen und dem Raub einer mehr und mehr dahinschwindenden Zukunft. Ihr Gewinn muß von ihrer Bereitschaft, den adäquaten Platz einzunehmen, abhängen. Wo Verlust ist, ist auch Gewinn; an dieser

31

Banalität zeigt sich das Gleichgewicht, das die gesamte Natur regiert, vom unbedeutenden Insekt bis zum Universum. Verlust und Gewinn: die nämlichen Worte deuten an, daß die natürlichen Funktionen, seien es Instinkt, Emotion oder Bewußtseinsprozeß, kapitalistischen Prinzipien entsprechen.

Fangen wir mit dem Baby an. Mütterlicher Instinkt gibt dem Kind Schutz und Liebe, das seinerseits von der Mutter und allem, was erreichbar ist, Besitz ergreift. Alle menschlichen Beziehungen haben ihren Ursprung in dieser Situation, die beides ist, Same und Wachstumsstufe der emotionalen und geistigen Entwicklung. Wir brauchen jene, die in der Lage sind, unseren Bedürfnissen zu begegnen, und wir investieren in sie unsere Stimmungen und Gefühle.

Es ist auf der ganzen Stufenleiter der Beziehungen dasselbe. Freundschaft ist eine Form der Liebe, wo Kapitalismus als oberstes Prinzip ungeniert herrscht. Wir erwarten Trost und Hilfe von unseren Freunden, weil wir in sie Kapital investiert haben. Wir müssen natürlich darauf vorbereitet sein, Dividenden auf das Kapital zu zahlen, das unsere Freunde in uns investiert haben, ebenso wie wir erwarten können, die Dividenden unserer eigenen Investitionen zurückzuerhalten. Es geht Auge um Auge. Sonst könnte der Verlust den Gewinn so übersteigen, daß wir in Einsamkeit und Verzweiflung zusammenbrechen.

Das kapitalistische Reaktions-System zeigt sich eindeutig im Gruppen-Verhalten, gleichviel ob sie politische, soziale, religiöse oder private Gemeinschaften sind. Wir brauchen Gruppen, weil sie unser Ego und Selbstbewußtsein stärken. Wir müssen Treue investieren, Geld und Zeit, und oft mehr als das, um überhaupt ein Zusammengehörigkeitsgefühl entwickeln zu können. Je mehr wir geben, desto mehr empfangen wir. Selbstlose Taten und Emotionen, wirklich selbstlose Beziehungen, gibt es nicht.

London, 14. März: Das Schöpferische im Menschen hat jahrhundertelang Kopfzerbrechen bereitet. Ich selbst habe mich seit meiner Jugend damit beschäftigt, und ich habe über das Bindeglied nachgedacht, das mir zwischen Kreativität und zufälligen, äußeren Ereignissen zu existieren schien. Eine Definition von Kreativität mag angebracht sein. Für mich ist sie wie ein innerer Vulkan ungeheuren Energiepotentials. Niemand kann mit einer solchen Kraft leben, wenn sie nicht kanalisiert ist. Kreative Energie sucht nach Substanz und ertastet sich den Weg aus Chaos und unbestimmter Sehnsucht zu Form und Gestalt. Kreative Energie wird selten nur von der Einbildungskraft aktiviert; sie muß durch Zufälle entzündet werden, Eindrücke, gesprochene oder gehörte Worte, die die Energie freimachen, aus Vergänglichem Unvergängliches zu schaffen. Dieser Prozeß ist in hohem Maße emotional geladen. Kreative Emotion paßt in keine Kategorie. Sie ist die Ausnahme der Regel, denn sie ist zweckfrei. Ich kann das Freiwerden der Energie nur mit der Spaltung eines Atoms vergleichen. Solche Prozesse beginnen mit einer Explosion, nach der das innere Auge neue Dimensionen erblickt. Die Schätze werden in harter Arbeit geortet, an die Oberfläche gezogen, geprüft und in eine Form gepreßt. Vier Elemente beherrschen die Produktion: Energie, Emotion, Intelligenz und Disziplin. Kraft und Qualität dieses Prozesses entscheiden über den endgültigen Wert und die Bedeutung eines Kunstwerks oder einer wissenschaftlichen Entdeckung. Ich spreche von der Erfahrung, die in all ihren Stadien beschrieben worden ist, wenn ich ein Gedicht gemacht habe, oder besser, wenn ein Gedicht in mir geschaffen worden ist. Der Schaffensprozeß ist in jedem Fall wundervoll, egal ob das Gedicht gut oder schlecht ist.

Wahrhaft Produktives ist so selten wie die Geburt eines Sterns. Was als schöpferische Arbeit angeboten wird, ist meistens Imitation, entweder von anderen oder von sich selbst. Kreativität ist nur wenigen gegeben, und schon darin erklärt sich ihre außergewöhnliche Natur. Sie ist das wunderbarste und geheimnisvollste aller menschlichen Talente. Der kreative Mensch kennt die Realität und ist fähig, immer wieder neue Wunder zu erleben. In Spontaneität und Frische sind sich Künstler und Kinder ähnlich. Kreative Menschen sind im allgemeinen schwierig im Umgang, und sie leiden viel häufiger als normale Menschen (wenn es

›normale‹ Menschen gibt) unter Störungen des Nervensystems. Einige ungewöhnlich begabte Schriftsteller sind verrückt geworden; Hölderlin und Nietzsche zum Beispiel. James Joyce stand kurz vor einer Geisteskrankheit. Ich wiederhole ein häufig genanntes Zitat von William Blake: ›It is through the cracks that the light comes through.‹

Spontaneität ist der Nährboden, auf dem Künstler wachsen. In dieser Hinsicht unterscheiden sich wissenschaftliche Entdeckungen von Kunst. Obwohl Spontaneität in der Regel auch zu einem Wissenschaftler gehört, können wissenschaftliche Entdeckungen von sturen Menschen gemacht werden. Die Wirklichkeit ist wie der legendäre Baum, in dem Augenblick, wo du denkst, den Zweig gepackt zu haben, springt er dir aus der Hand. Realität oder Ultra-Realität erscheinen beide als Visionen auf dem Horizont menschlicher Sehnsüchte. Sehr wenige kommen ihm nahe. Die Realität gehört dem Neuerer, gleichgültig ob Künstler oder Wissenschaftler oder Sektenbildner. Sie existiert nicht ohne die Einbildungskraft, einer Gabe des wahrhaft lebendigen Menschen.

London, 15. März: Ich glaube nicht, daß jedes Kind mit einem Potential an kreativer Energie geboren wird. Kreativität, so wie ich sie verstehe, ist mit Auflehnung gepaart. Kreative Menschen sind oft von hypersensiblem Wesen, was gleichzeitig Schwäche und Stärke ist. Besonders defensive oder aggressive Reaktions- und Verhaltensweisen begünstigen den Protest. Pioniere sind Rebellen, und Rebellen sind Pioniere.

19. März: Paßt das Einfühlungsvermögen, die mitfühlende Teilnahme eines menschlichen Wesens am anderen, nicht in meine Theorie? Ich glaube doch. Grundsätzlich ist das Einfühlungsvermögen, die Fähigkeit, unter die Haut einer anderen Person gehen zu können, eine wesentliche Voraussetzung für den Arzt, zumal den Psychiater. Einfühlungsvermögen ist beiden von Nutzen, dem Gebenden und dem Nehmenden. Wie alle anderen emotionalen Haltungen bedeutet es eine Investition mit Dividenden: das Ego und Super-Ego der einfühlenden Person werden gestärkt, und der Empfänger bekommt wieder erneut Hoffnung und

Vertrauen. Ästhetische Gefühle sind die Glanzlichter des Kapitalismus der Innenwelt. Als der Nährboden sophistischer Vergnügen erhöhen und erweitern sie das Leben und stabilisieren das zerbrechliche Gerüst menschlicher Existenz. Gefühl und Genuß von Schönheit in Natur oder Kunst schaffen der menschlichen Erfahrung einen Oberbau, der frei ist von den Fallgruben anderer Erfahrungen und Beziehungen.

Ästhetische Freude ist nicht auf Schönheit beschränkt; es ist eine Empfindsamkeit, die den Reiz neuen Verstehens mit sich bringt. Je mehr wir mit ästhetischer Empfindsamkeit ausgestattet sind, desto mehr Freude haben wir, desto mehr bereichern und erweitern wir unser Bewußtsein und erfahren ein höheres Gefühl von Zusammenhang. Ästhetische Gefühle bedürfen keiner materiellen Befriedigung; sie sind frei, die Erinnerung ersetzt das Speichern von Materiellem. Unsere einzige Aufgabe ist die Suche nach Dingen, die unser ästhetisches Empfinden stimulieren und befriedigen, und das, was wir finden, zu verstehen.

In Danzig

I

Immer mehr Leute nehmen Drogen, um dem nervenzerrüttenden Leben gewachsen zu sein, dem unsere Gesellschaft uns aussetzt. Beruhigungsmittel sind Teil der ›Nahrung‹ des Menschen von heute, und Aufputschmittel ebenso wie psychedelische Drogen sind die Mittel seiner Flucht in die Imagination. Junge Leute, vor allem in England, ganz Westeuropa und Amerika haben sich, verführt von der Idee, daß die Droge ein Weg zu Friede und Glück sei, der Gruppe der Eskapisten angeschlossen. Diese Ansicht ist so gefährlich wie sie falsch ist. Jugend selbst ist eine stimulierende Droge, und die Energie und Erregbarkeit, die sie hervorbringt, können den ›Himmel‹ auf Erden schaffen.

In der Pubertät sind die endokrinen Drüsen besonders stimuliert. Sie beeinflussen unser Geistes- und Gefühlsleben, und hier liegt einer der größten Schätze der Jugend. Nicht jeder Heranwachsende hat Anteil an dem Glück, sich schöpferisch zu erleben, obwohl in der Pubertät solche Prozesse stattfinden, ohne daß sie von außen angekurbelt werden, und so ist es mir ergangen.

Bevor ich erzähle, was mir im Alter von sechzehn Jahren passierte, muß ich auf eine frühere Periode zurückgreifen.

Ich wurde in einer kleinen Stadt, Riesenburg in Westpreußen, geboren, nahe der damaligen polnischen Grenze, zwei Stunden von der Hauptstadt der Provinz entfernt — Danzig. Als ich neun Jahre alt war, wurde ich zu einer Tante in Danzig in Pension gegeben, weil ich orthopädisch behandelt werden mußte und die Schulverhältnisse in meiner Heimatstadt ungünstig waren. Der Wechsel war für mich abrupt und bestürzend, was sich in Schlafstörungen äußerte. Ich wachte gewöhnlich mitten in der Nacht vor Herzklopfen auf, ging in das Schlafzimmer meiner Tante, wo ich gleich in den Arm genommen wurde und dann friedlich ins Bett zu gehen pflegte. Obwohl ich in ihrer Zuneigung und Besorgnis Trost fand, lebte ich nicht wirklich in meiner Umgebung. Die meinige war eine Warteraum-Existenz, ich wartete auf den Zug, der mich zu meinen Eltern zurückbringen würde, meinen Freunden, meinem Zuhause, meiner Stadt. Ich wußte alle Zugstationen zwischen Danzig und Riesenburg und die Zeit, die man von einer zur anderen brauchte, auswendig. Ich blühte in den Ferien auf, während die Zeiten dazwischen Ausdauertests waren, unter denen ich sehr litt.

Als ich dreizehn war, siedelten meine Eltern nach Danzig über. Aber anstatt mich über unsere Wiedervereinigung zu freuen, wandelten meine Gefühle sich ihnen gegenüber. Ich wandte mich mehr und mehr von ihnen ab. Ich hatte mehr verloren als gewonnen, weil ihr Umzug mich meiner früheren Welt, die ich liebte, beraubt hatte. Meine Eltern stellten wegen meiner Gefühlskälte und trüben Stimmungen keine Fragen. Ihre Zuneigung zu mir blieb unverändert, und sie unterstützten meine Sehnsüchte und Pläne. Sie schickten mich auf ein Gymnasium.

Eines Morgens, als ich zur Schule ging, an einem Tag, der wie jeder andere zu sein schien, passierte mir etwas, das möglicherweise ein entscheidender Markstein in meinem Schicksal gewesen ist.

In einer engen Straße gegenüber dem Seiteneingang von Danzigs Hauptpost mußte ich anhalten. Ich blieb einem inneren Impuls folgend nahe am Fenster eines Juwelierladens stehen. Ich guckte weder rechts noch links noch sonst wohin. Ich war von einem überwältigenden Gefühl ergriffen. Zur gleichen Zeit fühlte ich, wie sich meine Größenverhältnisse änderten, ich kam mir dünner und größer vor, als ich in Wirklichkeit war. Ich empfand ein wundervolles Schweben, meine Füße schienen den Erdboden verlassen zu haben, und ich schwebte in der Luft. Eine unbekannte und mächtige Kraft hatte von mir Besitz ergriffen, eine Kraft, die zu stark für mich war, sie zu fassen. Sie gab mir ein Gefühl der Allmacht. Von diesem Augenblick an wußte ich um das Universum, das ich erblickte und in mir hielt. Nichts Geringeres war es. Meine Stirn fühlte sich zwischen den Augenbrauen zuerst kühl an, dann wie ein Kristall, kalt und blau, und ich nannte diesen Juwel in meinem Kopf den Amethyst. Die Geburt dieses inneren Auges versetzte mich in einen Zustand des Staunens. Es war wie ein Wunder. Ich hatte nie irgendwelche esoterische Literatur gelesen und wußte nichts von dem sogenannten dritten Auge. Ich hatte die Geburt meines kreativen Geistes erfahren, die Geburt dessen, was über Materie und sichtbare Welt hinausreicht. Wir wissen, daß unter dem Einfluß starker Emotionen äußere Ereignisse sich tief ins Bewußtsein einprägen können, und meine sehr präzise Erinnerung scheint mir ein Zeichen für die Intensität meiner Erlebnisse zu sein. Mein geistiges Auge sieht den Hof vor der Post, voller Karren, deren Deichseln in die Luft ragen; es sieht genau den Fleck, an dem ich wie angewurzelt stehenblieb. Ich erinnere mich an die Pflastersteine der Straße und das Fenster des Juweliergeschäfts. In jenem ewigen Augenblick gab es keine Zeit. Ich bin allerdings nicht in der Lage, mich daran zu erinnern, wie ich wieder von diesem Fleck wegkam und ob ich es geschafft habe, zur Schule zu gehen. Ich weiß nicht, ob ich zu spät gekommen bin, ich mich ganz normal verhalten oder den ganzen Tag die Schule geschwänzt habe. Die Zeit nach diesem wunderbaren Schock ist in meiner Erinnerung ein weißer Fleck.

Ich änderte mein Leben. Ich begann zu reimen und las Platon, Kant, Nietzsche und Spinoza. Fünfzig Jahre danach mag dieses ›Ereignis‹, das ich beschrieben habe, mystisch genannt werden. Heute können wir es teilweise mit unserem Wissen über Biochemie und Endokrinologie erklären. Wir wissen, daß die Adrenalin-Drüsen mehrere Hormone produzieren, von denen eins wie eine Droge das Gehirn beeinflussen kann — wie Meskalin, dessen Wirkung Aldous Huxley in seinem Buch ›The Doors of Perception‹ so anschaulich beschrieben hat.

Wir wissen auch, daß das Bewußtsein unseres eigenen Körpers Veränderungen erfahren kann, wenn uns heftige Gefühle packen. Solche Veränderungen sind in der Regel Zeichen geistiger oder neurotischer Störungen. Manchen Leuten erscheinen ihre Hände dann gigantisch groß, anderen alle Teile ihres Körpers; beides sind Symptome, die das Bedürfnis symbolisieren, die Sache zu meistern, der störenden Einflüsse Herr zu werden. Ich war mitten in der Pubertät, als ich diese Erfahrung machte, also in einer Zeit, da die endokrinen Drüsen stärker arbeiten als zu anderen Zeiten. Ich fühlte mich in Unfrieden mit meiner Umgebung und suchte nach einer eigenen Welt, weg von meiner Familie, meiner Schule und meinen Klassenkameraden. Ich fühlte mich zur Welt der Kunst hingezogen und hatte eine Vorliebe für Literatur und Philosophie.

Ich brauchte keine Drogen, um die Tore erhöhten Empfindungs- und Wahrnehmungsvermögens zu öffnen. Die Tore öffneten sich von selbst. Aber sie schlossen sich auch wieder, und ich besaß keinen Schlüssel, mit dem ich in die Welt, die ich flüchtig gesehen hatte, wieder hätte eintreten können. Trotz der Unmöglichkeit, die Erfahrung wiederholbar zu machen, veränderte ihre Nachwirkung mein Leben. Ich begann in einer Welt zu leben, die ausschließlich nur mir gehörte, in einer Atmosphäre angespannter, aber glücklicher Isolation.

Alles um mich herum veränderte seine Bedeutung. Die Tatsache, daß ich für weitere mehr als drei Jahre noch zur Schule gehen mußte, empfand ich als eine Last, die ich kaum tragen konnte. Meine wunderbare Erfahrung hatte mich aus den Reihen meiner Altersgenossen herausgeschossen und in gewissem Grad auch aus denen meiner Lehrer. Ich nahm das Unvermeidliche in Kauf, voller Abneigung und niedergeschlagen. Die Schule begann um 8 und endete um 13 Uhr. Nachmittags hatten wir keinen Unterricht. Man erwartete von uns, daß wir Hausaufgaben machten. Ich machte die Schule zu einer so lockeren Disziplin, wie es eben gerade ging. Ich betrat um 8 Uhr das Klassenzimmer, setzte mich hin und redete wie eine Fremde, die ihre Worte in eine andere Sprache übersetzen muß. Meine Klassenkameradinnen irritierten mich mit ihrem albernen Getue. Mit Wesen, die mir und meiner Welt so fremd waren, war keine Sprache möglich.

Während der letzten zwei Jahre wurde ich jedoch mehr und mehr geprägt von einer intelligenten Lehrerin, die uns in Literatur unterrichtete. Fräulein Haberfeld, eine Jüdin, war klein und stämmig, hatte schwarze, leicht ergraute Haare, ein breites Gesicht, hohe Backenknochen und veilchenblaue Augen. Ihre entschiedenen Bewegungen, ihre genauen und abgerundeten Gesten, beeindruckten mich ebenso wie ihre heisere Stimme. Meine Gefühle waren sicher intensiver als die gewöhnliche Schulmädchenverehrung für einen Lehrer. Ich wartete, um sie innerhalb und außerhalb der Schule sehen zu können, und ich geduldete mich manchmal Stunden vor ihrem Haus. Ich erfuhr meinen ersten emotionalen Schock für eine ältere Frau. Sie spritzte das Gegengift zu der Langeweile meiner Schultage, ich arbeitete für ihre Stunden, aber sonst war ich eine ziemlich faule Schülerin. Dennoch war ich nicht schlecht, und obwohl ich der Hausarbeit soweit wie möglich aus dem Wege ging, sammelte ich doch irgendwie und irgendwo das gewünschte Wissen auf, so daß die meisten meiner Lehrer sich für mich interessierten.

Einen Freund hatte ich in meinem Lateinlehrer, einem Herrn Maynard. Er war Halbfranzose, klein und kahl und prunkte mit einem starken schwarzen Schnurrbart. Seine großen braunen Augen guckten ständig besorgt, und er mußte sich immer an etwas festhalten, um seine nervöse Spannung und Ängstlichkeit zu bekämpfen. Einmal blieb er mehrere Monate aus der Schule weg, und hinter vorgehaltener Hand sprach man von einem Nervenzusammenbruch. Ich habe guten Grund zu glauben, daß das stimmte. Ich hatte mich oft gefragt, warum er mich mit seiner Gunst auszeichnete und ob er in mir eine verwandte Seele vermutete. Er war der einzige Lehrer, der mich mehrfach zu sich nach Hause bat, einem Ort klösterlicher Einfachheit und endloser Regale voller Bücher.

Abgesehen von diesen Entschädigungen haßte ich es, Schüler zu sein, und ich sehnte jeden Tag das Klingelzeichen um 13 Uhr herbei, wenn ich meine Schulmappe unter den Arm nehmen und nach Hause gehen konnte. Dort mußte ich noch warten, bis das

Mittagessen vorbei war, bevor ich in der Einsamkeit meiner eigenen Welt und meines eigenen Zimmers, das von dem Geruch türkischer Zigaretten erfüllt war, entspannen konnte. Ein schmales Bett und ein großer Tisch waren die Pole meiner Existenz. Der Tisch war voll mit Werken von Heine, Brentano, Lenau und philosophischen Schriften. Zwischen Bett und Tisch war wenig Platz, aber das kleine, enge Zimmer hatte einen wunderschönen Ausblick. Ich sah auf einen der historischen Schätze Danzigs, das Franziskanerkloster, dessen Bau auf das 14. Jahrhundert zurückgeht. Ein Garten, der von drei Säulengängen gesäumt wird, hat im Nährboden der Jahrhunderte eine Anzahl hoher Blutbuchen hervorgebracht, die die das Kloster umgebenden Mauern überragten und auf seinen Rasen Schatten warfen. Da ich im obersten Stockwerk wohnte, konnte ich das Ganze überblicken: das Kloster, die dahinführenden Wege und den Garten.

Meine Nachmittage verbrachte ich mit der Lektüre oder ich schrieb Aufsätze und Gedichte. Gegen Abend brauchte ich für meine Betriebsamkeit immer einen Szenenwechsel, und ich machte in den Straßen von Danzig Spaziergänge. Bevor ich 16 Jahre alt war, hatte ich nur für die Straßen ein Auge, die zur Schule und zur orthopädischen Klinik führten, wo ich jeden Nachmittag behandelt wurde. Wie ein Automat hatte ich in einer außergewöhnlichen Umgebung gelebt und sie nicht vereinnahmt. Danzig wurde zum Schauplatz der bedeutendsten Entwicklungsphase meines Geistes, und ich muß einen kurzen Abriß seiner Geschichte geben, was nicht nur helfen wird, die Atmosphäre meiner Umgebung zu begreifen, sondern auch einige emotionale Reaktionen, die mein ganzes Leben beeinflußten.

Im 19. Jahrhundert und während dreier Jahrzehnte des 20. Jahrhunderts war Danzig die geschäftigste Stadt an der Ostsee. Danzig liegt etwa 5 Kilometer südlich der Danziger Bucht. Seine schriftlich verbürgte Geschichte geht bis ins 10. Jahrhundert zurück, als Danzig 997 Hauptstadt von Pomerellen wurde. 1227 bekam es Gerichtsbarkeit und Stadtrechte vom Herzog des Landes verliehen, das später Pommern genannt wurde. Im späten 13. Jahrhundert war das Herzogtum ohne Nachkommen, und seine Macht schmolz dahin; kurz darauf wurde Danzig die Beute des Deutschen Ritterordens, der Rittergemeinschaft, die Kreuzzüge nach Palästina unternahm. Ihre Schwerter trugen sie nahe am Herzen, und das Christentum bedeutete für sie nicht die Nächstenliebe Christi. 1309 annektierte der Deutsche Ritterorden Danzig und das Hinterland, aber die Stadt wußte sich zu behaupten. 1361 wurde sie zusammen mit Lübeck und Bremen Mitglied der Hanse. Von da an war Danzig Hansestadt und blühte als internationale Seemacht und Handelszentrum auf. 1454 war Danzig stark genug, mit dem Deutschen Ritterorden zu brechen, und begab sich dann selbst unter das Protektorat Polens. Zu diesem Zeitpunkt waren alle Fesseln der Abhängigkeit abgeworfen, und Danzig war wirklich eine freie Stadt. Der König von Polen hatte nur unbedeutende Rechte und in Danziger Angelegenheiten wenig zu sagen. 1523 akzeptierte die Stadt die Reformation und erklärte sich selbst für protestantisch.

Die Blütezeit Danzigs war die Periode von 1470 bis 1620. Danzigs Schiffe drangen vor bis zu den Küsten von Spanien, Portugal und Italien. Fremde kamen nach Danzig, und einige der schönsten historischen Bauwerke verdanken ihre Existenz Architekten aus der Renaissance.

Die ›alte‹ Stadt zeigte noch das ungetrübte Gesicht des Mittelalters. Ihre Hauptbauwerke entstanden zwischen dem 14. und 17. Jahrhundert. Man konnte sich des Gefühls nicht erwehren, eine lange in Stein und Mörtel eingehauene Geschichte nachzuerleben, die den Geist zugleich beflügelte und bedrückte.

Die Marienkirche, sie befindet sich im ältesten Teil der Stadt, Rechtstadt genannt, war die größte Ziegelsteinkirche der Welt. Sie zu erbauen, dauerte 145 Jahre, und doch wurde sie niemals fertig. Der ungewöhnlich voluminöse Hauptteil der Kirche trug einen fast 80 Meter hohen Turm. Die dreischiffige Hallenkirche wurde im 16. und 17. Jahrhundert mit wundervollen Kunstwerken geschmückt, darunter Memlings Gemälde ›Das Jüngste Gericht‹. Architekten der Renaissance verliehen dieser nördlichen Stadt einen Hauch von

Italien. Da war beispielsweise der Artushof im Spät-renaissance-Stil, ein Gebäude mit gemalten Decken und einer berühmten hölzernen Wendeltreppe. Das Renaissance-Rathaus, aus früherer Zeit, war von einem vierschichtigen, 82 Meter hohen Turm gekrönt, der von derart bezaubernder Anmut war, daß ich ihn ›den Tänzer‹ nannte. Das von Renaissance-Architekten gebaute Krantor aus dem 15. Jahrhundert schaute mit abschreckender Würde zum Mottlau-Fluß hinüber. Ein riesiger Anker hing von seinem oberen Teil herab, das Symbol für seine Funktion, Waren auszuladen. Ich nannte das Krantor ›die schöne Guillotine‹.

Die Zeit und zwei Feuersbrünste hatten Danzig um eine Reihe sehr alter Häuser gebracht, aber ein paar Straßen waren fast ganz erhalten geblieben und ließen leise ahnen, wie das Leben der Patrizier, der privilegierten Klasse reicher, stolzer und adliger Leute ausgesehen hat. Die Innenstadt blieb seltsamerweise von den vielen historischen Wechseln, die sie durchgemacht hatte, verschont.

Das polnische Protektorat, unter dem Danzig praktisch eine Freie Stadt war, brach wegen der Kriege zwischen Rußland und Polen zusammen, und 1734 wurde Danzig von Rußland annektiert. Die Stadt hat unter der Herrschaft des Deutschen Ritterordens, der Polen und der Russen gestanden. 1793, nach der zweiten Teilung Polens, wurde sie Preußen übergeben. Danzig durchlebte eine zweite Periode eines ›Freie-Stadt-Daseins‹ von 1807—1814, aber danach kam es erneut unter preußische Herrschaft, und Industrie und Handel blühten noch einmal auf. Die berühmte Schichau-Werft, eine der größten Schiffswerften Europas, verhalf Danzig zu neuer Berühmtheit. Nach dem Ersten Weltkrieg änderte sich das Schicksal wiederum. 1920 wurde Danzig zum Freistaat erklärt, aber die Stadt mußte Polen gegenüber erhebliche Konzessionen machen. Der Hafen von Gdingen mußte übergeben werden und wurde in Gdynia umbenannt. Die Polen erwarben auch beträchtlichen Einfluß auf die Entwicklung der Industrie Danzigs. Die Freiheit der historischen Stadt wurde immer weiter eingeschränkt, während ihr Besitz mehr und mehr in polnische Hände gelangte. Zu der Zeit hatte ich Danzig verlassen, um an deutschen Universitäten Medizin zu studieren.

Ich bin überzeugt, daß die bewegte Geschichte, die ich kurz umrissen habe, mein unterbewußtes Empfinden von Unsicherheit und Heimatlosigkeit gefördert hat. Ich habe keinen Zweifel, daß Danzig deutsch war. Seine offizielle Sprache, sein Beamtenapparat waren deutsch, und deutsch waren die meisten Einwohner. Eine Handvoll Polen bewohnten ein Gebiet in der Nähe Danzigs, Kaschubei genannt, aber sie wurden in der Stadt kaum gesehen und als ›Außenseiter‹ registriert.

Ich entwickelte ein ambivalentes Verhältnis zu Danzig. Ich liebte es, und ich fühlte mich gleichzeitig unterdrückt, ich wußte, daß ich nicht wirklich dahingehörte. Häufig war die Stadt für mich ein großer Käfig, dem ich entrinnen wollte. Ich brachte mich dahin, die schönsten Plätze der Stadt ausfindig zu machen, weil ich meine Sinne auf etwas konzentrieren wollte, das mich durch ästhetische Anziehungskraft und Vollkommenheit fortreißen könnte. Die Marienkirche und das Rathaus beherrschten die Stadt. Man konnte nicht umhin, ihre Gegenwart zu spüren. Die Marienkirche selbst bedrückte mich, und ich besuchte sie nur, um Memlings Gemälde anzustarren. Aber die Gassen, die strahlenförmig auf die Kirche zuliefen, bildeten den Schauplatz eines Märchens, das meine Phantasie packte. Die Frauengasse und die Jopengasse waren die ungewöhnlichsten Straßen — oder besser Pfade — die ich je gesehen habe. Die Frauengasse, nur ein paar Schritte lang und gerade breit genug für ein amerikanisches Auto, verband die Marienkirche mit dem Frauentor. Dann führte sie weiter zur Langebrücke, dem Damm über die Mottlau, ein Nebenfluß der Weichsel. Viele Straßen Danzigs enden in alten Bogengängen, im Mittelalter erbaut, als die Stadt eine Festung war. Die Häuser der Frauengasse, hoch und schmal, waren mit Giebelornamenten geschmückt. Sie hatten in der Regel drei Stockwerke, und charakteristisch war die große Terrasse vor jedem Gebäude, die die Gasse noch enger machte. Ein paar Steinstufen führten zu den von vergoldeten Eisengittern eingerahmten Terrassen hinauf; die Gitter ruhten auf kleinen rechteckigen, mit Wasserspeiern oder Löwenköpfen verzierten Pfeilern. Der Bürgersteig war sehr schmal und ich erinnere mich, daß ich immer auf der Kopfsteinpflasterstraße ging, da dort kaum anderer als Fußgängerverkehr war. Dem einzigen Bruder meines Vaters gehörte das Haus Frauengasse Nr. 6, und so wurde ich mit dem Inneren dieses patrizischen Haustypus vertraut. Die Räume, stattlich, lang und schmal, hatten hohe Decken, von denen Kronleuchter herabhingen; es wurde viel Licht gebraucht, da die Sonne in diese eng zusammengedrängten Straßen kaum eindringen konnte. Die Atmosphäre drinnen und draußen war beängstigend und beklemmend. Ein fast abschreckender Sicherheitssinn zeigte sich in diesen Häusern der Wohlhabenden und Reichen, in ihrer Lebensart ebenso wie in dem schweren schwarzen Mobiliar, eine Spezialität der Danziger Handwerker. Niemand und nichts schien sich jemals im Inneren dieser Gebäude zu bewegen. Über ihnen lag irgendein Zauber gelähmter Zufriedenheit und Bequemlichkeit.

Vor diesem Hintergrund führten mein Onkel und meine Tante ihr Leben, schlecht und recht. Er spielte Flöte und ging in jedes erreichbare Konzert, und sie interessierte sich für zeitgenössische Kunst und Literatur. Beide übten einen bestimmten Zauber auf mich aus. Ich fühlte mich zu ihnen nicht nur wegen ihrer kulturellen Neigungen hingezogen, sondern auch durch die Ruhe ihrer Beziehung zueinander, die mir ein Gefühl von Wohlbefinden gab. Ihr luxuriöser Haushalt und die zivilisierten Tafeln machten Besuche in ihrem Haus zu einem Fest. In der Wilhelminischen Ära besaßen die wohlhabenden, höhergestellten Juden alle Privilegien, die eine Periode der Blüte und des Wohlstandes bieten kann.

Onkel Joseph, ein Getreidehändler und Börsenmakler, hatte, was Begabung und Wohlstand anbelangt, seinen älteren Bruder, meinen Vater, überflügelt. Er war ein kleiner stämmiger Mann, der routinemäßig physikalische Versuche vornahm und einem Turnverein angehörte. Onkel Joseph, ein cleverer Mann mit tiefsitzenden braunen Augen in einem Gesicht, dessen unterer Teil allzu ausgeprägt war, verband eine weitreichend materialistische Gesinnung mit einem sensiblen und spontanen Verständnis für Menschen und Situationen. Er war ein Opportunist und Menschenfreund, der bei all seinen Unternehmungen erfolgreich war. Als das Produkt eines Jahrhunderts der Vernunft und des Wohlstandes, mußte er sich aber trotzdem auch nach der Sicherheit eines ethischen oder religiösen Lebens gesehnt haben, denn er gehörte den Freimaurern an. Seine intelligenten Augen lächelten ständig in die Welt. Er half vielen Leuten, nicht nur mit Geld, sondern auch mit seinem Verständnis und Ratschlag. Ich hatte das Gefühl, daß er und meine Tante mich besser kannten als meine Eltern. Meine Mutter war ihm übel gesonnen, weil er sich ein erfolgreicheres und zufriedeneres Leben aufgebaut hatte als mein Vater. Ich empfand nur Bewunderung, obwohl da auch in mir so ein kleinliches Gefühl war, daß wir nicht einen solchen Erfolg gehabt hatten und uns deshalb in der demütigenden Position der armen Verwandten befanden. Arm, das muß man hinzufügen, im Vergleich zu den sehr Reichen, denn mein Vater besaß genug Kapital, seine Familie von den Zinsen ernähren zu können.

Schon in ganz jungen Jahren hatte ich die sanfte, sentimentale, weibliche Seite meines Vaters erkannt; sie stand in scharfem Gegensatz zu seines Bruders ausgesprochener Männlichkeit und Aggressivität. Ein starker Mann hatte einen schwachen ausgestochen — diese Redewendung der Mutter führte zu ständigen Streitereien zwischen den Eltern, ein weiterer Grund für meine Besuche in der Frauengasse 6, wo ich immer willkommen war.

Beim Betreten des schönen Hauses blickte man auf eine Emailleplatte an der Tür des einräumigen Flurs im Parterre, auf dem das Wort ›Comptoir‹ gemalt war. In das ›Comptoir‹ durfte ich nicht hinein. Wenn ich in der Woche vorbeikam, unterhielt mich meine Tante Bertha. Sie war etwa 170 cm groß und konnte bequem auf ihren Mann herabsehen. Vielleicht tat sie das in mehrfacher Hinsicht, aber wenn es so war, so zeigte sie es nicht. Sie erinnerte mich an eine freundlich-

guckende Giraffe, groß, mit langem Hals und einem
für ihren hageren Körper zu kleinen Kopf. Tante Bertha war das genaue Gegenteil ihres Mannes: blond,
mit blauen Augen und einer Himmelfahrtsnase, sie
repräsentierte den hellhaarigen, weißhäutigen Typ der
Aschkenasier. Meine Mutter war ein anderes Beispiel
dieses Typs, obwohl sie kurz und dick war und die
weiße Haut rothaariger Menschen besaß, mit einer
Unmenge Sommersprossen im Gesicht und an den Händen. Die Tante schien eine selbständige und eher introvertierte Frau zu sein. Ihr Aussehen war unauffällig,
aber ihre Haltung und Eleganz machten sie begehrenswert. Sie ragte aus dem Kreis aller anderen Erwachsenen meiner Umgebung heraus. Sie war außerordentlich belesen und interessiert an geistiger Beschäftigung.

Mein Spaziergang folgte im allgemeinen immer derselben Route. Ich ging von der Marienkirche durch
das Frauentor über die Frauengasse in die Jopengasse.
Letztere war eine weniger ausgezeichnete Verwandte
der Frauengasse, aber im selben Stil gebaut. Die kleine,
von Bäumen gesäumte Straße war trotz ihrer Terrassen für den Durchgangsverkehr zum Fluß breit genug.

Ich lief zu der unvermeidlichen riesigen Kirche hinauf und schlenderte von da aus in die Hundegasse,
wo ich einen anderen Schatz bestaunte, die Langgasse.
Danzigs Hauptstraße und das Zentrum der Stadt. Ihr
Name ist irreführend, denn mit Leichtigkeit konnte
man von einem Ende zum anderen sehen, von dem
herrlichen Rathaus zum Langgassertor. An den beiden
Enden breiter und in einer leichten Kurve verlaufend,
war die Langgasse geformt wie ein undeutliches Frage-
zeichen. Das 1612 erbaute Tor ist in einen Arkaden-
gang eleganter Läden umbaut worden. Hatte man ihn
durchlaufen, befand man sich auf dem Kohlenmarkt,
einem mehr oder weniger rechtwinkligen Platz. Auf
der einen Seite des Platzes stand der Stockturm, ein
abschreckendes mittelalterliches Gemäuer wie etwa
der Tower von London. Dieses furchteinflößende Mo-
nument war ehemals Kerker und Folterschauplatz.
Immer noch strömte es eine unheimliche Atmosphäre
aus, die man erst überwinden mußte, bevor man die

Buchantiquariate im Inneren betrat. Eines von ihnen war spezialisiert auf Erstausgaben von Kinderbüchern, und die waren meine Wonne, denn sie enthielten Illustrationen in den glühendsten Farben. Ihr Eindruck ist mir bis heute unvergeßlich wie ein schöner Traum.

Der Kohlenmarkt war ein belebter Platz. Eine der Längsseiten des Rechtecks wurde von dem größten Konfektionswarenhaus der Stadt völlig eingenommen, auf einer Querseite gegenüber dem Stockturm war das Danziger Stadttheater untergebracht, ein genauso häßliches Gemäuer wie ›Freimanns Warenhaus‹, aber wenigstens eine unschätzbare Einrichtung für Erziehung und Amüsement von jung und alt. Es war ein Repertoiretheater, mit allem, was dazugehört; es gab Opern, Tragödien, Komödien, Possen und die Klassiker. Letztere wurden Samstagabend gespielt, und ich war ein eifriger Besucher, hoch oben auf der Galerie.

Der Holzmarkt war eng mit dem Kohlenmarkt verbunden und praktisch dessen Erweiterung, nur war er einheitlicher; die anliegenden Gebäude stammten alle aus dem 16. Jahrhundert. Ich ging an der größten und attraktivsten Apotheke der Stadt, an der Ecke vom Holzmarkt, vorbei in eine der ältesten Straßen Danzigs, schlicht ›Altstadt‹ genannt. Gemischte Gefühle von Ehrfurcht und Widerwillen machten sich in mir breit. Ich war bedrückt und fasziniert. Die Häuser auf der einen Seite sahen aus wie verrottete Zähne in einem alten, schon skelettähnlichen Gesicht, aber auf der anderen Seite standen intakte historische Gebäude aus der Zeit des Deutschen Ritterordens. Da war die Alte Mühle, eine Ruine, aber noch zu erkennen; sie stand auf einer kleinen Halbinsel, in einem engen Kanal, der die Straße zweiteilte. Nach dem Überqueren der Brücke, die die beiden Hälften verband, stand ich vor dem Altstädtischen Rathaus, dem ältesten Gebäude der Stadt; seine Entstehung geht auf das 12. Jahrhundert zurück. Es war sehr gut erhalten und sah aus, als würde es ewig überdauern. Diese abschreckende und begeisternde Ansicht symbolisiert die Atmosphäre von Danzig. Getrieben von alpdruckartiger Furcht und einem Gefühl der Verwunderung, ging ich ziemlich eilig durch die Altstadt. Die Bewohner der Straßen waren wie Schatten: sie schienen einer Unterwelt anzugehören, nicht von Kriminellen, sondern von Geistern. Vier Jahre lang, im Alter von 9 bis 13, führte mein Schulweg, als ich noch bei meiner Tante wohnte, täglich durch diese Straße, aber in jener Zeit hatte ich keines dieser Wunder, keinen dieser Schrecken bemerkt, die mir nach meinem ungewöhnlichen Erlebnis bewußt wurden.

Von jenem Augenblick an ging ich hinaus, um nach ihnen zu sehen und sie einzuverleiben in die Schatzkammern meines Geistes und meiner Erinnerung.

Die Altstadt grenzte an ein neues Viertel, und eine seiner modernen Straßen war die Pfefferstadt, wo ich mit meiner Tante vier Jahre gelebt hatte und wo sie auch noch lebte, als ich die Schule verließ. Ich besuchte sie selten auf meinen Gängen. Ich hatte meine Zuneigung zu ihr wahrscheinlich zusammen mit der Periode meines Lebens unterdrückt, die für mich nichts enthielt als Heimweh nach Riesenburg und meinen Eltern. Später im Leben fanden wir noch einmal zueinander. Ich überlegte manchmal, ob meine Tante Auguste mich wohl vorbeigehen sah. Da sie fast taub war, verbrachte sie einen großen Teil des Tages mit sich selbst; oft saß sie an einem kleinen Mahagoni-Nähtisch nahe dem Erkerfenster ihres Salons, der auf die Straße führte. Sie beschäftigte sich mit Stickerei, Häkeln und Nähen, aber muß den Vorbeigehenden viel Aufmerksamkeit geschenkt haben. Da sie zu früh Witwe geworden ist, widmete sie sich ganz ihrem einzigen Sohn, aber auch mir und meiner Schwester schenkte sie, als sie uns in ihr Haus nahm, großzügig ihre Zuneigung. Ich habe sie niemals wirklich kennengelernt, wahrscheinlich, weil sie mein Mutter-Ersatz gewesen ist und mich während meiner nächtlichen Wanderungen getröstet hat. Ich wollte in ihr nicht mehr sehen, als sie für *mich* bedeutet hatte. Ich war jedoch fähig, ihr Aussehen zu bewundern. Sie war eine schöne Frau, immer makellos zurechtgemacht, mit ausladenden Hüften und Brüsten und einem Gesicht, das von Goya hätte gemalt sein können.

Die Pfefferstadt befand sich in einem Viertel moderner roter Ziegelsteinhäuser, häßlich und bequem, mit in sich abgeschlossenen Wohnungen. Das alte Danzig, nur ein paar Schritte weit entfernt, ging hier zu Ende, und nur einige Straßennamen wie Vor- und Altstädtischer Graben erinnerten dunkel an vergangene Zeiten, als die Stadt noch eine Festung war.

Mein Weg nach Hause führte über den Stadtgraben, eine lange gebogene Straße, die einen Teil der Altstadt flankierte. Weiter nach Südosten hatten Überreste alter Befestigungen noch überdauert, aber diesen Teil Danzigs berührten meine täglichen Spaziergänge nicht.

Als ich ungefähr siebzehn war, zog meine Familie in eine Wohnung am Langgarten, nicht weit vom Damm entfernt. Von da ab brachte ein neuer Spazierweg mehr Abwechslung in meine Forschungen. Manche Leute brauchen die Berge, andere das Meer und Flüsse. Ich bin gern in der Nähe des Wassers, vielleicht weil das Wasser ein entscheidendes Charakteristikum in der Anatomie meiner frühen Umgebungen war. Der Weg meines neuen Ganges folgte dem Fluß: längs der Langebrücke, ein belebtes breites Ufer, mit hohen engen Häusern im typischen Danziger Stil. In früheren Jahrhunderten müssen sie von würdevoller Erscheinung gewesen sein, aber zu meiner Zeit hatte der Verfall sich breitgemacht, Nachlässigkeit und Armut hatten gesiegt. Die Langebrücke ist eine Straße der ›kleinen‹ Leute geworden, der Schuhflicker, Zimmermänner und Kolonialwarenhändler. Es gab da eine Anzahl von kleinen Läden, in denen man alles kaufen konnte, von Süßigkeiten bis zur Herren- und Damengarderobe. Gegenüber, auf der anderen Seite der Mottlau, zeugten große Lagerhäuser von dem Gedeihen des Danziger Großhandels. ›Die Speicherinsel‹ stand auf einer Halbinsel, die weit in den Fluß hinauslief; hier wurden Getreide, Holz und andere Waren in andere Teile Deutschlands und ins Ausland verschifft.

Man konnte immer weitergehen entlang der Langebrücke, bis man das Weichseldelta erreichte. Das flache Land begann, wo die Straße endete. Ich liebte beide Teile dieses Spazierweges, Straßen und fruchtbare Felder. Die frische Brise und mit schrillen Schreien herumfliegende Seemöwen machten die Nähe der See immer und überall spürbar. Mein Spaziergang begann bei einer der Brücken über die Mottlau. Kurz darauf kam ich an dem berühmten Krantor vorbei, und ein Stückchen weiter war der Fischmarkt.

Große Fässer standen herum, und riesige sauber-geschrubbte Holztische stellten das Beste vom Fang zur Schau. Die Danziger Flunder, ein dicker, flacher Fisch mit einem ganz besonderen Geschmack, schien immer hoch im Kurs zu stehen, und sein Lob wurde von allen Marktfrauen ausgerufen. Die Fischweiber waren so rund wie ihre Fässer und waren wohl ein glückliches, immer lachendes, spaßendes Völkchen. Alle hatten sie dicke Bäuche, und leuchtende kleine Äuglein waren in breiten fetten Gesichtern vergraben. Diese weiblichen Clowns holten mich auf den Boden der Erde zurück, beschäftigt wie ich war, mit mir selbst, meinen Gedanken und meinen Gefühlen. Auf diesen Spaziergängen meinte ich, stärker als zu jedem anderen Zeitpunkt Flügel zu haben, die Worte und Rhythmus bewegten; manchmal kamen ganze Verse von irgendwo aus meinem Inneren.

Das überwältigende Gefühl, das sich meiner be-mächtigte, kündigte sich durch tiefes Atmen an, das meinen Körper in so hohem Maße belebte, daß ich zu fliegen glaubte. Die so freigesetzte Energie befähigte mich, stundenlang spazierenzugehen, ohne zu ermü-den. Ich merkte plötzlich, wie ich begann, rhythmisch zu gehen, fast tanzte ich, und wie dann mein ›Kopf‹ die Führung zum Teil wieder übernahm. Das rhyth-mische Schwingen in mir transformierte sich selbst in Bilder, und Rhythmus und Bild verschmolzen zu Wor-ten. Ich pflegte die Worte immer von neuem zu wiederholen, mein Geist schien frei und rhythmisch zu schweben und aus dieser Bewegung lösten sich Verse.

Wenn ich nach Hause kam, war ich wie betrunken von mir und dem schöpferischen Prozeß, den ich erlebt hatte. In einem solchen Zustand der Ekstase war es sehr schwierig, meiner Familie gegenüberzutreten und mit ihr zusammen zu essen. Ich verhielt mich so still wie möglich, und wartete nur darauf, allein in meinem Zimmer zu sein. Das halbfertige Gedicht in meinem Kopf zu haben, gab mir ein erregendes Gefühl der

Ungewißheit. Ich wiederholte einige Zeilen so oft, bis ich es mit Anstrengung schaffte, aus diesem Fast-Chaos eine Strophe zu bauen. Ich schrieb gewöhnlich Sonette, eine Form, die ein gutes Stück disziplinierter Arbeit voraussetzt; und dies war, denke ich, das richtige Gegengift zu dem chaotischen und überwältigenden Gefühl, das dem Schreiben voranging.

Ich muß die übersprudelnde Energie der Jugend gehabt haben und noch etwas mehr, das mich befähigte, mit einem verwickelten Leben fertig zu werden, in das ich nicht hineinpaßte und dem ich in mancher Hinsicht entwachsen war. Ekstase und Intensität meines einsamen Daseins gelten auch für mein Lesen. Ich lese voller Gier, mein Geist ist wirklich hungrig. Die geistige Nahrung war zugleich emotionelle Nahrung. Meine ganze Persönlichkeit war mit einbezogen, wenn ich versuchte, Kants ›Kritik der reinen Vernunft‹ oder die Arbeiten Spinozas zu verstehen. Philosophische Schriften zu lesen bereitete mir beträchtliche Schwierigkeiten, denn ich hatte durch meine Erziehung nicht das Rüstzeug mitbekommen, mit dem ich solcher Beweisführung folgen konnte. Ich steckte den Kopf nicht in den Sand; auf keinen Fall wollte ich die schwierigsten Passagen überspringen; ich hörte nicht auf, darüber nachzudenken, wie ein schlecht ausgerüsteter Bergsteiger, der einen enormen Gipfel erklimmen will. Ich war beharrlich trotz eines Gefühls äußerster Erschöpfung, ein Praxismodell, das ich nie aufgegeben habe, zu meinem Vor- und Nachteil. Die populäreren Werke Nietzsches und Schopenhauers nahm ich leicht auf, aber die Bücher der Weisheit von Lao-tse, Konfuzius und Tschuang-tse gaben mir, was ich am meisten brauchte: den weiten Horizont. Gedichte blieben meine bevorzugte Lektüre. Abgesehen von den Romantikern waren die Verse moderner Dichter, wie Trakl, Rilke, Stefan George und Lichtenstein meine ständigen Begleiter.

Intensität und Abwechslungsreichtum meines Lebens und drei Besuche in Berlin hatten den Panzer meines geistigen Widerstandes verdünnt, und ich litt an kleinen psychosomatischen Beschwerden, die auf mein Verdauungssystem wirkten und die Beständigkeit meiner Stimmungen beeinträchtigten. Die digestiven Symptome waren wahrscheinlich auf die schlechte Beziehung zu meiner Familie zurückzuführen. Mit der Zeit war ich Mahl- und Tischzeiten gegenüber immer allergischer geworden, weil meine Eltern sich bei Tisch gewöhnlich stritten und von nichts anderem redeten als vom Geschäft. Unsere Eßzimmer sind immer dunkel und bedrückend gewesen, kennzeichnend für die emotionale Atmosphäre, in der ich von der Zeit an lebte, als meine Eltern nach Danzig gekommen waren. Ich wurde reizbar gegen bestimmte Nahrungsmittel und noch mehr sogar gegen alles, was mit Geschäft zu tun hatte. Geschäftsleute waren für mich Leute, die besessen waren von dem Bedürfnis, andere für sich nutzbar zu machen, regelrechte Gangster — wenn ich auch wußte, daß meine Eltern rechtschaffene Leute waren. In der Tat rührten ihre Streitereien von dem bedauerlichen Faktum her, daß mein Vater sich für Geschäfte nicht interessierte. Schon mit 45 Jahren hatte er den Getreidehandel-Familienbesitz verkauft. Er wollte immer weg aus der kleinen Provinzstadt Riesenburg und in Danzig wohnen, um sein Leben zu genießen — was immer das heißt. Er hat gearbeitet, um sich von der Arbeit zu befreien. Meine Mutter war mit seiner Einstellung unzufrieden und zwang ihn mit allen ihr zur Verfügung stehenden Mitteln, nach seinem Rückzug weiterhin Geld zu verdienen. Er war schwach genug, gehorchte und wurde ein stiller Teilhaber in ihres Bruders Geschäft. Ich hatte ein ambivalentes Verhältnis zu meinen Eltern, besonders zu meiner Mutter, obwohl ich mir ihrer Liebe sicher war, die sie mir in allen Krisen meines Lebens bewies, auch wenn ich entgegen ihren Wünschen handelte. Ich wußte meine Eltern zu nehmen, ich brachte sie dazu, Dinge zu tun, deren Motivation sie nicht verstanden haben würden, und ich benutzte sie für Zwecke, von denen sie keine Ahnung hatten.

Viele Jahre hindurch hatte ich an periodisch auftretender Nebenhöhlenentzündung gelitten und benötigte eine Spezialbehandlung. Aber ich beklagte mich weit mehr über diesen Zustand als angemessen gewesen wäre. Denn eigentlich freute ich mich über meine

›Krankheit‹, die mir freie Schultage einbrachte und es mir ermöglichte, mich auf meine Interessen zu konzentrieren. Als es in meine Pläne paßte, nach Berlin zu kommen, wo ich jemanden treffen wollte, den ich nie zuvor gesehen hatte, überzeugte ich meine Eltern von der Notwendigkeit, einen bekannten Spezialisten in Berlin zu konsultieren. Sie willigten ein, und meine Mutter und ich machten uns in der Mitte des Ersten Weltkrieges auf nach Berlin.

Bevor ich die Begegnung beschreibe, die ich vorsätzlich arrangierte, muß ich auf eine frühere Periode meines Lebens zurückkommen und die Wurzeln einer merkwürdigen Liebe freilegen, die nicht nur der Anlaß dieses, sondern noch zwei anderer Besuche in Berlin war.

Ich habe meinem deutsch-jüdischen Milieu, seit meine Eltern in Danzig lebten, kritisch gegenübergestanden. Um es gleich zu sagen, es bedeutete den Verlust einer glücklichen Kindheit, und so war ich ihm gegenüber sehr reizbar, mein Ressentiment erstreckte sich später auch auf das materialistische Gebaren, das um mich herum dauernd an den Tag gelegt wurde. Obwohl mein Onkel und seine Familie eine Insel von Wohlergehen und Harmonie repräsentierten, das deutsch-jüdische Leben als Ganzes erschien mir so tot wie der Vogel Dronte. Unter den russisch-jüdischen Emigranten, die sich in Danzig als Getreide- und Holzhändler angesiedelt hatten, herrschte eine vollkommen andere Atmosphäre. Sie bildeten eine Gemeinschaft für sich. Als ich etwa 13 Jahre alt war, fühlte ich mich unwiderstehlich hingezogen zu einem russisch-jüdischen Mädchen. Sie nahm mich mit nach Hause und zeigte mir eine neue Lebensart und brachte mir eine andere Meinung über Juden bei. Ich wurde sofort von der ganzen Familie akzeptiert und war oft bei ihnen. Sie schienen ihr Leben bis ins kleinste Detail zu genießen und brachten Licht in die Dunkelheit der Entwurzelten. Hier waren Vitalität und Wärme mit Sinn für die Gegenwart gemischt. Sie zeigten sich vor anderen nicht in günstigerem Licht als untereinander — eine Schwäche, die ich in meinem eigenen Kreis beobachtet hatte. Nach guter jüdischer Tradition identifizierten sie sich völlig mit ihren Familien, gewährten aber Freunden und Bekannten typisch russische Gastfreundschaft. Ob reich oder arm, ihre Besucher wurden mit gutem Essen versorgt. Russisch-jüdische Frauen waren (und sind es wahrscheinlich noch) besonders apart. Mir fiel ihre Attraktivität auf, und ich bewunderte ihren Mut, ihr Talent zur Liebe und ihren ungewöhnlichen Verstand. Ein willkommener Gast in dem Hause meiner Freunde zu sein, war befreiend und half mir, mich zu entspannen. Ihren ›Papa‹ stundenlang Patiencen spielen zu sehen, ganz ungestört durch unser Gerede und Gelächter, mit der Familie bei gutem jüdischen und russischen Essen am Tisch zu sitzen; zu kommen und zu gehen, wann es einem gefiel — dies alles bedeutete mir eine Welt behaglicher Ungezwungenheit.

Unglücklicherweise ging mir diese Welt nach etwa zwei Jahren verloren, als meine Freundin und ihre Familie nach Stockholm verzogen. Ich vermißte sie schrecklich. Sie war ein schönes rothaariges Mädchen mit hohen slawischen Backenknochen und einem großen Mund mit vollen Lippen. Ich habe diese Eigenheiten bei Russen und russischen Juden beobachtet. Vielleicht ist es der Tatsache zuzuschreiben, daß sie ihre Lippen beim Artikulieren heftiger und deutlicher bewegen als Westeuropäer. Meine Freundin sah träge und phlegmatisch aus. Sie ging aus den Hüften heraus, langsam und rhythmisch, so wie orientalische Frauen es tun. Ihre Nonchalance war nicht affektiert; sie war eine natürliche Körperhaltung, die sie befähigte, hektische und unsichere Bewegungen zu vermeiden. Im Alter von 14 Jahren war die mütterliche Frau bereits im Werden.

Als wir uns einige Zeit kannten, zeigte sie mir ein Fotoalbum und das Bild einer Schulfreundin, die sie in Kiew gekannt hatte und die jetzt in Berlin lebte. Ich konnte dieses Bild nicht vergessen. Ich fragte nach der Person, die sich hinter dem Foto verbarg, und meine Freundin erzählte mir, daß Lisa ein prächtiges und sehr merkwürdiges Mädchen sei. Wann immer ich konnte, betrachtete ich dieses Foto. Ich träumte von ihm; ich wußte, Lisa war jemand, den ich kennenlernen *mußte*, obwohl ich zu dem Zeitpunkt keine Ahnung hatte, wie ich das bewerkstelligen sollte. Drei Jahre später schaffte ich es dann und erfüllte so einen langausstehenden Wunsch.

Warum reizte mich dieses Foto so sehr? Lisa hatte das Gesicht einer russischen Jüdin, einen melancholischen Ausdruck in ihren großen Augen und wirkte intelligent und sensibel. Sie schien in meine Vorstellung von einer begehrenswerten zauberischen Frau zu passen, ein Bild, das in meinem Geist genährt worden ist durch Dostojewskis Novellen. Diese Bücher waren für mich Lebenserfahrungen. ›Der Idiot‹ war mein Lieblingsbuch, und Nastasia Filipowna meine Idealfrau. Lisas Foto entsprach meinem Bild von Nastasia, und so war Lisa durch die imaginäre Macht der Literatur für mich ein Objekt starker Anziehung, bevor ich je einen Blick auf sie geworfen hatte.

Im Januar 1917 besuchte ich einen berühmten Hals-, Nasen- und Kehlkopfspezialisten in Berlin. Es war am Abend vor dem Beginn des russischen Neuen Jahrs. Lisa besuchte mich in der Pension, in der meine Mutter und ich wohnten. Meine Mutter war weggegangen, ihre Tante zu besuchen, während mein Foto und ich uns begegneten. Von dem Augenblick an, wo Lisa eintrat, wußte ich, daß sich die Welt für mich geändert hatte und daß jede Stadt eine andere Stadt sein würde, wenn Lisa da war. Sie hatte den Leib und die Bewegungen eines Tänzers. Ihr Kopf war zu groß für ihre zierliche Statur, und er zog alle Aufmerksamkeit auf sich. Das weiche, braune Haar hatte sie von einer hohen Stirn zurückgekämmt, und die Augen waren ebenso fesselnd wie der etwas vorstehende Mund mit den tiefroten Lippen. Sie war das faszinierendste menschliche Wesen, das ich je gesehen hatte: eine russische Jüdin mit ›Südsee‹-Appeal. Ihre Freunde nannten sie Mona Lisa. Willy Jaeckel, der expressionistische Maler, muß ebenso gedacht haben, denn er malte Lisa wie eine russische Mona Lisa. Das Porträt wurde von der Hamburger Kunsthalle erworben und ich hoffe, es ist noch in ihrem Besitz. Lisa faszinierte jeden, mit dem sie in Kontakt kam. Ihre ungewöhnliche Anziehungskraft lag in ihrer Kombination von gutem, wirklich fesselndem Aussehen und außergewöhnlicher Intelligenz. Sie war eine Bildhauerin mit großem Kunst- und Literaturverständnis, und ihre Wißbegierde erstreckte sich auch auf Wissenschaft und Politik. Lisa war nicht eitel. Natürlich war es für mich Liebe auf den ersten Blick. Auch sie muß sich zu mir hingezogen gefühlt haben, denn nachdem wir uns eine Stunde gesehen hatten, sprach sie von einer Art Brüderschaft zwischen uns. Unsere Verbindung brach in den folgenden Jahren nicht ab, obwohl sie hauptsächlich nur durch Briefe aufrechterhalten wurde. Der Briefwechsel wurde meine wertvollste Inspiration. Aber 1918 ging Lisa nach Rußland, und wieder mußte ich eine Trennung aushalten. Ich besuchte Lisa nach unserem ersten Treffen in Berlin noch zweimal, Besuche, die mich gesund und krank zugleich machten.

II

Lisa und ich spürten die Notwendigkeit unmittelbaren Kontakts; Briefe waren einfach nicht genug. Wenige Monate nach unserem ersten kurzen Zusammentreffen bat mich Lisa, den Monat Juli, meine Sommerferien, in Berlin zu verbringen. Ich fuhr hin. Meine Eltern legten mir keine Steine in den Weg und gaben mir das Geld für Fahrt und Aufenthalt. Wie immer stimmten sie mit meinen Wünschen überein, denn das oberste Gesetz, dem jüdische Eltern zu folgen versuchen, heißt: die Kinder glücklich machen. Dankbarkeit ist keine kindliche Tugend, wohl aber registrierte ich ihre Zuverlässigkeit und Ergebenheit.

Lisa holte mich am Bahnhof ab und nahm mich mit nach Hause, in die luxuriöseste Wohnung, die ich je gesehen habe. Sie wohnte in einer modernen Straße des Westens mit ihrer Mutter und ihrem Bruder in einem oberen Geschoß mit Dachgarten. Es hätte die Kulisse eines Hollywoodfilms sein können und war gleichzeitig elegant und unaufdringlich bequem. Ich fragte mich, ob sie so reich waren, daß sie sich Biedermeiermöbel, riesige weiße Teppiche aus gekräuselter Wolle auf gelbem Parkettfußboden und ein Kokoschka-Gemälde an der Wand leisten konnten. Lisas Mutter wußte zu leben in einer Welt des Geschmacks und der Unwirklichkeit. Ich begriff sehr bald, daß sie rauschgiftsüchtig war und sich außerdem wie besessen in die Theater- und Filmwelt flüchtete. Während der Dauer meines Besuchs ging sie jeden Abend vier Wochen lang in ›Das Land des Lächelns‹, um Richard Tauber zu hören. Sie selbst hatte die Allüren eines Filmstars und die gleichen graziösen Bewegungen wie Lisa. Eine geheimnisvolle, attraktive und hysterische Frau; ganz und gar kein mütterlicher Typ. Fast jeden Tag sah ich deutsche Offiziere, smart, mit Monokel, im Hause und ich wunderte mich. Warum sah sie, eine Zauberin, eine russische Diana, manchmal so verloren und verlassen aus, als ob sie nicht wüßte, wer sie war oder wohin sie gehörte? Ihr Mann war in Rußland geblieben und sie lebte, vierzigjährig, allein mit ihren zwei Kindern. Vielleicht war der Ehemann eine der geheimnisvollen Ursachen ihrer Ruhelosigkeit. Jung für ihr Alter, verwöhnt, allzu attraktiv für Männer — warum hatte ein Mann diese Frau sich selbst und den deutlichen Gefahren in ihr selbst überlassen? Mit ihren Kindern schien sie wenig zu tun zu haben, obwohl sie ihnen alles gab, was sie wollten. Ihr Sohn, Cellist und Schüler Busonis, brachte Künstler ins Haus. Lisas Freunde repräsentierten die Bildenden Künste und Literatur, und ich traf zum ersten Mal in meinem Leben meine eigenen ›Artgenossen‹ und war fasziniert von den neuen Kontakten.

Da war der polnische Pianist Zadora, mit Schwalbenschwanz, Brustkrause und Stehkragen, der nicht nur wie der Teufel auf dem Klavier spielte, sondern auch wie ein gefallener Engel aussah. Er gehörte nicht ins zwanzigste Jahrhundert und lebte erfolgreich in einer Welt der Phantasie und Virtuosität.

Der Schriftsteller Walter Mehring fesselte mich mit der Brillanz und unglaublichen Schnelligkeit seines Denkens. Er sprach in einem hastigen Stakkatorhythmus und schien niemals Zeit zu haben, mit der Flut seiner Gedanken fertig zu werden. Zadora sah aus wie ein Adliger des 18. Jahrhunderts, Mehring wie ein stattlicher zeitgenössischer Jude. Er war von kleiner Statur und hatte ein Gesicht, das durch seinen beweglichen Ausdruck und seine ängstlichen Augen Aufmerksamkeit erregte. Er sah aus wie ein gehetzter Mensch, der mit einem Fuß immer auf dem Sprung war. Welch ein Gegensatz zu diesen beiden war der schmächtige, kleinköpfige Willy Jaeckel! Er erinnerte mich an einen Windhund. Ich glaube, daß er trotz seines beträchtlichen Ansehens unter einem Komplex litt; er konnte die Tatsache nie verwinden, daß sein Vater Polizist gewesen war. Jaeckel war ein stiller, nicht sehr sprachgewandter Mensch mit katzenartigen Bewegungen, dessen Intelligenz in den Händen lag. Er war Expressionist und gehörte zu keiner Zeit der Bewegung abstrakter Maler an, die damals als ultramodern galten. Mehring andererseits war der Bannerträger der Moderne auf beiden Gebieten, der Kunst und der Literatur. Er kannte, verstand und deutete abstrakte Malerei ebenso gut wie die Sprachexperimente der Dadaisten.

Aber sosehr mich diese Leute auch enthusiasmierten, mehr noch wollte ich meine Freundin für mich allein. Ich wartete und wartete auf die Stunde, die Minuten, in denen ich ungestört sein konnte. Sie lag gewöhnlich auf einer Chaiselongue in ihrem kleinen Zimmer, während ich neben ihr mit dem Rücken zur Tür auf einem Stuhl saß und immer besorgt auf andere lauschte, die eintreten und unser tête-à-tête unterbrechen könnten. Mein Horchen nach hinten war eine physische und nervöse Anspannung; Frustrierung und Nervosität trugen wahrscheinlich dazu bei, in mir ein Heimwehideal für das Unerreichbare aufzubauen.

Wie anders diese Beziehung war als die warme und sichere Bindung zu meiner früheren russischen Freundin, nach der ich mich unter der Emotionsladung dieses neuen, bedeutenderen und herrlichen Zustands sehnte. Eine von Lisas Freundinnen, Raja, erinnerte mich an sie. Ich bewohnte einen Raum in der Wohnung ihrer Eltern, und wir verbrachten viele Morgen zusammen, wir gingen durch die Straßen Berlins und besuchten Galerien und Museen.

Manchmal ging ich allein in das Café des Westens auf dem Kurfürstendamm, wo Else Lasker-Schüler ihr Hauptquartier hatte. Sie schien dort zu leben. Wie das ›Café de Flore‹ im Paris der dreißiger Jahre, war hier der Treffpunkt von Künstlern, Schriftstellern und solchen, die jene gern anguckten. Ich kann mich nicht erinnern, wie ich die Bekanntschaft dieser erstaunlichen Frau machte, aber ich saß oft an ihrem Tisch. Ihre Unterhaltung war sozusagen ganz bodenständig: sie sprach über Lebensmittel, die 1917 ein Problem waren, und über ihren Sohn, ihre ständige Hauptbeschäftigung und Sorge. Sie hätte direkt aus einem der ägyptischen Gräber im Kaiser-Friedrich-Museum in das 20. Jahrhundert spaziert sein können. Diese *garçonne* mit dem Aussehen einer alten Ägypterin lebte und schrieb, als würde die Welt der Gegenwart nicht existieren. Sie nannte sich selbst ›Prinz von Theben‹, und dies war weder eine Pose noch Verirrung des Geistes. Diese Selbsterhebung, zudem auf einen männlichen Thron, war zu einem schwierigen Zeitpunkt ihre bewußte Entscheidung gewesen, die ihr das Leben ermöglichen sollte. Ihre kohlschwarzen Augen blitzten gespannt und leicht gereizt im Café herum. Sie schien mich zu mögen; nach meiner Rückkehr nach Danzig bekam ich einige Briefe von ihr, mit ›Prinz von Theben‹ unterschrieben und dem Davidstern als Punkt. Else Lasker-Schüler war Jüdin und eine großartige Dichterin, bewundert und geliebt von anderen Dichtern, Künstlern und einem kleinen Publikum. Sie liebte Gottfried Benn und widmete ihm viele Gedichte. In den zwanziger Jahren genoß sie bei Kennern großes Ansehen. Nach der Machtübernahme der Nazis mußte sie Deutschland verlassen; sie erreichte schließlich Israel, wo sie als sehr alte Frau in Armut starb. Ich war stolz auf ihre Sympathie und ihr Interesse mir gegenüber, vor allem, weil ich sie selbst entdeckt hatte.

Sie bewunderte, ja betete den Maler Franz Marc regelrecht an, und sie brachte mich dazu, seine Arbeiten durch ihre Augen zu sehen. Seine Bilder waren in Herwarth Waldens Galerie ›Sturm‹ ausgestellt. Dort bewunderte ich auch Kandinskys abstrakte Malereien, die spinnwebartigen Zeichnungen und halbabstrakten

Figuren Paul Klees, die sinnlichen Bilder Noldes und vieles andere. Der ›Sturm‹ wurde zum Schlüssel meines Verständnisses und meiner Liebe zu der modernen Kunst.

Einen anderen Erfahrungsbereich erschlossen mir meine Besuche mit Lisa in Jaeckels Atelier. Jaeckel ist kaum bekannt, aber in meinen Augen war er einer der wichtigsten Exponeten des deutschen Expressionismus. Ich bewunderte seine technische Perfektion ebenso wie seine Integrität. Er zeigte mir das Porträt meiner Freundin, es gefiel mir sehr.

Vier Wochen waren vergangen, und ich mußte nach Hause, zurück in die Schule. Vier Wochen, ein Leben in meinem Leben, hatten mir die unerwartete Gelegenheit gegeben, eine Welt, von der ich nur vage geträumt hatte, nun tatsächlich zu betreten. Sie war so komplex und mannigfaltig, daß es mir schwerfiel zu glauben, daß sie real war.

Meine Rückkehr nach Danzig war nicht unglücklich. Ich empfand sogar ein Gefühl der Erleichterung, das Nachlassen nervöser Anspannung und war froh, allein zu sein; denn ich brauchte Ruhe und Frieden, um über das Geschehene nachzudenken und einen Gefühlsdruck zu absorbieren, der zu stark für mich gewesen war. Ich kehrte in mein altes Leben zurück und setzte meine Spaziergänge durch Danzig fort, mein Lesen und mein Gedichteschreiben. Durch einen lebhaften und erweiterten Briefwechsel hielt ich den Kontakt zu Berlin. Ich fühlte mich der Schule entwachsen, mein Unbehagen steigerte sich und hatte zur Folge, daß meine psychosomatischen Leiden sich verschlimmerten. Ende des Jahres wurde ich achtzehn. Zu dieser Zeit erfuhr ich, daß Lisa Deutschland im Frühjahr verlassen und nach Rußland gehen würde. Sie fragte mich, ob ich meine Weihnachtsferien mit ihr und ihrer Familie verbringen wollte. Meine Eltern hielten das Vorhaben mit Recht für ein zu großes Aufheben und verweigerten ihre Unterstützung. Trotz ihres Widerstandes aber war ich entschlossen zu fahren, so oder so. Ich machte mir Gangstermethoden zu eigen und stahl jeden Tag aus dem Portemonnaie meiner Mutter kleine Summen. Sie ließ sich nie anmerken, ob sie die Verluste entdeckte oder nicht. Meine Schwester half mit ihren Ersparnissen, die für mein Unternehmen notwendige Summe zu ergänzen und brachte mich heimlich an den Zug.

Lisa holte mich wieder vom Bahnhof Zoo ab, und ich bemerkte sofort ihre veränderte Haltung mir gegenüber: eine Barriere war gefallen. In diesen Ferien waren wir wirklich zusammen. Vielleicht, weil unsere Trennung bevorstand oder auch, weil sich allmählich und unmerklich intensivere Gefühle entwickelt hatten. Ich ging nicht mehr in das Café des Westens, noch sonst wo hin, ohne Lisa. Meine Eltern verziehen mir meine Missetat in dem Augenblick, als sie eine Nachricht von mir bekamen. Für mich existierte nichts als die Gegenwart. Wir feierten das Neue Jahr 1918 bei Jaeckels, lachend und voller Hoffnung. Wir gossen Blei und deuteten unsere Zukunft. Dabei passierte es, daß Jaeckel, der in meiner Nähe stand, ein bißchen flüssiges Metall auf meinen linken Daumen verschüttete, so daß ich laut aufschrie. Es war sehr schmerzhaft, und ich trage die Narbe dieser Verletzung bis heute, wie eine Verzierung.

Die Weihnachtsferien waren kurz, und am 3. Januar mußte ich nach Danzig zurückkehren. Ich fuhr am Tage vorher in Berlin ab, um meine Großeltern zu besuchen, die auf halber Strecke wohnten. Ich war mit ihnen nur einen Abend zusammen, und als ich mich von meiner Großmutter verabschiedete, rutschte ein Hundertmarkschein in meine Hand, 1918 eine beträchtliche Summe. Es war ein blauer, sehr blauer Schein, und ihn zu besitzen, war ein gutes Gefühl. Die erste Station auf meiner Rückreise war der Verkehrsknotenpunkt Schneidemühl. Vom Fenster meines Abteils sah ich auf der anderen Seite des Bahnsteigs einen Zug nach Berlin stehen, und ohne auch nur einen Moment zu zögern, packte ich meinen Koffer, stieg aus, überquerte den Bahnsteig und stieg um. Vier Stunden später war ich wieder in Berlin. Meine Freundin war begeistert und stolz über meine Tat. Ich telegrafierte meinen Eltern, daß ich Mandelentzündung bekommen hätte und so schnell wie möglich nach Hause zurückkäme. Während der drei folgenden gestohlenen Tage fühlte ich mich innerlich gewachsen, denn ich hatte voller Überzeugung und Selbstsicherheit einen Entschluß gefaßt, wider Vernunft und Autoritätshörigkeit.

Die folgenden Tage und Monate waren quälend, denn Lisas Abreise in das hermetisch abgeschlossene, unbekannte Land stand bevor. Sie fuhr mit ihrer Mutter über Schweden nach Rußland, und die letzte Nachricht von ihr erhielt ich aus Stockholm. Warum sie weggingen, wußte ich nicht, und ich werde nie in der Lage sein, das Geheimnis ihrer Existenz in Berlin, ihrer Abreise und ihres Verbleibens in Rußland zu lüften. Von der Zeit an ging ich durch meine Schultage wie ein Schlafwandler, von den Latein- und Deutschstunden abgesehen, in denen ich erwachte.

Die Atmosphäre in der Stadt wurde nach Kriegsende heiterer. Der Krieg war an mir vorübergegangen; ich habe ihn nur wahrgenommen durch die kleinen Zettel mit Frontberichten, die täglich an öffentlichen Gebäuden angeschlagen wurden. Am meisten war mir noch die schlechte Nahrung aufgefallen, vor allem das mit Rüben und Wurzeln gefüllte Brot. Nein, es war nicht mein Krieg gewesen, obwohl zwei meiner Onkel und ein älterer Cousin eingezogen worden waren. Die Verbesserung des alltäglichen Lebens bei Kriegsende ging an mir ebenfalls vorüber. Ich hatte wenige Freunde und vertraute niemandem. Eifersüchtig hütete ich die Schätze meiner Erfahrungen in Berlin und zeigte niemandem meine Gedichte. Verschwiegenheit und Verschlossenheit wurde in einer nicht adäquaten Umgebung zur Notwendigkeit, damit ich mein Identitätsgefühl bewahren konnte. Dennoch machte ich in dem für mich dunklen Jahr 1918 eine neue Freundschaft, deren Bedeutung ich erst viel später erkannte.

Die Winter in der Nähe der Ostsee sind rauh, die Luft ist scharf und Eis und Schnee sind die Regel. An Samstag- und Sonntagmorgen ging ich oft zum Schlittschuhlaufen. Während man hinfiel oder versuchte, die Eleganz seiner Kurven zu verbessern, waren Bekanntschaften leicht gemacht. Auf der Eisbahn traf ich Walli. Sie schien von nirgendwo zu kommen und einer Welt anzugehören, die von der meinen völlig verschieden war. Sie war keine Jüdin, während meine anderen

Freunde immer jüdisch waren. Mir war diese Tatsache nicht bewußt gewesen; es passierte eben so. Ich kann mich an kein Anzeichen von Antisemitismus in Danzig erinnern, weder in der Schule noch außerhalb. Existierte da um uns Juden herum eine Art Ghetto mit unsichtbaren Mauern? Meine Eltern und andere jüdische Familien schienen trotz des deutlichen Verlangens der Mehrheit der Juden nach Eingliederung an ihrer eigenen Gemeinschaft festzuhalten. Dieser Wunsch wurde von ihren russischen Brüdern nicht geteilt, die sich statt dessen dem Zionismus zuwandten.

Wie auch immer, Walli wurde eine neue Erfahrung. Sie war ein großes Mädchen mit dem Kopf einer Löwin. Ihr gelbliches Haar wuchs ihr tief in die Stirn, und ihre hohen Wangenknochen und kleinen Augen ließen eher russische als deutsche Herkunft vermuten. Sie mag ein Nachkomme der Wenden, eines kleinen slawischen Stammes gewesen sein, der sich vor vielen hundert Jahren in der Nähe der Spree angesiedelt hatte, denn ihr Typ war im östlichen Teil Deutschlands nicht selten. Walli war eine vielversprechende junge Malerin. Sie machte viele Zeichnungen von meinem Kopf und schien von allem, was ich ihr über moderne Kunst erzählen konnte, begeistert zu sein. Der ›Blaue Reiter‹, das bekannte Buch mit der Reproduktion von Franz Marc, war für sie eine Bibel. Ich kam mir vor wie ihr ›Kunst-Messias‹, während sie mir die Wälder von Oliva und die Strände der Ostsee näherbrachte.

West- und Ostpreußen, so wie es damals hieß, werden von breiten Waldstreifen bedeckt, von denen einige kilometerlang mit den Stränden des Meeres verschmelzen. Die atemberaubendsten Wälder waren im Landinneren, und je östlicher man kam, desto geheimnisvoller wurden sie. In der Nähe meiner Heimatstadt Riesenburg gab es Wälder, in denen man nie Menschen traf, nur Hirsche, Rehe, Hasen und andere Bewohner des Waldes. Man konnte unter Eichen, Buchen, Lindenbäumen und Nadelholzbäumen liegen.

Um Danzig herum sah die Landschaft anders aus: da waren Wälder und Hügel mit schönen Aussichtspunkten. Aber trotz vieler Spaziergänger gab es noch unberührte Plätze; man mußte nur wissen, wo.

Oliva, ein großer Ort inmitten einer hügeligen und dichtbewaldeten Landschaft, war um ein berühmtes Kloster herumgebaut. Allmählich entwickelte ich für meine Ausflüge mit Walli eine besondere Vorliebe, so verschieden sie von meinen begeisternden Spaziergängen durch das schöne Danzig auch waren. Ich war lange Gänge schon gewohnt, bevor ich sie traf, aber sie schien mir von ihrer grenzenlosen Energie noch abzugeben. Wenn wir in den Wäldern nahe Oliva an einem abgelegenen Flecken eine Rast machten, streichelten die spatelförmigen Fingerspitzen ihrer muskulösen Hand sanft über mein Gesicht, als wäre es eine Landschaft. Ich liebte die Berührung ihrer intelligenten Hände, und sie lernte auf diese Weise wahrscheinlich mehr über meinen Kopf als durch bloßes Ansehen. Die Wälder von Oliva brachten uns einander nahe, aber wir freuten uns auch an der Begleitung anderer Freunde.

Ich war vernarrt in einen älteren Vetter, der ein ausgezeichneter Pianist war, und Walli hatte einen literarischen Freund, ein junger Jude, der ihr wie ein Schatten folgte. Wir trafen uns an der Küste in dem berühmten Heilbad von Zoppot, das nur zwanzig Zugminuten von Danzig entfernt war. Unsere Ausflüge mußten sich auf Ferien und während der Schulzeit auf die Wochenenden beschränken. Zoppot war eine Gartenstadt, in der Straßen und Plätze von Bäumen gesäumt waren. Sie war hügelig und von Wäldern umgeben, die sich an manchen Stellen direkt bis zu dem breiten sandigen Strand der Bernsteinküste erstreckten. Bernsteinvorkommen waren es unter anderem, die diesen Teil Westpreußens weit über Deutschland hinaus berühmt machten. Hinter der Stadt war ein natürlicher Platz für ein Freilichttheater, in dem während der Sommermonate Opern und Klassiker gespielt wurden. Ein elegantes Kurhaus mit Casino zog verwahrloste, abenteuerlustige Spieler an, und der Kurgarten hinter der Pier war während der Saison zum Platzen gefüllt von Leuten, die einen ganzen Tag lang einer Blaskapelle zuhören konnten.

Die Pier war für mich die größte Attraktion. Wahrscheinlich war sie die längste aller europäischen Häfen, sie erstreckt sich über einundeinhalb Kilometer hinaus ins Meer. Von dem oberen Teil führten Stufen zu dem unteren Landungsdeck, an dem Dampfer und Boote festmachten. Ein Aufenthalt auf dem Steg mit den vielen Bänken, die zum Sitzen, Gucken und Atemholen einluden, war fast so gut wie eine Seefahrt in klarer windiger Seeluft. Wir saßen da, wir vier oder Walli und ich allein, unterhielten uns oder schwiegen, aber lauschten immer auf die Möwen, die Schiffssirenen und die Sprache der Fischer. Weit hinten am Horizont konnten wir die Halbinsel Hela sehen, die wie eine Riesenzunge hinausragte in die Danziger Bucht. Wir hatten unseren Spaß beim Beobachten der Menschenmassen, die sich auf den sandigen Stränden in der Nähe von uns sonnten, draußen oder in winzigen Strandhäusern, die aussahen wie Strohhütchen und vor Sonne, Regen und starkem Wind schützten.

In der Hauptstraße von Zoppot waren elegante Cafés, dort saßen wir und redeten und beguckten andere, die mehr oder weniger das gleiche taten. Manchmal gingen wir in die großen öffentlichen Gärten, vor allem in jene mit Tennisplätzen. Mehr als einmal beobachteten wir den Kronprinzen (Klein Willi, wie er mit einem hübschen jüdischen Mädchen spielte, ein Schauspiel, das der Klatsch des Tages war). Mondäne Freuden teilten wir mit unseren Freunden, die Küste aber erforschten wir auf langen und einsamen Spaziergängen zu zweit. Einer dieser Ausflüge ist mir in lebendiger Erinnerung geblieben: der Spaziergang nach Gdingen. Der Ort konnte entweder am Strand entlang erreicht werden oder durch das Hinterland mit seinen Feldern, Wiesen und Wäldern. Wir mochten den einsamen Weg, fort von den Leuten, die den Strand bevölkerten, in der friedlichen Atmosphäre einer ländlichen Landschaft. Gdingen ist ein ganzes Stück von Zoppot entfernt, 10 Kilometer oder mehr, und wir legten immer zwischendurch eine Rast ein. Das letzte Stück der Wanderung erforderte eine besondere Anstrengung, weil man einen Felsen erklimmen mußte, der über dem kleinen Fischerort lag. Der Felsen war hoch und gewährte einen herrlichen Ausblick. Rechts lag die Halbinsel Hela, zur Linken der weite, weite

Horizont, der das Wasser begrenzte. Wir hatten die Zivilisation für einen wilden und unverdorbenen Flekken Erde eingetauscht, aber irgend etwas Störendes war da. Wir fühlten uns, als wären wir in ein Grenzland eingedrungen. In dem Ort und den umliegenden Weilern lebten Polen, wie in der Kaschubei. Sie benahmen und bewegten sich anders als wir und hatten ihre eigenen Sitten und Gebräuche. Das Gebiet gehörte zu Deutschland, zu der Zeit, als ich seine Schönheit erkundete, aber — ja, beide von uns hatten das Gefühl, Eindringlinge zu sein, die gekommen waren, etwas Verbotenes anzuschauen. Gleichzeitig waren wir fasziniert von dem, was wir sahen und fühlten. Ich habe Grenzländer immer geliebt, geographische, nationale oder auch wissenschaftliche. Sie bilden das kleine Feld, wo das Unbekannte auf das Vertraute stößt und Verstand und Gefühl mit gleicher Wucht trifft. Entdeckergebiete in allen Bereichen sind immer das Ziel meiner Sehnsüchte und Wünsche gewesen.

Es war geradezu ein Segen, daß Walli in mein Leben getreten ist, obwohl ich mir ihrer nur unvollständig und oberflächlich bewußt wurde. Nach weniger als einem Jahr nach unserer ersten Begegnung verließ ich Danzig, um an der Universität Freiburg Medizin zu studieren, und von da an sah ich sie nur in Abständen während der Semesterferien. Sie wurde nie eine enge Freundin, dennoch habe ich sie nicht verloren, und sie blieb immer eine wünschenswerte Erweiterung meiner Welt und ein Stärkungsmittel für meinen depressiven Geist.

III

Bevor ich von Danzig wegfuhr nach dem anderen Ende von Deutschland, stattete ich Riesenburg einen geheimen und heiligen Besuch ab. Ich wollte in Raum und Zeit zurückgehen, aber niemand durfte davon wissen. Ich plante meine Reise mit einem Besuch bei Verwandten zu verbinden, die nicht weit von Riesenburg entfernt wohnten.

An einem Sommertag kam ich in der kleinen Provinzstadt an, die nur ein paar Meilen entfernt von der früheren polnischen Grenze lag. Die große Zuckerfabrik stand noch gegenüber dem Bahnhofsausgang und schwitzte den gleichen abscheulichen Geruch von Zuckerrüben aus wie in meiner Kindheit. Ein paar Meter weiter bog ich in eine Kurve ein und befand mich auf einer Lindenallee. Glücklich ging ich eine Straße entlang, die, durch wiederholte Spaziergänge in meiner Kindheit, meinen Füßen vertrauter war als meiner bewußten Wahrnehmung. Ich bemerkte kaum das öde Land auf beiden Seiten — diesen Gegensatz zu der Schönheit der wohlriechenden Allee — bis ich plötzlich sah, daß ich in der Nähe der Grundschule für Mädchen war, die für mich im Alter von 6 bis 9 ein Ort der Freude, der Aufregung und des Lernens gewesen war.

Meine Heimweherinnerung ging zu einer bewunderten Lehrerin, Fräulein Lange, zurück. Wie ihr Name auch sagte, war sie ungewöhnlich groß, etwa 180 cm, und sie zeichnete mich vor meinen Klassenkameraden dadurch aus, daß ich ihr unsere Übungshefte nach Hause tragen durfte. Ich war ein ehrgeiziges Kind gewesen und wollte bei Leuten, die älter waren als ich, immer einen besonderen Platz einnehmen. Eine andere scharfe Biegung der Straße, und ich stand dem einzigen Hotel der Stadt gegenüber, ›Das Deutsche Haus‹. Es lag etwas zurück und war von der gepflasterten Straße durch einen Hof getrennt.

Ich ging durch das Riesenburger Tor, eine Reminiszenz an die Tage, als die kleine Stadt eine Burg gewesen war, und betrat erst den Kleinen Markt, dann den angrenzenden Großen Markt. Alle Läden meiner Kindheit waren noch da, unter ihnen der Tabakhändler, dem mein zehn Jahre alter Freund Zigaretten gestohlen hatte, damit wir heimlich hinter einem alten Lagerhaus rauchen konnten. Sein Job war vergleichsweise leicht, denn sein Vater war der Besitzer. Die Geschäfte trugen noch die gleichen Namen, und während der sechs Jahre meiner Abwesenheit hatte sich nichts Bedeutendes verändert. Aber eine beträchtliche Wandlung war eingetreten, was mich betraf; und ein wirklich schreckliches Gefühl packte mich. Alles schien seine richtige Größe verloren zu haben. Ich war gewachsen, und Riesenburg, der Burgflecken der Riesen, war geschrumpft. Es war ein böser Traum und ein Schock, auf alle diese Dinge herabsehen zu müssen, auf die emporzusehen ich gewohnt war. Dieser Proportionswechsel in der Anatomie meines Kindheitsparadieses erschreckte mich wie ein böses Omen. Mir wurde immer ängstlicher und unbehaglicher zumute, je näher ich dem Haus kam, in dem ich geboren war. Ich guckte weg und weder wollte noch wagte ich einzutreten. Ich ging hinter dem Haus vorbei zum Fluß Liebe und setzte mich am Ufer ins Gras. Kühe waren in der Nähe, und ich ertappte mich dabei, wie ich mit ihnen redete. Ich hielt sie für die einzigen lebenden Wesen in meiner Heimatstadt, die sonst für mich gestorben schien. Ich schloß meine Augen und meine Gedanken gingen zurück in die Vergangenheit. Ich sah mich am Fenster unseres Salons sitzen und in den Garten gegenüber schauen. An der nahen Ecke stand die schlanke Akazie, die ich gewohnt war zu allen Jahreszeiten anzustarren. Von frühester Kindheit an war es ein Zeichen für ›Zuhause‹. Die Akazie hat mir mehr bedeutet als jeder andere Baum wegen der anmutigen Gestalt und der Blässe und Zartheit ihrer Blüte; sie hat meinen Sinn für Schönheit geweckt.

In Gedanken überquerte ich die Straße, war am Garten, ging ein paar Meter an seinem Zaun entlang, wendete mich nach rechts und ging hinunter zum See, durch den die Liebe fließen mußte. Ich erinnerte mich, daß ich während der Nachmittage auf dem See Schlittschuh gelaufen bin, an den rauhen, kalten Wintertagen Preußens.

Phantasie kennt keine Zeit. Heiße Sommertage und kalte Wintertage erschienen in meiner Erinnerung fast gleichzeitig. Ich sah meine Mutter, meine Schwester und mich am Flußufer sitzen, an dem ich jetzt saß. Wir Kinder spielten herum, standen auf und setzten uns und jagten Blumen und Schmetterlinge. Meine Schwester ähnelte meiner Mutter in Wuchs und Temperament. Der einzige Unterschied betraf die Farbe ihres Haars: das meiner Mutter war blond und das meiner

Schwester kastanienbraun. Mutter machte mich zu ihrer ständigen Begleiterin, seit meine Schwester, drei Jahre älter als ich, die Schule besuchte, und ich das Entwicklungsstadium erreichte, in dem ich dieser Rolle gerecht werden konnte. Sie hatte von unserem Hausarzt Bewegung und lange Spaziergänge verordnet bekommen und pflegte mich bei der Hand zu nehmen. So gingen wir kilometerweit, bis wir den ›Großen Wald‹ erreichten. Es war meistens ein bißchen zu viel der Anstrengung für mich und ich fühlte mich gelangweilt und erschöpft. Meine Mutter wußte, daß sie mich gegen meinen Willen mitschleppte, und damit ich dennoch eine angenehme Begleitung war, kaufte sie mir zu Beginn jeden Ausflugs immer Sahnekuchen. Ich habe noch immer eine Vorliebe für ›giftige‹ Süßigkeiten. Am Wochenende fielen diese unerwünschten Gänge aus, mein Vater sorgte für besseren Ersatz. Samstags und sonntags fuhr er mit der Familie im Landauer in den Wald, und im Winter, wenn es stark schneite, in einem großen, von zwei Pferden gezogenen Schlitten. Damals fuhren wir vier oder fünf Stunden durch den Winterwald in das Stadtgebiet von Marienwerder. Im Sommer machten wir gewöhnlich unter alten Bäumen in der Nähe der großen Schonungen ein Picknick. Diese Teile des Waldes waren rot von wilden Erdbeeren im wohlriechenden Herbst und meine Schwester und ich, mit Holzkörben bewaffnet, wetteiferten beim Pflücken. Eines Abends im Jahr 1967 hatte ich Schwierigkeiten einzuschlafen, bis ich plötzlich daran dachte, wie ich als kleines Mädchen, einen Korb voll wilder Erdbeeren in der Hand, ihren einzigartigen Wohlgeruch genoß. Die Erinnerung hatte den gewünschten Effekt: ich schlief in wenigen Minuten ein.

Ich weiß nicht, wie lange ich da am Fluß mit geschlossenen Augen verbrachte. Es können Minuten, es kann eine Stunde oder mehr gewesen sein. Die Zeit war verschwunden. Die Dunkelheit war noch nicht hereingebrochen, und so blieb ich noch. Da fiel mir plötzlich ein, welches wohl das unbewußte Motiv für meine Reise zurück in meine Heimatstadt gewesen sein könnte. Ich erinnerte mich an zwei Vorfälle von besonderer Bedeutung.

Ich sah meinen Vater und mich vor einem Schaufenster voller Knaben- und Männerkleidung stehen. Ich bat ihn, mir Knabenkleidung zu kaufen, aber er wollte nicht, weil er es für falsch hielt. Scheidemanns Warenhaus wurde daraufhin zum Symbol eines unerfüllten Verlangens, es bedeutete die frustrierende Entdeckung, daß ich kein Junge sein konnte. Ich war etwa vier Jahre alt, als ich diese Zurückweisung durch die Natur erfuhr.

Noch früher ereignete sich ein anderer wesentlicher Vorfall; es war kurz vor meinem dritten Geburtstag. Nachdem man mich zum Mittagsschlaf in mein Bett gelegt hatte, verspürte ich plötzlich den Drang mich aufzusetzen. Eine überwältigende Erregung ging durch meinen Körper. Ich fühlte meine eigene Gestalt, ich sah mich selbst, zum ersten Mal in meinem Leben; ich guckte meinen Körper an, als wäre ich außerhalb von ihm. Ich durchlebte einen ersten ewigen Augenblick, mein Identitätsbewußtsein war erwacht. Ich verspürte ein fremdes Glücksgefühl. Ich war in mein eigenes Leben getreten; von nun an hatte ich eine Beziehung zu mir selbst. Ich gehörte nicht länger in erster Linie meinen Eltern und meiner Schwester; ich gehörte zu allererst und allen voran mir. Dieses glückliche Erlebnis warf mich in meine eigene Welt und setzte das Bewußtsein für Identität und Kontinuität frei. Von da ab konnte ich mich selbst beobachten: wie ich durch das Haus rannte, zum Bäcker nebenan oder dem Kolonialwarenhändler an der Ecke ging. Ich sah mich selbst inmitten meiner Spielkameraden. Ich rief mir meinen dritten Geburtstag in allen Einzelheiten in Erinnerung. Es war ein glücklicher Tag. Ich bekam einen hübschen Herbstblumenkranz um meinen Kopf. Nachmittags ging ein Mann mit einer Drehorgel an unserem Haus vorbei, während ich meine Geburtstagsparty feierte, und ich durfte ihn zusammen mit seinem kleinen Kapuzineräffchen hereinbitten.

Was geruht hatte, weit weg in der Vergangenheit, war lebendig und gegenwärtig geworden; so sehr, daß die aktuelle Umgebung, in die ich mir all dies zurückgerufen hatte, bis zur Unwirklichkeit verblaßte. Ich weiß, daß ich den Abendzug nach Danzig rechtzeitig erreichte, aber wie und wann ich vom Fluß wegkam und durch die Straßen zum Bahnhof ging, ist aus meiner Erinnerung ausgelöscht. Ich wußte damals, wie ich es heute weiß, daß mein heimlicher Besuch in Riesenburg nicht vergeblich gewesen war und daß er den Kontakt zu meinem Selbst gefestigt hatte.

In Paris

I

Am 24. Mai 1933 kam ich nach einer mit panischer Angst durchlebten Fahrt von Berlin in Paris an. Ich konnte mich keine Sekunde entspannen, bis zu dem Augenblick, als wir die Grenze bei Aachen erreicht hatten und ich mich sicher wußte vor dem plötzlichen Schulterklopfen eines Nazis, der von einer dienstlichen Laune besessen war, mich zu verhaften. Nach zehnstündiger Zugfahrt, während der mir das Herz bis zum Halse schlug, war nur noch ein halbbewußter Körper übriggeblieben; meine Sinne waren betäubt. Dennoch fand ich meinen Weg in ein kleines Hotel am Place du Panthéon, ein paar Schritte entfernt von Helens Wohnung — Helen, eine langjährige Freundin und die Frau von Franz, der Schriftsteller war. Vor neun Jahren hatte Franz mir die Veröffentlichung meiner Gedichte und Übersetzungen von Baudelaires ›Les Fleurs du Mal‹ in der Zeitschrift ›Vers und Prosa‹ vermittelt. Er hatte eine einflußreiche Stellung beim Rowohlt Verlag und war einer meiner Gönner und Freunde gewesen. Helen hatte sich in den Zwanziger Jahren als Modeberichterstatterin für die *Frankfurter Zeitung* in Paris niedergelassen.

Da war also jemand in diesem neuen Land, diesem neuen Leben, der mich mit der Vergangenheit verband. Am 25. Mai telefonierte ich früh morgens mit Helen, wurde voller Freude begrüßt und jeglicher Unterstützung versichert, die ich brauchte. Sie und ihr 14 Jahre alter Sohn wurden Stützen meines Lebens. Nach ein paar Monaten zogen wir drei in eine Wohnung am Boulevard Brune im 14. Arrondissement. In Helens altem Ford fuhren wir mehrmals am Tag am Lion de Belfort vorbei. Der Lion de Belfort trennt sehr gegensätzliche Viertel von Paris. Durch eine seltsame Fügung des Schicksals, die in Helen den Wunsch weckte, ihr eigenes Appartement aufzugeben und mit mir zusammenzuziehen, hatte ich ein neues Zuhause gefunden. Sie war der anmutige Schutzengel, der sich um mich kümmerte von dem Augenblick an, da ich meinen Fuß auf französischen Boden setzte. Natürlich, ich war ausgesprochen nervös und mich verwirrte beides: meine überstürzte Flucht aus Deutschland und mein Glück in Paris.

Wir wohnten in einem Wohnungsblock zwischen dem Lion de Belfort und der Porte d'Orléans in einem rührigen Viertel, wo der kleine Händler neben dem Arbeiter und dem Künstler wohnte. Max Ernst unter anderen, hatte in der Nähe von uns ein Atelier. Ich liebte die freiheitliche Atmosphäre, das Fehlen von jeglichem Snobismus, und der Besitz meiner eigenen vier Wände gab mir ein Gefühl wiedergefundener ›Sicherheit‹, das mich wahrscheinlich vor einem Nervenzusammenbruch bewahrte. Ich hatte aus Deutschland genug Geld mitnehmen können, so daß ich wenigstens acht Monate nicht unbedingt zu arbeiten brauchte. Abgesehen davon hatte Deutschland mich von allem beraubt: Mobiliar, meiner Stellung als Ärztin, meiner beruflichen Zukunft und einigen meiner nicht-jüdischen Freunde.

Helen gab mir mein Vertrauen zurück, sie war Deutsche, mit einem deutschen Juden verheiratet, und die Verbindung zu meiner Vergangenheit wurde außerdem durch einige ihrer Freunde aufrechterhalten, die entweder deutsche mit jüdischen Frauen verheiratete Männer waren, oder umgekehrt. Meine neue Umgebung war ein Kompromiß. Viele Monate lang lebte ich auf gut Glück in einem Niemandsland und wartete auf irgend etwas, das mir ein Fingerzeig in meine Zukunft sein würde. Ich saß im ›Café du Dôme‹, in ›Les Deux Magots‹, im ›Flore‹ und ließ mich von Helen überallhin mitnehmen. Sie machte dieses Ferienleben zu einem dolce far niente, mit Fahrten zum Montparnasse, nach Montmartre und Fontainebleau und Chartres, wirklich zu allen diesen wunderbaren, schönen und ewigen Plätzen, die den Geist Frankreichs widerspiegeln. Sie stellte mich ihren Freunden und Kollegen vor, und ich begleitete sie zu den Haute Couture-Häusern, wenn es um die Frühjahrs- und Herbstkollektionen ging. Ich hielt mich für eine glückliche, erfolgreiche Person, obwohl eine nagende Angst mich nie verließ. Ich lernte und lernte, während ich spielte. In etwa drei Monaten konnte ich Französisch, schlecht aber ganz flüssig, und war wenigstens für jede Art Beruf, den ich ergreifen könnte, einigermaßen gerüstet.

Tatsächlich hatte ich gar keine Wahl. Die Erlaubnis, als Ärztin zu arbeiten, war fast unmöglich zu bekommen, es sei denn ich absolvierte das Baccalauréat und ein volles Medizinstudium. Ich entschloß mich deshalb zur Handdiagnostik in Verbindung mit ein wenig Psychotherapie. Um das zu erklären, muß ich auf die letzten beiden Jahre meines Lebens in Deutschland zurückgehen, als ich Chirologie studierte. Es kam so.

Einmal während des Sommers 1931 erzählte mir eine Kollegin von einem spektakulären Erlebnis. Sie war zu Julius Spier gegangen, um sich aus der Hand lesen zu lassen, und sie war so stark beeindruckt davon, daß sie ihren Mann und andere zu ihm schickte, mit ähnlichem Ergebnis. Sie überredete mich, auch hinzugehen, und ich fand Julius Spier selbst und seine Interpretation meiner Hände sehr faszinierend, so sehr, daß ich sofort einen Chirologie-Kurs mitmachte, den er hauptsächlich für Ärzte abhielt. Mir schien da unter einer ziemlich dunklen Oberfläche eine gesunde Basis für seine Lehren zu sein. Das Thema interessierte mich immer mehr, und ich erkannte Möglichkeiten, die weit über das hinausgingen, was man mich gelehrt hatte. Spier war mehr als eine intuitive Person; er hatte eine bestimmte Methode, Gesundheit und Persönlichkeitsstruktur auf dem Wege der Handdiagnostik zu erkennen, aber er hatte kein medizinisches oder psychologisches Training und blieb meiner Meinung nach trotz seiner großen Pionierleistung in einem Grenzbereich von Mutmaßung und Erfahrung stecken.

Ich erkannte, daß, wenn man die Chirologie aus dem Gebiet des Zufalls herausheben könnte in einen Bereich methodischer statistischer Studien, die Möglichkeiten zu einem Persönlichkeitstest gegeben wären. Solange wie ich Ärztin der Allgemeinen Krankenkasse Berlin war, konnte ich die Beziehungen zwischen Handlinien und Krankheiten an meinen Patientinnen versuchend und tastend studieren.

Meine Experimente blieben nicht unbeobachtet. Der Kopf der Organisation hörte von ihnen und, von meinem neuen Wagnis beunruhigt, besuchte er mich. Als ich erklärte, daß ich keine Handwahrsagerei betrieb, gab er mir großzügig die Erlaubnis, weiterzumachen.

Als die Massenvernichtung einsetzte und ich nach Paris floh, hatte ich ohne es zu wissen die Möglichkeit einer heiteren Zukunft in mir, eine Zukunft kreativen Forschens. Ich hatte keine Ahnung, daß ich einen neuen Beruf bereits ›in der Tasche‹ hatte.

Im Herbst 1933, etwa fünf Monate nach meiner Ankunft in Paris, fuhren Helen, ihr Sohn und ich in den Süden Frankreichs. Ich werde darauf verzichten, mich über eine wundervolle Reise in den Süden auszulassen, über die ad nauseam gesprochen und geschrieben worden ist. Ich war Reisender und genoß beides, die Schönheit des Landes und die Gegenwart meiner Freunde.

Helens Kopf war eine geglückte Transposition der griechischen Form in eine deutsche. Ein junges Gesicht und graues Haar machten ihre Erscheinung jünger als sie, in den Vierzigern, war. Ein unbezähmbarer, ununterdrückbarer Geist strahlte durch ihre großen tiefblauen, leicht hervortretenden Augen. Es schien absolut gar nichts zu geben, vor dem sie Angst hatte oder das sie nicht zu tun wagte. Als junge Frau sprang sie in die Seine eben nur wegen einer Wette und um jemandem etwas zu beweisen. So wie Kate in Truffauts Film ›Jules und Jim‹, die genau dasselbe tat. Ihre Charaktere scheinen mir in mancher Hinsicht ähnlich zu sein. Aber was man in dem fiktiven Charakter nicht hat sehen können, ist die finesse, die ursprüngliche kritische Wahrnehmungs- und Ausdrucksfähigkeit. Als schüchterne, zaghafte Person überkompensierte Helen und konnte weitaus verwegener wirken als sie tatsächlich war. Sie hatte einen Sinn für Gelegenheiten und Zeremonien und machte gegebenenfalls genau passende Auftritte und Abgänge, wie eine gute Schauspielerin.

Weil sie stark war, vielleicht zu stark, brauchte sie viel Zuneigung und Sorge, die ihr Sohn, ausgestattet mit dem Verständnis eines jungen Weisen, ihr in vollem Umfang zukommen ließ. Er war in seiner Art ebenso einzigartig wie seine Mutter. Er entwickelte bestimmte Eigenschaften und Angewohnheiten als Kompensation und im Gegensatz zu ihren, wie es in seinen jungen Jahren ganz natürlich war. Er sah nicht auffallend aus, und er artikulierte sich eher und leichter durch Schreiben als im Gespräch. Er war Schüler der ›Ecole Normale‹ und später in seinem Beruf sehr erfolgreich.

Umgeben von Charme, Witz und dem Ungewöhnlichen, glaubte ich von den Göttern geliebt zu sein und in den Wochen, die unserer Fahrt in den Süden Frankreichs folgten, hatte ich sogar noch mehr Grund zu dieser Annahme.

II

An einem sehr blauen Tag im August erreichten wir Sanary ohne zu wissen, wo wir bleiben sollten. Wir ahnten nicht, daß das Unvorhergesehene eintreten würde, eine spektakuläre Wendung meines eigenen Geschicks. Als wir uns der Küste näherten mit ihren großen, häßlichen Cafés, hielt Helen das Auto an und rief ›Sybille‹. Ich sah ein junges, blondes, ziemlich nervöses Mädchen, das Helen erklärte, wo wir eine Pension finden konnten und daß ihre Mutter ganz in der Nähe wohnte. Sybilles Mutter war eine alte Bekannte von Helen und wir besuchten sie am selben Nachmittag. Sie schien erfreut und lud uns für den Abend zu einer Party ein. Wir hatten keine Ahnung, was uns erwartete. Helen wußte, ihre Freundin war eine intelligente, literarisch gebildete Frau, aber die Gesellschaft, die wir an diesem Abend antrafen, überstieg meine Erwartungen bei weitem. Thomas Mann, seine Frau und Sohn Klaus, Seabrook, Heinrich Mann, Aldous und Maria Huxley waren zu Gast. Die Anziehungskraft jener Menschen beflügelte den Geist, ohne daß man sich eingeschüchtert gefühlt hätte. Maria hatte, ich weiß nicht wie, von meinem Interesse für Hände gehört und zog mich gleich in eine Ecke, um mich darüber auszufragen und mir zu versichern, wie gespannt sie war, mehr von meiner Arbeit zu erfahren. Alles Unorthodoxe und Mysteriöse zog sie an, und deshalb war sie neugierig. Mit den Manns wechselte ich auf deutsch ein paar nichtssagende Worte, den Rest des Abends verbrachte ich im Gespräch mit Maria. Wahrscheinlich war es mehr ein Monolog, sie hörte zu, stellte dann und wann ein paar Fragen, und ich gab ihr ein Exposé all dessen, was ich bis dahin von meinem Gegenstand wußte. Was ich sagte, beeindruckte sie sichtlich, und sie lud mich für den nächsten Tag in ihre Villa La Gorgette ein. Das war der Anfang einer Kette von Ereignissen, die mich unvermittelt in einen neuen Beruf, neue Freundschaften und in die Welt von Schriftstellern und Künstlern trugen.

Ich besuchte die Villa vier lange Wochen jeden Tag und studierte Marias Hände und die von Aldous und seiner Schwester Jehanne. Meine Deutungen schrieb ich auf, und ich zeigte ihr, wie man Handabdrücke machte. Sie konnte nicht genug kriegen von dieser neuen Beschäftigung. Aldous sah mit Wohlgefallen auf uns herab, nannte uns die beiden Hexen und erlaubte uns geduldig, immer wieder aufs neue Abdrücke von seinen Händen zu nehmen. Er war wie Wachs in ihren Händen. Sie schien die Sache im Griff zu haben. Sie fuhr mich in ihrem alten Bugatti herum, und unser Kontakt wurde persönlicher. Klein von Statur, ähnelte sie einer Tänzerin und bewegte sich auch so, geschmeidig und rassig. Die Haut ihres Gesichts war straff über feine Knochen gespannt. Ihre feminine Erscheinung hielt ihre maskulinen Züge gut verborgen. Nur ihre Hände, ziemlich groß und muskulös für sie, enthüllten das eigentliche Wesen ihres Charakters und ihre Stärke, Ungewöhnliches zu meistern. Sie war Aldous' Auge und zu einem gewissen Grad seine Phantasie. Sie brachte den Klatsch und die seltsamen Ereignisse der Stadt nach Hause, was so wichtig ist für einen Schriftsteller. Maria war eine poetische Natur, sie hatte einen Hauch von charmanter Leichtigkeit, der einen anstachelte. Bei all dem hatte sie auch common sense und eine geschickte Hand. Maria und Aldous Huxley waren Leute, die in der Ideenwelt des Geistes lebten, ohne die

Anteilnahme an den sozialen Problemen und Lebensbedingungen unserer Zeit zu vernachlässigen.

Ich bringe es nicht fertig, einen Begriff von Aldous Huxleys erstaunlicher Persönlichkeit zu geben, aber ich muß meine Bewunderung für seine präzisen Kenntnisse auf vielen Gebieten zum Ausdruck bringen; er konnte mir einmal die Herstellung von Parfüm bis ins kleinste Detail erläutern, ein andermal das Funktionieren endokriner Drüsen, über die er alles wußte, was man damals wissen konnte. Wenn er sprach, fühlte man sich wie in einem nüchternen, weiten, gut proportionierten inneren Raum. Er sprach ganz unmittelbar über Ereignisse, Theorien und Menschen. Die Freiheit, mit der er über andere redete, machte einem klar, daß alles gesagt werden kann über eine Person, wenn es nur im rechten Geist gesagt wird. Niemals bemerkte ich bei ihm Furcht oder Zurückhaltung, wenn es darum ging, einen Menschen zu interpretieren. Man ging mit ihm über in eine andere Ebene der Realität, wo alles seinen eigenen Platz hatte.

Es freute mich sehr, daß er meine Arbeit zu würdigen schien und auch die Unterstützung billigte, die Maria mir gab. Es hatte bisher nur einen einzigen Menschen gegeben, der auf mich einen solchen Eindruck von Reinheit und geistiger Konzentration gemacht hatte, und das war mein Freund, der deutsch-jüdische Philosoph und Schriftsteller Walter Benjamin. Nach dem Schockerlebnis der Nazi-Verfolgung wirkten die neue Welt Frankreichs, meine Freunde und die Huxleys auf mich wie eine Reise zum Mond. Obgleich begeistert und ermutigt von der guten Wendung und all dem Besonderen um mich herum, war ich nicht fähig, das Wunder ganz zu begreifen, und oft befiel mich die Angst. Das stimulierende Erforschen einer neuen Welt und die Hand-Interpretationen, die ich mit Maria durchführte, erschöpften mich, und ich kehrte zu meinen Freunden zurück, erleichtert und mit dem Wunsch nach Ruhe. Sie begriffen es und waren beglückt über meinen Erfolg.

III

Als ich nach Paris zurückfuhr, war meine Zukunft klar vorgezeichnet. Die einzige Chance, meinen Lebensunterhalt zu verdienen, war die Chirologie. Helen und Maria verbreiteten die Kunde meiner Fähigkeiten, und bald hatte ich zahlreiche Klienten. Die französische Verwaltung hatte nichts gegen meine Aktivität einzuwenden, die in meinem Personalausweis als ›Journalismus‹ bezeichnet wurde, eine ziemlich seltsame Umschreibung. Ich gewann immer mehr praktische Erfahrung, und bald arbeitete ich an einer rationalen Grundlage und Methode der Handdiagnostik, die aus der Chirologie einen neuen Zweig der Psychologie machen sollte, ähnlich wie die Chemie einst aus der obskuren Alchimie hervorgegangen war. Langsam kam ich zu Resultaten. Die Beschreitung eines neuen Erkenntnisweges gab mir einen ähnlichen Auftrieb, wie einst das Versemachen. Der ›Deutsch-Schock‹ hatte die Muttersprache für mich zerstört. Ich konnte es kaum ertragen, sie zu hören, und ich weigerte mich, sie zu sprechen oder zu schreiben. Ich begriff, daß ich meine schöpferischen Fähigkeiten auf meinen neuen Beruf übertragen mußte. Zum Glück begann eine intensive Forschertätigkeit, die mir viele Jahre lang Entdeckerfreuden bescherte.

IV

Ehe ich vom Beginn meiner methodischen Erforschung der menschlichen Hand erzähle, muß ich von dem ziemlich erstaunlichen Einfluß meiner Arbeit auf eine sehr bekannte Gruppe von Schriftstellern und Künstlern berichten: auf die Surrealisten. Kurz nach meiner Ankunft in Paris hatte Helen mich mit Baladine Klossowski und ihren Söhnen, Pierre, dem Romancier, und Balthus, dem Maler, bekanntgemacht. Die Baladine, eine treue Freundin Rilkes, breitete ihre jüdische Wärme aus, und ich war ihr zu jeder Stunde willkommen. Sie und auch Pierre müssen sich mir irgendwie verwandt gefühlt haben, denn sie hörten nie auf, sich in dem neuen Land um mein Vorwärtskommen zu sorgen. Pierre war als Autor schon bekannt und befreundet mit avantgardistischen Leuten. Er schlug vor, mich zu Monsieur Tériade mitzunehmen, der die Zeitschrift ›Minotaure‹ herausgab, das damalige Sprachrohr des Surrealismus. Seine instinktive Wahl war ein Volltreffer. Tériade und André Breton, die ich zu gleicher Stunde traf, betrachteten Idee und Methode der Handdiagnostik als sehr bemerkenswert. Sie wollten von mir kurze, pointierte Handanalysen einiger Künstler und die theoretischen Begründungen ihres Zustandekommens.

Eine Veröffentlichung in einer so exquisiten Zeitschrift bedeutete sofortige Aufnahme in einen Kreis intelligenter Leser und den der Surrealisten selbst. Ein günstiger Wind hatte mich wieder in die Nähe der intellektuellen Oberschicht geblasen. War es Glück allein, oder war es die Wechselwirkung meiner eigenen Impulse mit zufälligen Ereignissen, daß ich mich in der Gesellschaft der prominenten Surrealisten und ihrer Schutzpatrone wiederfand?

Da waren die elegante Madame de Vogué, die den ›Minotaure‹ stützte; Madame de Vilmorin, diese anmutige, zerbrechliche Schreiberin; der gewaltige St. Exupéry, der winzige Ravel; André Derain, Paul Eluard, Marcel Duchamp und viele andere. Einige traf ich mitsamt ihren Frauen in der Redaktion des ›Minotaure‹, Rue de la Boétie, in einem kleinen Raum, der uns kaum alle fassen konnte. Diese phantastische Zusammenkunft war veranstaltet worden, um mich denjenigen vorzustellen, deren Hände ich für den ›Minotaure‹ analysieren sollte. Pierre Klossowski hielt sich an meiner Seite und dämpfte den überwältigenden Eindruck, den sie auf mich machten. Pierre war klein und elegant, sprach ruhig, in leichtem Stakkatorhythmus und war Leuten gegenüber, die er schätzte, immer von einer Höflichkeit, die an Ehrerbietung grenzte. Unmöglich zu sagen, wer mich am meisten beeindruckte — ich nehme Antoine de St. Exupéry und André Breton heraus. Beide waren löwenartige, hypnotisierende Geschöpfe.

St. Exupéry war mindestens 185 cm groß und wie viele Großwüchsige hatte er eine sanfte, gütige Stimme und war seltsam schüchtern. Er sah einem nicht in die Augen. Seine Frau, eine lateinamerikanische Prinzessin, war halb so groß wie er, aber doppelt zuvorkommend. Ich vermutete eine melancholische Komponente bei St. Exupéry, und später stellte ich fest, wie richtig mein erster Eindruck gewesen war. Ich traf ihn und seine Frau Consuela noch öfters. Er isolierte sich immer mehr und bekämpfte sein ›estrangement‹ mit Güte gegen Mensch und Tier und ein übergenaues soziales Gewissen.

André Breton war eine Herrschernatur; seine Autorität wurde von einer seelischen Kraft angefacht, die sich jederzeit in Begeisterung oder Wut entladen konnte. Sein Haar hing wie eine Mähne um seinen Kopf. All dies und seine robuste Physis machten ihn einem Dompteur ähnlich oder einem Bilderstürmer — was er war. Breton ging stets sehr aus sich heraus und sammelte vermöge seines Charismas Anhänger und Bewunderer. Er hatte die Bewegung des Surrealismus zusammengebracht und das berühmte Manifest geschrieben. Er konnte genauso intolerant wie freundlich sein. Und er war wirklich sehr freundlich. Er widmete mir nicht nur Aufmerksamkeit, sondern war sich nicht zu schade, auch richtig Propaganda für mich zu machen, indem er seine Freunde mit mir zusammen einlud und ihnen empfahl, mich zu konsultieren. Als er sich zu diesem Zweck Picasso näherte, wurde er rüde abgefertigt: Picasso wollte nichts mit mir zu tun haben. Er erklärte Breton, daß niemand mehr ›Forschungen‹ an seiner Person anstellen würde — nach dem, was Gertrude Stein über ihn zu Papier gebracht hatte.

Paul Eluard war weniger auffällig. Er war schmal, hatte einen empfindsamen Blick und eher die Tendenz sich zurückzuziehen, als unter Leute zu gehen; ein Mann, dem die scharfen Kanten des Alltags zuviel waren und der einem Beschützergefühle eingab. Seine schweizer Frau, die sanfte und süße Nusch, mit der Figur einer Tänzerin, mußte genau das getan haben; die Wege ebnen für Eluard. Die Leichtigkeit ihrer

Kontaktfähigkeit brachte uns zusammen. Ich erlebte eine Menge mit den Eluards und auch den Bretons. Wir trafen uns in den Cafés an der Place Blanche oder an der Place Pigalle, und sie luden mich zum Essen in ihre Wohnungen ein.

Den kuriosesten Eindruck auf der Versammlung in der Rue de la Boétie machte die kleine Gestalt Ravels, der wie ein Zwerg aussah neben seiner Gefährtin, der riesenhaften Madame Hugo. Es geht sicher auf sie zurück, daß er überhaupt zustimmte, mich zu besuchen. Er war eine rührende Person, hypersensibel, mit einem Ausdruck akuter Angst in seinen großen braunen Augen. Er sprach kaum — stand nur da neben seiner gewaltigen Leibwächterin. Wegen seiner extremen nervösen Erregbarkeit lähmte ihn die Anwesenheit vieler Menschen. Als ich Abdrücke von seinen Händen nahm, war Ravel sehr freundlich und interessiert an dem, was ich zu sagen hatte.

Marcel Duchamp war nicht zu der Versammlung erschienen. Durch Helen war ich mit ihm gut bekannt, und ich besuchte ihn und seine amerikanische Freundin Mary Reynolds oft in ihrem Haus, wo ich seine Hände studierte. Er war blaß, schlacksig und rothaarig und bewegte sich wie eine Katze. Er sprach schnell, aber selten, setzte sich in hübscher Haltung irgendwohin, und war zu seinen Gästen die Höflichkeit selbst. Das war alles, was an der Oberfläche auftauchte. Er hatte den angespannten Blick ständigen Nachsinnens, so als rätselte er immer an irgendeinem Problem herum; wahrscheinlich tat er genau das. Duchamp verkörperte das extrem Anti-Konventionelle, ja Rebellische. Er war ein Schachspieler und ein Maler, mit dem Genie eines Revolutionärs.

André Derain tauchte ebenfalls in meiner Hände-Porträt-Galerie im ›Minotaure‹ auf. Er war ein konservativer Maler und hatte meines Wissens, abgesehen von persönlichen Kontakten, nichts mit den Surrealisten zu tun. Madame de Vogué hatte sein Interesse für meine Studien geweckt. Derain war ganz und gar ›largesse‹. Ein großer Kopf mit breitem Gesicht und weit auseinanderstehenden Augen saß auf einem großen, athletischen Körper. Die Einfalt, mit der er sich Dingen und Menschen näherte, mögen ein erfolgreiches Mimikry gewesen sein. Ich fragte mich nach seiner persona, seiner Maske. Sicher war, daß Medizin ihn faszinierte: er hatte mir bohrende Fragen gestellt, die Wissen und Einsicht in physiologische und medizinische Probleme verrieten. Derain war außergewöhnlich intelligent und originell, und sein Interesse für das Okkulte verblüffte mich als ziemlich unvereinbar mit dem Klassizismus seiner Malerei. Er war ein Handwerker, ein großer Maler und ein Intellektueller, dessen Fragen bis in okkulte Bereiche vordrangen.

Die Großzügigkeit der Menschen ist ein Geschenk, ebenso blind und zufällig wie die Gunst der Götter. Mir war beides gewährt worden, aber bekam ich zuviel? Eine unheimliche Ängstlichkeit verdarb mein Leben in gewisser Weise; wahrscheinlich waren in der jüngsten Vergangenheit zu viele Wohltaten übereinander geschichtet worden. Viel Freunde und nervliche Energie wurden dadurch sinnlos verbraucht. Ich kam in der neuen faszinierenden, glänzenden Umgebung keineswegs über meinen Tiefpunkt hinweg. Schon als Studentin und später als Ärztin in Berlin hatte ich mich unter Künstlern bewegt, und ich fühlte, daß ich zu ihnen gehörte. In Paris erlebte ich zum ersten Mal, wie das Fundament meiner Existenz einen Riß bekam. Ich bekämpfte das Unbehagen und die Angst mit aller Macht und im ganzen auch erfolgreich. Jugend, Notwendigkeit und Ehrgeiz trieben mich voran. Die Anspannung des Ichs, vermittelt durch meine neuen Freunde und Bekannten, half mir, neue Methoden der Handdiagnostik zu finden. Natürlich war das nur der erste Sprung vorwärts auf dem langen Weg zu einem entfernten Ziel, aber ich war fähig, eine Theorie auszuarbeiten, die 1935 im ›Minotaure‹ zusammen mit Handinterpretationen unter dem Titel ›Les Revelations psychologiques de la Main‹ veröffentlicht wurde.

Bei jeder Pionierarbeit sind Fehler unvermeidlich. Meine Theorie und Methode änderten sich im Laufe der Zeit beträchtlich.

Gleichzeitigkeit kann beim Schreiben nicht wiedergegeben werden. Alle Versuche und Experimente in dieser Richtung sind gescheitert. Worte müssen hintereinandergereiht werden. Weil der Schriftsteller nicht wie der Maler die Möglichkeit des Nebeneinander hat, bewegen sich Bilder und Ereignisse eindimensional, mit der Zeit auf ihren Fersen.

Unter diesen Bedingungen schreibe ich jetzt, wenn ich mich anschicke, die Zusammenhänge meines Lebens in Paris zu reflektieren.

V

In der Zeit unerwarteten Glücks, als ich von vielen Künstlern, besonders aus der surrealistischen Gruppe, so begeistert aufgenommen wurde, traf ich Professor Henri Wallon. Wie kam es dazu? Schon bevor ich Berlin verließ, hatte ich von der Hilfe gehört, die die Quäker allen ›lost dogs‹, nicht zuletzt Flüchtlingen aus dem Nazi-Deutschland, gewährten. Ich zögerte, mit ihnen Kontakt aufzunehmen, weil meine Emigration nach Paris sich mehr als Wohltat denn als Unglück erwiesen hatte. Dennoch ging ich im Frühling 1934 eines Tages ohne ersichtlichen Grund in die Rue Guy de la Brosse, eine Straße mit ausgetretenem Trottoir, wo die ›Society of Friends‹ ihr Hauptquartier hatte. Von da an war ich ein ›friend‹, zwar nicht mit großem F, aber ein Freund des Hauses und besonders seines Präsidenten Henri van Etten. Er wußte sofort, wie die Startbedingungen für meine langwierigen zukünftigen Forschungen hergestellt werden konnten. Er arrangierte ein Treffen mit Professor Wallon, dem hervorragenden Psychiater und Lehrer an der Ecole des Hautes Etudes und dem Collège de France. So hatte er mich gleich an der Spitze eingesetzt und mit Erfolg. Schon bei der ersten Unterredung überzeugte ich Professor Wallon von der Wichtigkeit meiner Studien, die nach methodischer Erarbeitung der Grundlagen ein neuer Zweig psychologischer und psychiatrischer Diagnostik werden konnten. Er lud mich ein, seine wöchentlichen Klinika psychiatrischer und neurologischer Fälle zu besuchen und öffnete mir die Pforten eines Instituts für Geistesgestörte in Livry Gargan bei Paris.

Meine Zukunft als Wissenschaftlerin hatte begonnen. Ich bat, ohne Verzögerung an beiden Orten gleichzeitig anfangen zu dürfen, und ging mit Furcht und Zittern zur Arbeit. Bei der ganzen Sache kam ich mir noch ziemlich unsicher vor; ich mußte erst in den Glauben an mich selbst hineinwachsen. Das geschah auch, aber es gab Zeiten des Zweifels und der Niedergeschlagenheit, genährt von dem Konflikt zwischen zwei Lebensweisen: eine in der funkelnden Welt der Künstler, die andere in der stetigen, soliden Umgebung der Universitätslehrer und Ärzte.

Meine Besuche in Livry brachten mir viel Material für meine handdiagnostischen Studien abnormer Menschen. Geistesgestörtheit ist gleichbedeutend mit abnormem psychomotorischen Verhalten. Da die Hand das Werkzeug sowohl zweckbezogener Bewegungen *als* auch psychomotorischen Ausdrucks ist, lassen sich an ihr Gesetzmäßigkeiten ablesen. Nach einer sorgfältigen Untersuchung der Hände von 400 Patienten konnte ich zeigen, daß es eine definierbare Korrelation zwischen Handbildung und Geisteskrankheit gab. Der Medizin waren gewisse Handzüge als typisch für Mongolismus bekannt, aber ich war der erste Mediziner, der eine große Zahl von Handzügen als charakteristisch für andere Formen von Geisteskrankheit auswies. Es wurde durch meine Forschungen ebenfalls deutlich, daß die verschiedenen Stärkegrade einer Krankheit sich auf die eine oder andere Weise ebenfalls in der Hand abzeichneten.

Im Krankenhaus arbeitete ich allein, assistiert nur von einer Schwester, aber glücklicherweise überwachte Professor Wallon meine Untersuchungen bei seinem wöchentlichen Klinikum. Die Prozedur war folgende:

Während die Klagen und Symptome eines Patienten von der Assistentin — das war Madame Wallon — notiert wurden, nahm ich die Abdrücke eines anderen Kranken und notierte alle Details, die ich für meine Diagnose brauchte. Ich arbeitete am anderen Ende des Raums, so daß ich Madame Wallons Gespräche nicht mithören konnte. Professor Wallon empfing die Patienten in seinem benachbarten Sprechzimmer; keine Information konnte zu mir durchsickern. Das war das Entscheidende bei der Exploration. Ich nahm mein Material mit nach Hause und schrieb bis zum nächsten Treffen mit den Wallons meine Diagnose. Mit beiden verglich ich pro Woche eine halbe Stunde lang die Notizen. Professor Wallon sah, daß die Übereinstimmung zwischen seiner und meiner Diagnose bedeutend genug war, um weitere Forschungen zu rechtfertigen, mit dem Ziel, einen neuen Test auszuarbeiten. Nach etwa einem Jahr bat er mich, über meine Handdiagnostik einen Artikel für die ›Encyclopédie Française‹ zu schreiben.

Bei den Wallons hatte ich einen sicheren Platz gefunden. Nachdem ich die Klinik ein paar Wochen lang besucht hatte, nahmen wir in einem benachbarten Café einen Apéritif zusammen; nach einigen Monaten erhielt ich eine Einladung, mit ihnen und einigen Freunden in einem Restaurant zu essen; und noch etwas später baten sie mich zu sich nach Hause. So leben die Franzosen: ihre Bekanntschaften entstehen sehr langsam, und ihr Sinn für das Private grenzt an Verschlossenheit. Die Jalousien sind immer unten, sommers und winters, Tag und Nacht, bei Regen und Sonnenschein.

Der Besuch bei ihnen setzte mich in Erstaunen. Die Wallons wohnten in der Nähe des Trocadéro, in einem feinen Viertel von Paris, aber ihre Wohnung hätte die eines beliebigen Bourgeois mit wenig Geschmack sein können. Tapeten mit riesigen Blumenmotiven, wie sie typisch sind für französische Hotels, gaben den Räumen, die ich kennenlernte, eine düstere Atmosphäre. In Wallons Studierzimmer allerdings, das gefüllt war mit Reihen von Büchern, entrang sich mir ein Seufzer der Erleichterung, denn dort konnte ich seine Anwesenheit spüren. Und welch eine Wirkung ging von ihm aus — als Wissenschaftler und als Mensch. Er kam aus der Bretagne, ein kräftiger Mann mit rötlichem Haar über einer hohen Stirn und einem empfindsamen Gesicht. Er war so bescheiden und so aufgeschlossen für andere, daß man in seiner Nähe Lust bekam, auf Zehenspitzen herumzulaufen. Er sprach schnell, mit sehr leiser Stimme, was es schwierig machte, den Zusammenhang zu erfassen. Wenn man seine Worte jedoch verstand und ihnen folgte, so blieb einem der Mund offenstehen vor seiner unglaublichen Einsicht in alle Probleme und vor dem Umfang seines Wissens, das weit über seinen Beruf hinausging. Er war ein Wissenschaftler und Menschenfreund von ungewöhnlichem Format. Später hörte ich, daß er während des Bürgerkrieges heimlich in Spanien gewesen war, nur um den republikanischen Truppen Mut zu machen. Er hatte es getan, ohne sich im geringsten um die Gefahr für sein eigenes Leben zu kümmern. Ich erinnere mich an zwei Sätze aus unseren zahlreichen Unterhaltungen: »Die Juden haben ihre natürlichen Reflexe verloren; sie reagieren nicht mehr.« Und: »Ein Krieg zwischen Deutschland und Frankreich ist unvermeidlich.« Die erste Äußerung war wie ein Todesurteil: ich fürchtete um meine eigenen Reflexe. Die zweite traf sich mit meiner eigenen Erwartung und mag dazu beigetragen haben, daß ich Frankreich 1936 verließ.

Professor Wallons Bücher über die Entwicklung und Psychologie von Kindern sind Klassiker in der ganzen zivilisierten Welt, was aber vielleicht weniger bekannt ist: er war eine der herausragenden Figuren der Résistance an den französischen Universitäten und in der ersten Regierung nach der Befreiung Minister.

Madame Germaine Wallon kam aus dem Südwesten Frankreichs, eine dunkelhaarige Frau von bäuerlicher Abkunft. Sie war kräftig gebaut, mit breiten Hüften und Schultern. Große blaue Augen machten ihre niedrige Stirn noch niedriger. Untrennbare Gefährtin ihres Mannes, teilte sie alle seine Interessen und seine Menschlichkeit. Ich habe in der Tat kaum eine Frau gesehen und erlebt, die so ideal dem mütterlichen Archetypus entsprach. Ihre körperlich beeindruckende Erscheinung ließ beträchtliche Gelehrsamkeit und bemerkenswerte Intelligenz kaum erwarten. Ich erkannte sie erst, als sie mir ihr Buch ›Les Notions Morales chez l'Enfant‹ schickte. Von allen Menschen, die ich seit meiner Flucht aus Deutschland getroffen hatte, übten die Wallons den intensivsten und nachhaltigsten Einfluß auf mich aus. Sie stellten mir die richtige geistige und soziale Nische zur Verfügung, in der ich mich niederlassen konnte, und was noch hinzukam, Professor Wallon gab mir den Anstoß zu eigenen Forschungen und bestimmte dadurch meine ganze Zukunft.

Er brachte mich auch zu weiteren Forschungsarbeiten mit anderen Ärzten zusammen. Ich besuchte die Kliniken von Dr. Gilbert Robin und Dr. Male. Beide behandelten seelisch gestörte Kinder, mit besonderer Berücksichtigung endokriner Dysfunktion, die oft Hand in Hand geht mit psychischen Schwierigkeiten. Meine Besuche einmal die Woche in beiden Kliniken und meine Arbeit in der Klinik Professor Wallons selbst vergrößerten meine Erfahrung in medizinischer Psychologie und auch das Material für meine spezielle Untersuchung.

In den letzten beiden Jahren meines Aufenthaltes in Paris konnte ich mit der Arbeitsbelastung kaum fertig werden. Ich mußte auch noch meinen Lebensunterhalt verdienen, und ich sollte mein Leben leben. Der Reichtum all dessen erstickte mich fast.

Die Art, wie ich meinen Lebensunterhalt verdiente, war ein emotionaler Stolperstein. Meine Überzeugung und mein Herz gehörten der Forschung, der Welt klinischer Erfahrung und dem allmählichen Wachsen von Ergebnissen durch das wissenschaftliche Experiment. Nur in dieser Sphäre hatte mein Geist Entfaltungsmöglichkeiten. Aber um leben zu können, mußte ich mich verstellen und auf Effekthascherei bedacht sein. Ich mußte meine Patienten befriedigen, sonst wäre mein Sprechzimmer leer geblieben. Der ständige Zwang, mit unbewußten, intuitiven Kräften zu arbeiten, vergrößerte meine Angst, die ohnehin schon schlimm genug war, und blieb nicht ohne Rückwirkungen auf meine persönlichen Beziehungen. Auch wurde ich allzu sehr vergöttert von den Berühmten und weniger Berühmten, die ich beruflich und privat traf. Irgendwo sind wir alle Snobs, und da ich eine entwurzelte Person war, bescheidener jüdischer Herkunft, fiel ich leicht in die mißliche Lage, daß ich gegen meine Überzeugung lebte. Ich fühlte mich geschmeichelt, daß Prinzessinnen, Marquisen und Grafen mich in ihre Häuser einluden. Noch mehr geschmeichelt war ich von der Freundschaft und Bewunderung Bretons, Eluards und ihres Kreises. Wahrscheinlich wurde ich unerträglich, meine Freundschaft mit Helen erhielt einen harten Schlag. Im Frühling 1935 trennten wir uns, und ich zog ins Hotel Voltaire am Quai Voltaire, von dem aus man die Tuilerien überblickte. Dort wohnte eine junge Bekannte, Sybille Bedford, die für meine Begegnung mit Maria und Aldous Huxley verantwortlich gewesen war. Maria selbst kam und ging wie ein Komet. Unser Kontakt wurde durch Briefe aufrechterhalten.

Zum Glück wurde mein Leben von dieser Trennung nicht völlig zerrissen. Meine Freundschaft mit van Etten wuchs, er half mir, soziale und religiöse Fragen mit anderen Augen zu sehen. Er war ein außergewöhnlicher Quäker, elegant in Wuchs und Bewegung, tadellos gekleidet, heiter und amüsant und so weltlich wie nur einer meiner sybaritischen Freunde. Einmal lud er mich ein, dem Quäker Meeting in der Rue de la Brosse beizuwohnen. Da sah ich ihn von seiner weltlichen Hülle befreit. Ich sah den Gefängnis-Reformer und guten Hirten all derer, die down und out waren, Flüchtlinge und andere. Ich war beeindruckt von dieser Wandlung, mit der er augenscheinlich sein wahres Selbst erreichte, aber ich fühlte mich bei dem Meeting verloren und Klaustrophobie bedrohte mich. Der Raum, in dem der Ritus stattfand, war so nackt und abstoßend wie ein Skelett. Ein großer, rechteckiger Tisch stand in der Mitte, an einer Seite flankiert von den Ältesten. Die Wände und die Fußleisten, nackt und kalt, erinnerten mich an meine Schultage. Etwa fünfzehn Leute saßen mit gesenkten Häuptern in zwei Reihen unbequemer Stühle. Nach einem langen Schweigen, das immer lastender wurde, sprang van Etten plötzlich auf die Füße, augenscheinlich aus einem inneren Drang heraus, und gab mit leiser, schneller Stimme ein paar Worte von sich. Was er sagte, konnte ich nicht verstehen, und es gab nichts, woran ich mich festhalten konnte, bis die Ältesten einander die Hände schüttelten und das Meeting vorbei war.

Ich habe mich in Frankreich nie wieder auf ein solches Erlebnis eingelassen, das mir mehr Angst als Erquickung brachte. Wahrscheinlich war ich noch zu sehr galvanisiert vom Flitter meines alltäglichen Lebens und der Vision einer großen Zukunft, um bereit zu sein für die Einfachheit der Quäker-Andacht. Dennoch war trotz meiner Abwehr ein Same gesetzt, denn ich dachte immer und immer wieder nach über die Reinheit und Integrität, deren Zeuge ich gewesen war.

In den folgenden Jahren traten die Quäker mehr und mehr in mein Leben, als persönliche Freunde und als Gemeinschaft, aber wie und wann das geschah, erzähle ich später.

Ich näherte mich den Wallons und den Quäkern noch intensiver nach meiner Trennung von Helen im Frühling 1935. Ich brauchte ihre solide Freundschaft noch mehr als zuvor.

Dasselbe Jahr sah meinen guten Stern in der Aszendenz — obwohl ich mein Zuhause verloren hatte. Maria Huxley lud mich für den Herbst 1935 nach London ein. Sie hatte erklärt, ich sollte ein Buch schreiben, zu dem Aldous das Vorwort beisteuern würde. Wir beschlossen, der größte Teil der Buches sollte aus Handdeutungen berühmter Persönlichkeiten bestehen, berühmt in den Künsten, speziell der Literatur, oder in anderen Berufen. Mein Artikel ›Les Revelations Psychologiques de la Main‹, der kurz zuvor im ›Minotaure‹ erschienen war, konnte meinen neuen ›Opfern‹ einen nützlichen Vorbegriff meiner Arbeit geben. An die meisten wollten die Huxleys herantreten, andere waren eigene Freunde oder Persönlichkeiten, deren Hände ich schon für den ›Minotaure‹ studiert hatte. Maria traf alle vorbereitenden Maßnahmen und Aldous interessierte seinen eigenen Verlag für das Unternehmen. Vor meiner Ankunft in London legte Maria schon eine Liste ihrer Freunde und Bekannten an, die ich während meines Besuchs in London begutachten sollte.

VI

Und so war das Bett für mich bereits gemacht, als ich in London ankam. Seltsamerweise erinnere ich mich kaum an die Reise, meinen Eindruck von der

Stadt oder mein Treffen mit den Huxleys. Ich erinnere nur, daß London mir wie eine Stadt in den Wolken erschien, ein Himmel, der einem zu tief über dem Kopf hing, mit gedämpften Straßengeräuschen, die angenehm waren für meine Ohren und Nerven. Maria hatte mich in Dalmeny Court untergebracht, ganz in der Nähe von Albany, wo sie wohnten.

Ich hatte eine Suite von zwei Räumen, sehr geeignet für meine Konsultationen, von denen ich meine Ausgaben bestreiten und auch eine Rücklage für Paris schaffen mußte. Eine doppelte Aufgabe erwartete mich: Leute beruflich zu sehen und die voraussichtlichen Forschungspersonen meines Buches zu kontaktieren. Das zweite Unternehmen war natürlich furchteinflößend. Ich mußte so sicher wie möglich auftreten, besonders vor den Leuten, bei deren Namen allein man sich schon wie ein geistiger Zwerg vorkam.

Die Konsultationen begannen am Tag nach meiner Ankunft. An diesem Tag ging alles gut, und auch an jedem anderen Tag meines Aufenthaltes in London. Ich fühlte mich müde von der anstrengenden Anpassung an die neue Umgebung mit ihren ständigen Höchstforderungen an meine ganze Person, aber ich hatte Erfolg, zur Freude und Genugtuung von Maria und mir selbst.

Ich aß mit den Huxleys und verbrachte meine freien Stunden mit ihnen. Diese Stunden waren allerdings keineswegs frei. Sie waren im Gegenteil vollgepackt mit Verabredungen. Maria lud entweder Freunde, Schriftsteller und Maler ein, oder sie nahm mich mit zu ihnen. Sie opferte wirklich ihre ganze Zeit, um mich in ihren und Aldous' Kreis einzuführen. Sie nahm mein neues Wagnis auf sich, als sei es ihr eigenes. Ich traf den ganzen Olymp, zu dem Huxley gehörte. Ich durchlebte dieselben Abläufe und Strukturen von Ereignissen wie immer seit meinen Schultagen, wenn ich mich in die Welt hinausbewegte.

Ja, 1935 in London geschah wieder dasselbe Wunder, und zum vierten Mal in meinem Leben. Das Schicksal liegt in uns selbst, aber wir müssen in die Welt hinaus, um es zu finden. Immer wieder wurde ich auf wunderbare Weise gerade im richtigen Moment mit wichtigen Exponenten der zeitgenössischen Kultur verbunden. Es war immer zufällig geschehen, durch eine Laune des Schicksals, die meine eigenen Kräfte zu sich selbst brachte. Ohne irgendeine Anstrengung von meiner Seite bekam ich immer wieder ungewöhnliche Gelegenheiten, mich zu zeigen und zu entwickeln.

Andererseits wurde ich auf ein unsichtbares Hindernis aufmerksam — unsichtbar für die anderen, nicht aber für mich. Ich konnte mir die Tatsache nicht verhehlen, daß ich Beliebtheit und Wertschätzung in der Welt der Auserwählten einer gefühlsmäßigen Anziehungskraft verdankte, die mein Selbst in der Schwebe ließ, oder schlimmer, verborgen in einer Ecke. Meine Vitalitätsmaschine mußte praktisch die ganze Zeit auf Hochtouren laufen. Das Ergebnis war, ich fühlte mich in einer Weise frustriert, müde, deprimiert. Wie anders hatte die Struktur meines Charakters gewirkt als ich noch in Deutschland lebte! Dort war ich Intellektuellen auf meinem eigenen Boden begegnet, wegen meiner wirklichen Verdienste und meiner Berufung.

Als Flüchtling war ich auf der falschen Seite des Zauns gelandet, in einem zauberischen Märchenland, das niemals meine eigene Wirklichkeit sein konnte. Zum Glück war ich mir darüber im klaren, und so konnte ich es als ein wunderbares Erlebnis akzeptieren, daß Güter, die mir nicht gebührten, auf mich verteilt wurden. Ich genoß jede Minute meines anstrengenden Aufenthalts in London mit seinen unvergeßlichen Begegnungen, von denen ich drei jetzt erzählen will.

Maria hatte mich über Virginia Woolfs Idiosynkrasien aufgeklärt. Wir waren überrascht und erfreut, daß sie eine Einladung zum Tee angenommen hatte, und ich wurde einer schönen, ziemlich arroganten Frau vorgestellt, die in Abwehrstellung gegen alles und jeden zu sein schien. Ganz plötzlich wendete sie sich an mich: »Und Sie glauben wirklich, daß an Ihrer Handleserei etwas dran ist?« Kein bißchen verunsichert antwortete ich fest: »Ich glaube es nicht, ich weiß es.« Das Eis war gebrochen; Virginia Woolf betrachtete mich erstaunt, und ich denke, mit Respekt.

Maria ergriff die Chance zu näherem Kontakt, bevor sie verschwand und schlug vor, ich sollte Virginia Woolfs Hände sofort in Augenschein nehmen, so daß sie selbst sehen könne, ob meine Statements wahr oder falsch seien. Maria gab vor, dringend einkaufen zu müssen, und verließ den Raum. Jetzt war ich dran. Es war seltsam: nach allem was ich über ihre hyperkritischen und zynischen Attitüden, die Sorgfalt, mit der sie behandelt werden müßte usw., gehört hatte, fühlte ich mich mit Virginia Woolf frei und leicht. Wir saßen am Fenster des Huxleyschen Wohnzimmers, und ich starrte durch mein Vergrößerungsglas auf ihre Handteller und -rücken. Es nahm uns völlig gefangen, und wir merkten gar nicht, wie eine Stunde verging. Maria war zurück, und ich hörte auf zu reden und V. W. hörte auf, Fragen zu stellen. Ich hatte ihr Interesse wecken können. Sie schien erstaunt, wieviel ich ihr über ihre Gesundheit und ihren Charakter sagen konnte, und wie befriedigend ich ihre Fragen beantwortete. Es muß so gewesen sein, denn sie gab mir nicht nur die Erlaubnis, eine Analyse ihrer Hände in meinem zukünftigen Buch zu veröffentlichen, sie lud mich auch zu sich nach Tavistock Square ein.

Ich freute mich ungeheuer, daß ich in ihre eigene Umgebung vordringen durfte. An einem Sonntagnachmittag fand ich mich bei ihr zum Tee ein. Maria hatte mich vor ihrer Neugier für das Leben anderer Leute gewarnt, die ja so entscheidend ist für einen Schriftsteller. Es machte mir nichts aus, ihr alles über mich zu erzählen, was sie wissen wollte. Nach meiner Selbstdarstellung wollte sie, daß wir uns Rücken an Rücken setzten, was es ihr leichter machen würde, über einige Probleme zu reden, zu denen sie meinen Rat brauchte. Es war wunderbar, in die Luft zu reden dos à dos, wie in einer psychoanalytischen Sitzung. Ich riet ihr, zur Entspannung einfache manuelle Tätigkeiten auszuüben, wie zum Beispiel Stricken. Ich weiß nicht, ob sie meinen Rat annahm, aber sie sah den springenden Punkt. Wir verbrachten eine lange Zeit zusammen, und es war schon dunkel, als ich ging. Beim Weggehen bemerkte ich, daß ich meine Aktenmappe vergessen hatte und kehrte um. Sie stand vor der Tür, den vermißten Gegenstand in der Hand, und wir verabschiedeten uns noch einmal voneinander. Es war ein seltsamer Abschied. In dem vergehenden Licht sah sie sehr groß und ätherisch aus, und plötzlich machte sie mit ihrem rechten Arm eine weite Geste und sagte mit leiser, entsetzter Stimme: »All diese Menschen, die vorübergehen, alle diese Menschen, die vorübergehen.« Tatsächlich waren viele unterwegs auf den Trottoirs und den Plätzen. Ich habe die Worte und den Ton ihrer Stimme nie aus dem Gedächtnis verloren. Sie meinte sie in einem Sinn, den nur sie selbst verstand, aber ich hörte ihre Einsamkeit, ihre Angst verlorenzugehen, heraus. Als sie mir noch einmal zuwinkte, schien sie schon so weit fort. Ich habe sie nie wieder gesehen.

Ein übergroßer Ire, Bernard Shaw, setzte sich eines Tages mit Aldous, Maria und mir zum Essen hin. Es war in der Kellerküche, die zu Huxleys Wohnung gehörte. Es war mutig von Maria, Shaw um Handabdrücke zu bitten. Ich erinnere mich an niemanden, der ihr nein sagen konnte. Da saßen wir, und ich fühlte mich wirklich zu Tode erschreckt. Es ging mir auch nicht besser, als Shaw mit glühenden Worten von seiner Reise nach Rußland sprach, so als habe er das Paradies gesehen. Seine Eindrücke schienen mir einseitig, und ich glaube, den Huxleys ging es ähnlich. Ich fragte mich, welcher Teil des Berichts Überzeugung, welcher Show war. Es schien unmöglich, mit diesem Ironiker Kontakt aufzunehmen, mit diesen amüsiert glänzenden Augen, diesen sanft herablassenden runden Lippen. Ich kam nicht hinter die Fassade. Mein Eindruck war, Shaw konnte keinen Kontakt zu Menschen herstellen, er war eine abgeschlossene, eingeschlossene Person, ziemlich starr von der schweren Maske, die er tragen mußte und nicht abzunehmen wagte. Wenn er stand, war ich schon allein von seiner Größe überwältigt. Man mußte den Kopf zu ihm heben, und bei diesem Vorgang verschloß man sich in sich selbst. Er war so leutselig, mich meine Arbeit an seinen Händen machen zu lassen, stellte aber nur Fragen wie diese: »Tun Sie sonst noch was außer Handlesen?« »Ja«, antwortete ich, »ich bin Doktor der Medizin.« Die ty-

pische Antwort: »Um so schlimmer, um so schlimmer.«
Danach taute er plötzlich auf und erzählte, seine Frau
sei einmal von einer Hand-Wahrsagerin sehr beeindruckt gewesen und sagte immer, man könne nie
wissen, wieviel Wahrheit vielleicht in der Hellseherei
läge. Ich versicherte, daß ich weder Hand-Wahrsagerin
noch Hellseherin sei.

Mein Aufenthalt in London näherte sich seinem
Ende, als Maria mich mitnahm nach Gower Street zu
Mr. Philipp und Lady Ottolina Morell. Lady Ottolina
hatte uns eingeladen, weil sie mich sehen wollte. Sie
hatte von dem Interview mit Virginia Woolf gehört.
Maria schlug vor, auch ihre Handanalyse in das Buch
mit aufzunehmen, und so hatten wir einen Grund hinzugehen. In dem Augenblick, wo ich Lady Ottolina sah,
vergaß ich alles über mich selbst und mein Buch, so
sehr war ich von dem ersten Eindruck ihrer phantasti-
schen Persönlichkeit ergriffen. Sie empfing mich mit
ausgestreckten Armen, umarmte mich fast; dieses Bild
ist mir im Gedächtnis geblieben. Bei der Handanalyse
war sie sehr entgegenkommend; sie war die erste von
allen Personen, die ich in London getroffen hatte, bei
der mehr als das Interesse am Interessanten ins Spiel
kam. Ich hatte eine persönliche, fast emotionale Beziehung zu ihr, die sie voll und ganz erwiderte. Freundschaften auf den ersten Blick sind vielleicht selten,
aber damals passierte es mir. Mit dem ersten Blick sah
ich ihre überwältigende Großherzigkeit und ihre Anteilnahme an Menschen und menschlichem Verhalten.
Was sie sah, weiß ich nicht, aber es muß etwas gewesen sein, von dem sie mehr erfahren wollte, denn auf
ihre Einladungen hin besuchte ich sie jeden Tag meiner verbleibenden Woche in London. Sie fragte nach
meiner Arbeit, aber das war nur eine Seitenlinie unserer Unterhaltung über Religion, menschliche Beziehungen und unser aller Einsamkeit. Ihre Beschreibun-
gen von Künstlern, die sie in der Vergangenheit getroffen hatte oder immer noch traf, faszinierten mich
durch die Einsicht, die Einfühlung und Intelligenz, die
sie bewiesen. Sie erzählte mir von ihrer Freundschaft
mit Nijinsky und ihrer Bewunderung für ihn und
zeigte mir ein kleines Porträt, das sie wie einen Talis-

man aufbewahrte. Sie erzählte von vielen der Leute, die ich durch die Huxleys getroffen hatte, und mit besonderer Aufmerksamkeit und Anteilnahme von Virginia Woolf. Und es war kein Klatsch: es war eine aufgeklärte, aufklärende Beschreibung von Leuten, deren Dasein und Leistung die intellektuelle und schöpferische Welt unserer Zeit verändert hatte. Ich bemerkte, wie sie mich voller Zuneigung betrachtete und eine Fortführung der Beziehung wünschte, die schon eine Freundschaft zu werden begann.

Sie hatte noch mehr zu geben, als ihr jetzt möglich war, trotz ihrer vielen Freunde und des Kreises von Künstlern und Schriftstellern um sie herum. Sie gestand mir, und ich konnte die Wahrheit fühlen, daß sie eine einsame Frau war, sehr schüchtern und unbefriedigt in fast allen ihren Beziehungen.

Als ich aus London fort war, schrieb sie mir viele Briefe und schickte mir Geschenke, darunter eine deutsche Bibel. Wie Maria sah sie mich, wie ich war, und liebte mich auch so — und das war das schönste Geschenk. Bei meinen Besuchen und in ihren Briefen sprach sie oft von der Enttäuschung durch ihre Freunde und von der Erschöpfung, die aus dem Mangel an Resonanz resultierte. Trotz ihres inneren Reichtums und ihrer glücklichen gesellschaftlichen Position blieb Lady Ottolina ihr Leben lang unausgefüllt und auf der Suche.

Mit dieser neuen Freundschaft ging mein Besuch in London seinem Ende entgegen. Ich hatte so viel erlebt, daß ich Lust hatte, mich für eine Weile in einer Wüste zu verkriechen, um nichts zu sehen, nichts zu hören, und vor allen Dingen, um nichts sprechen zu müssen. Unabhängig von den Leuten, die ich bisher erwähnt habe, war ich in die Büros von Faber und Faber geweht worden; war entzückt gewesen vom Charme Osbert Sitwells, vom Geschmack und der Eleganz seines Hauses in Carlyle Square; und so fort ... Mein Krug war, wie gewöhnlich, bis zum Rande gefüllt.

Wenn man in zwei Welten gleichzeitig lebt, so hängt man zwischen zwei Stühlen — eine gefährliche und unbequeme Situation. Zurück in Paris wirkten meine Forschungen und meine Freundschaft mit den Wallons dieser Gefahr entgegen, schalteten sie aber nicht völlig aus. Nach meiner Rückkehr aus London ereignete sich ein seltsamer Vorfall, der fast symbolisch meiner Lage entsprach.

Meine amerikanische Freundin Paula holte mich am Gare du Nord ab, und während wir in einem Restaurant zu Abend aßen, bewachte sie meinen Mantel, ein vom Schneider gefertigtes Kleidungsstück von hübscher blauer Farbe, das mir besser paßte und stand als je ein anderes Stück. Sie brachte es fertig, den Mantel zu verlieren, und wir fanden ihn nicht wieder. Ich regte mich im Moment nicht weiter auf, aber am nächsten Tag nahm der Verlust dieses Dinges, das etwas von mir selbst war, den Charakter eines bösen Omens an. Ich war um die schöne und schützende Bedeckung gebracht, in der ich mich zu gleicher Zeit verbergen und zu meinem Vorteil zeigen konnte. Kleider werden ein Teil von uns; je mehr wir sie lieben, desto mehr geben wir ihnen unsere Form. Eine einhüllende, dekorative Haut schien mir gestohlen. Meine Freundin fühlte sich schuldig. Sie gab mir einen schwarzen Mantel von sich, der häßlich war und die falsche Größe hatte. In dem Ersatzstück fühlte ich mich völlig unbehaglich. Obgleich ich mir bald einen neuen Mantel kaufte, gewann ich das alte Gefühl nicht wieder zurück; ich habe es nie wiedergefunden, bei keinem der Mäntel, die ich seither getragen habe.

Die Furcht, die der Verlust auslöste, war die vor einer undeutlichen, unfaßbaren Gefahr. Ich trieb meine Aktivitäten voran wie zuvor und arbeitete noch zusätzlich an meinem Buch. Da der Verlag zur Eile drängte, mußte es auf deutsch geschrieben werden. Das erleichterte die Komposition, vergrößerte aber meine nervöse Spannung, deren Ursache in meiner Allergie gegen diese Sprache lag. Die Übersetzung war ein Problem, dessen Lösung Maria übernahm. Es verursachte ihr viel Angst und Sorge, und das wiederum hatte zeitweise negative Rückwirkungen auf unsere Freundschaft. Das Buch, ›Studies in Hand Reading‹, mit einem Vorwort von Aldous Huxley, wurde Ende 1936 veröffentlicht und war kein Erfolg.

Nach einer Episode mit dem gestohlenen Mantel

veränderte sich auch meine Freundschaft mit der jungen Amerikanerin, und das vergrößerte mein Unsicherheitsgefühl. Paula hatte Stärkung und Entspannung für mich bedeutet. Sie war völlig verschieden von meinen anderen Freunden. Sie redete nicht, wenn man sie nicht dazu trieb; ihr Freiheitssinn war so groß, daß sie gegen alles eine unkonventionelle Haltung einnahm, ihr eigenes Gefühlsleben eingeschlossen. Sie sah eindrucksvoll, groß, schlank und muskulös wie ein Junge aus. Obgleich sie nicht schön war, nicht einmal hübsch, fielen Männer und Frauen auf sie, und sie machte guten Gebrauch von ihrer Attraktivität. Wenn sie etwas sagte, so war es ein Erlebnis, ihr zuzuhören. In keiner Weise intellektuell, schienen ihre Worte immer den Nagel auf den Kopf zu treffen und mehr als eine angeborene Klugheit zu enthalten. Sie überraschte mich immer wieder, besonders durch ihr intuitives Begreifen und ihre Interpretation menschlichen Verhaltens. Es war nicht nur ihre eigene Weisheit, die mich faszinierte, sie vermittelte auch das Wissen und die Einsicht der Gurdjew-Sekte, zu der sie gehörte und die der Mittelpunkt ihres Lebens war. Ich hatte schon viele bekannte Schüler des sonderbaren Meisters getroffen, darunter Solita Solano, und die Informationen, die ich über die Bewegung, oder, wie es hieß, ›Das Werk‹ bekam, verwirrten und ängstigten mich zugleich. Eine Zeitlang hatte sich Jane Heap für mich interessiert, — später Gurdjew-Lehrerin in England. Solita Solano und Paula drängten mich, mich dem Kreis anzuschließen und gaben mir die Adresse des Mannes. Ich hatte nicht nur von den Schocks gehört, mit denen die Schüler zum Bewußtsein ihrer selbst und anderer gebracht wurden, sondern auch von den Banketts in Gurdjews Haus, die mit starken Drinks bis zum Morgengrauen dauerten, Spezialität: riesige Gläser voll Armagnac. Die langen, ziemlich ausschweifenden Gastmähler machten mir Angst. Das erzählte ich Paula; sie schlug vor, mir den Meister zur Probe einmal anzusehen, er speiste jeden Tag zur gleichen Stunde im Café de la Paix.

Ich kompromittierte mich nicht, behielt die Idee aber im Bewußtsein. Auf dem Zettel mit Gurdjews Adresse fand ich die Bleistiftzeichnung einer Oktave, eines wichtigen Symbols seiner Lehre. Paula hatte mir dazu erklärt, wir durchliefen alle immer wieder dieselbe Struktur, dieselbe Oktave, bis wir oder bis wir nicht die nächste erreichten — durch einen Schock. Ohne Schockerlebnis sei keine Entwicklung möglich. Schon wegen dieser Information fühlte ich mich in ihrer Schuld.

Ich glaube nicht, daß es für irgend jemanden möglich ist, ein völlig neues Leben zu beginnen. Die Struktur unseres Lebens ist durch unser Selbst und unsere Konstitution festgelegt. Eine totale Veränderung würde die Identität zerstören, und das bedeutet das Ende eines Menschen.

Ja, ich kam in meinem neuen Leben voran — durch die Wohltat des Schocks. Denn er war eine Wohltat. Das Glück stand auf der Seite meiner inneren Entwicklung und meines schöpferischen Fortschritts. Meine Struktur enthielt die wichtigsten Elemente der alten, aber sie hatte sich erweitert und neue Formationen in sich aufgenommen. Aus der gegebenen Substanz mußte ich eine neue, komplexere Kombination herstellen, indem ich neue Elemente hinzufügte. Das neue Produkt schien vielschichtiger und schmackhafter zu sein als das alte. Abgesehen von dem neuen Pfad der Wissenschaft war ich mit neuen und alten Freunden verbunden worden, und alles zusammen hob mich auf eine Existenzebene, die mir ohne den Schock unbekannt geblieben wäre. Und außerdem gab es noch die neue Sprache und die Schönheit Frankreichs, um mir Leben zu geben. Der Konflikt zwischen zwei unvereinbaren Lebensweisen jedoch blieb, eine nagende Sorge viele Jahre lang.

Ich kam ziemlich müde und kaputt aus London zurück und nahm mir vor, mich nie wieder solcherart zu verausgaben. Nicht einmal Lady Ottolinas Freundschaft und Marias Hingabe an meine Arbeit konnten mich über das schlechte Gewissen hinwegbringen, das ich bei meinen Handdeutungen hatte, weil diese Deutungen weit hinter dem Stand meiner Forschungen zurückblieben. Es erniedrigte mich, daß ich in meiner Arbeit die falsche Sprache sprechen mußte zu dem nützlichen Zweck, damit meinen Lebensunterhalt zu verdienen. Diese falsche Sprache verminderte den Wert und das Vergnügen meiner Begegnungen mit Künstlern und Schriftstellern. Trotzdem war ich mir der reichen Ernte bewußt, die ich in der kurzen Zeit meines Flüchtlingsdaseins eingebracht hatte. Die Wirkung kreativer Geister hat, selbst im Zwielicht ungünstiger Umstände, Spuren in meinem Innern hinterlassen. Der Preis war: die Unterdrückung eines Teils meines Selbst.

Ich hätte die Belastung einer falschen Position nicht ausgehalten ohne die Solidarität einiger Freunde. Als erste waren da Helen und ihr Sohn, die ›Familie‹ für mich bedeuteten; und nachdem wir uns getrennt hatten, füllten Baladine und Pierre Klossowski die Lücke. Ich muß von Baladine erzählen, die unvergeßliche Mutter zweier großer Männer und selbst eine sehr begabte Künstlerin. Sie ist mir sogar noch nähergekommen, als ich Paris in den späten Vierzigern und Fünfzigern wiedersah. Baladine, die Freundin Rilkes, war Malerin und Jüdin und eine Frau von auffallender Gegensätzlichkeit der Reaktion: sie konnte in den Himmel der Poesie aufsteigen, in Erinnerungen an den Mann, den sie am meisten geliebt hatte in ihrem Leben, Rainer Maria Rilke, und im nächsten Moment mit einem Schlag wieder zur Erde zurückkehren und sich wütend über die Ungerechtigkeiten der Gegenwart beklagen, oder aber in die Küche rennen und ein Essen machen. Diese beiden Seiten ihres Wesens, so nahe verbunden wie eineiige Zwillinge, faszinierten und beruhigten mich. Ich erkannte, daß diese Mischung, unvereinbar in jedem anderen Typus, in den jüdischen Charakter prächtig paßte. Ich liebte sie wie eine Schwester und erlag ihrem Zauber. Wir saßen stundenlang zusammen, lasen unveröffentlichte Gedichte Rilkes oder Briefe von ihm. Ihr kleines Zimmer, voll von Kunstgegenständen und eigenen Malereien, enthielt die Welt, die ich kannte und zu der ich gehörte. Sie betrachtete mich so, wie es richtig war — wie alle von uns betrachtet werden sollten —, als die Kreatur, die ich war, als ein Individuum, als ein fertiges menschliches Wesen. Tag für Tag wurden Ereignisse, Klatsch und alles von uns durchgekämmt, mit Gelächter und Ernsthaftigkeit, mit Zustimmung und Abwehr.

Die Wallons, van Etten, Baladine und Pierre Klossowski stellten das Gleichgewicht meiner gespaltenen Existenz wieder her.

Der Schock führt zur Integration neuer Elemente in das Gerüst unseres Lebens. Meine eigene Erfahrung hat die Wahrheit dieser Annahme bestätigt. Aber ich weiß jetzt auch, daß Fortschritt Hand in Hand geht mit einer Art Regression. Das klingt widersprüchlich, aber ich frage mich, ob es sich nicht in Wirklichkeit um ein Naturgesetz handelt. Die Psychologie lehrt uns, daß Verlust und Entwurzelung entweder von Depression oder von Regression begleitet sind, meist von beiden. Ich bin mit 43 in die experimentelle Phase des Lebens zurückgeworfen worden und nahm dazu die verschiedenartigsten Beziehungen auf. Wieder war ich auf der Suche nach dem ›Wunderbaren‹. Ich wurde mit Leuten bekannt, die ich sonst nie gesucht hätte. Zu gleicher Zeit entdeckte ich ein neues Interesse an spirituellen Ideen, und das ist natürlich eine progressive Entwicklung. Wahrscheinlich suchte ich eine Religion ohne Kirche. Mein Interesse für die ›Society of Friends‹ rührte daher, und die Aufmerksamkeit, mit der ich den Schülern Gurdjews zuhörte, ging auf dasselbe Bedürfnis zurück.

Das Bedürfnis nach Religion gehört zur menschlichen Ausstattung, obgleich brennendes Leid der Hebel und beste Ansporn für die Suche nach einem spirituellen Leben zu sein scheint. Ein Rückfall in frühere emotionale Gewohnheiten, verbunden mit intensivem Leiden, könnten den Fortschritt spiritueller Entwicklung unterstützen. Gurdjews Lehre schien mir im Einklang zu stehen mit den Lehren der großen chinesischen Weisen, deren Schriften ich mit siebzehn gierig verschlungen hatte.

Ich brachte es nicht über mich, Gurdjew zu besuchen wegen meiner Angst vor seinen Schock-Praktiken und den Festen; sie waren Teil seiner Methode, den Schüler aus seinen mechanischen Reaktionen herauszuschlagen und ihn zum Bewußtsein seiner selbst und anderer zu bringen. Ich glaubte, daß die Herausforderung, außer-

gewöhnlich viel zu essen und zu trinken, ein wohlbe-
rechneter Schlag in den Magen war, mit dem Ziel der
Selbsterkenntnis. Intellektuell war ich beinahe überzeugt von Gurdjews Heilpraxis, aber emotional ging
es nicht. Nichts allerdings hinderte mich, den Meister
einmal in Augenschein zu nehmen, wie Solita Solano
und Paula es vorgeschlagen hatten.

An einem Frühlingstag 1936 folgte ich ihrem Rat
und ging zum Essen ins Café de la Paix, zu der Stunde,
wo Gurdjew immer da war.

VII

Ich erinnere mich noch an die Position meines Ti-
sches und an das dämmerige Licht in dem weiten
Raum. Ich nahm links in der Ecke nahe dem Fenster
Platz, doch tauchte niemand, der der Beschreibung
Gurdjews entsprach, in dem fast leeren Café auf. Als
ich mit dem Essen fertig war und mich umsah, bemerkte ich in der Ecke, schräg gegenüber von meinem Tisch,
einen Giganten von Mann, der sich dort gerade nieder-
ließ. Das war er. Sein Kopf war so kahl wie eine Bil-
lardkugel und zu klein im Verhältnis zu seinem Körper. Ein enormer Schnurrbart à la King Edward hing
von seiner Oberlippe herab. Aber das Auffallendste
an diesem monströsen Menschen waren die Augen.
Ich konnte einfach nicht wegsehen. Sie schienen niemanden anzusehen, schienen nicht einmal in der Gegend herumzublicken, übten aber eine hypnotische
Kraft aus. Sie gaben mir ein Gefühl von Panik und
starker Antipathie, so sehr, daß ich keine Minute länger mit diesem Mann im selben Raum bleiben konnte.
Hals über Kopf rannte ich hinaus. Draußen auf der
Straße verlangsamte ich meine Schritte und ging bewußt gemächlich, um mein Herzklopfen und meine
zittrigen Füße zu beruhigen. Ein Gefühl von Klaustrophobie ließ mich den ganzen Tag nicht los, und ich erklärte Solita und Paula, daß es ausgeschlossen war für
mich, je etwas mit Gurdjew zu tun zu bekommen.

Wir alle sind auf der Suche nach dem Wunderbaren; dem inneren Frieden. Ich habe über ihn nachgedacht, ihn gesucht, seine Voraussetzungen mit Freunden und Lehrern diskutiert. Frieden ist ein Nebenprodukt, sucht man ihn, muß man nach anderen Bedingungen Ausschau halten, die noch nicht er selbst sind, aber aus denen er vielleicht hervorgehen könnte. Genauso ist es mit dem Glück — Glück und Frieden sind in der Tat austauschbar. Der Mensch darf nicht erwarten, daß Frieden und Glück plötzlich unvorbereitet aus einer Ecke seines Lebens hervorspringen, ohne daß er in sich selbst hineingeschaut und die Struktur begriffen hätte, auf der das Gebäude seiner psychischen Existenz steht.

Ich habe dieses Buch ›Innenwelt und Außenwelt‹ genannt, aber ich hätte ihm genauso gut den Titel ›Auf der Suche nach meiner Identität‹ geben können. Und hier liegt die Crux: Identität ist die erste Voraussetzung für ein Leben in Frieden. Oft bedarf es lebenslanger Suche, um sich ihr nur anzunähern. Eine Identität zu finden jedoch, die das ganze Sein durchdringt, ist eine nur wenigen Menschen gewährte Gunst. Ich habe mich nie mit meinem sozialen und beruflichen Status identifizieren können. Das eindringlichste und erhebendste Gefühl von Identität, das mich zur Einheit mit mir selbst erhob, erlebte ich durch schöpferische Arbeit, zuerst als ich Lyrik schrieb, dann als ich an der Schwelle neuer wissenschaftlicher Entdeckungen stand.

Das Gefühl persönlicher Identität braucht als Verstärkung und background die kollektive Identität. Beide habe ich seit meiner Studentenzeit in Deutschland immer gesucht.

Ich will zuerst von der persönlichen Identität sprechen, denn dabei kommt der vitale Kern unserer Psyche zutage: das Selbst. Jeder Mensch muß jeden Versuch unternehmen, sein Identitätsbewußtsein zu erproben und zu stärken. Ist die Identität stark, kommt alles wie von selbst auf einen zu; ist sie schwach, fühlt man sich labil, kraftlos und von anderen abhängig wie ein Kind. Alles kreist um das Innerste, den Kern des Seins, das Selbst — so wie die Erde um die Sonne kreist. Die Verbindung von Körper und Geist, auch menschliche Psyche genannt, ist ein Mikro-Universum, in derselben Form gegossen wie das kosmische Universum. Ich habe nie einsehen können, daß die ›Seele‹ eine der Körper-Geist-Einheit hinzugefügte dritte und unabhängige Größe sein soll. Wir müssen auf unsere innere Sonne achten, auf unser Selbst, genauso jedoch auf unsere innere Erde, denn alles wächst aus ihr: Emotionen, Instinkte und, verwoben mit ihnen, Phantasie und Intellekt.

Konrad Lorenz hat mit seinen Forschungen über tierisches Verhalten und seine menschliche Relevanz großen Einfluß auf mich ausgeübt. In seinem Buch ›Das sogenannte Böse‹[1] hat er sehr überzeugend auf das ›Revier‹-Problem und seine Bedeutung für das menschliche Leben und die Psychologie hingewiesen. Er hat gezeigt, daß Aggression nicht ein primärer Antrieb ist, sondern ein zusätzlicher, der zur ›Revier‹-Verteidigung nötig ist. Mit unserem Verlangen nach Platz leben wir alle in der Arche Noah unserer Erde. Mensch und Tier brauchen dieselbe Bewegungsfreiheit, sonst zerstören sie sich gegenseitig. Je mehr wir zusammengepfercht sind, desto lebenswichtiger werden die Erkenntnis der Identität und der Kampf um sie. Lorenz hat nichts mit Identität zu tun — sie liegt jenseits der Wasserscheide, die Mensch und Tier trennt. Was ist Identität? In Freiburg habe ich außer Medizin noch Philosophie studiert, bei Husserl und Heidegger. Dank dieser beiden Lehrer der Phänomenologie habe ich nie einen Begriff oder eine Beschreibung als gegeben hinnehmen können, ohne nach dem Ursprung der eidetischen Bedeutung zu suchen. In den Zwanziger Jahren habe ich das trainiert, was heute Existentialismus heißt. Die phänomenologische Bedeutung von Identität, die ich jetzt zur Diskussion stelle, stimmt

---

[1] Konrad Lorenz: Das sogenannte Böse. Zur Naturgeschichte der Aggression. Wien 1963.

vielleicht nicht mit den gängigen Meinungen überein. Identität ist das Gefühl von Einzigartigkeit, von einer einzigartigen Individualität, die nicht umgeändert oder ersetzt werden kann. Identität ist eine eigene Währung, aber man kann sie im Verkehr mit anderen nicht gebrauchen. Identität ist unser größter Schatz, denn sie gibt uns das Bewußtsein unseres Selbst, das immer intakt, unberührt und für andere verborgen bleibt. Sogar unser eigener Blick ist beschränkt. Wir müssen uns in einem Zustand der ›Gnade‹, der Bewußtheit befinden, der nur in besonderen Augenblicken, in der absoluten Ruhe der Kontemplation erreicht wird. Wenn eine Seele existiert, so nur aufgrund unseres Identitätsbewußtseins, das das Selbst widerspiegelt. Aus diesem Grund allein ist Identität möglicherweise der Prüfstein der Ewigkeit. Identität kann mit keiner anderen Person geteilt werden, so nahe sie einem auch sein mag: sie ist die Kraft, die einem Halt gibt gegenüber den Stößen anderer, gegen höhere Schicksalsgewalt oder eigene emotionale Schwächen. Identität führt zu jenem geheimen Ort der Psyche, den die großen Religionen des Ostens meinen, wenn sie uns lehren, in uns selbst zu gehen und das Selbst zu schauen. Sie sprechen von der Stahlkraft des kosmischen Selbst, das unterhalb des Vorbewußten und des Unbewußten liegt. Die Quäker, und andere Christen auch, nennen es das Licht in jedem Menschen, den Gott in uns selbst.

Obgleich ich nicht an Gott glaube, glaube ich an Identität, die das unberührbare, unverwechselbare Selbst reflektiert. Das Selbst und das Identitätsbewußtsein sind die Essenz des Menschen; Temperament, Charakter und Instinkte sind nur Attribute. Das Selbst und die Identität scheinen mir wirklich die einzigen Waffen gegen menschliche Schwierigkeiten, Konflikte und Aggressionen zu sein. Der Revieranspruch kann Tiere aus uns machen, und Schlimmeres als Tiere: grausame menschliche Wesen.

Der Revieranspruch ist der äußerste und stärkste instinktive Antrieb von Mensch und Tier. Die Welt ist schon zu voll, wir kämpfen alle um Platz. Hätten wir kein Selbst, würde uns dieser Kampf zerstören. Das Identitätsbewußtsein ist die Lampe und der Führer in fremde Gebiete — von denen eines nur vom Menschen bewohnt wird: der innere Raum. Der innere Raum entsteht durch die Verlagerung des kinästhetischen Sinns, des Sinns für Bewegung, in das Gebiet des Geistes. Der innere Raum gründet sich auf den Rhythmus der Phantasie, mit dem wir emotional und geistig einatmen und ausatmen. Niemand versteht mehr von der Innenwelt als kreative Menschen; denn sie ist ihre Arbeitswelt, bevor sie die Schatten, Rhythmen und Formen, die dort entstehen, in der Außenwelt ausdrücken können. Die Innenwelt ist während der Gehirnwäsche, die Erziehung und andere Einflüsse uns auferlegen, vielen Angriffen ausgesetzt. Das Identitätsbewußtsein ist die einzige Waffe, die wir besitzen, um das Eigene in unserer Innenwelt zu bewahren, um es isoliert und am Leben zu erhalten.

Wenige Menschen haben ein Bewußtsein ihrer Innenwelt, denn die meisten leben aus zweiter Hand. In dem Augenblick, wo eine Bewegung oder ein Ausdruck mechanisch wird, geht die Innenwelt verloren. Sie schrumpft zu nichts zusammen. Leben wir aber in diesem gesegneten Bereich, so läßt die Imagination in uns ein kreatives Leben entstehen, in dem jedes Wort und jede Geste ihre wirkliche Bedeutung annehmen. Man muß in sich selbst leben und atmen und auf die Imagination achten, die, indem sie zum Beispiel die Bedeutung eines Wortes oder alle Implikationen einer Geste oder einer zweckbezogenen Bewegung ausmalt, diese Ausdrücke neu schafft. Ich habe das bei schöpferischen Menschen wie Aldous Huxley, Walter Benjamin, André Breton und Paul Eluard immer wieder in vollem Umfang beobachten können.

Vollkommen in der Innenwelt zu leben ist ein Ideal, das sich absichtlich und willentlich nicht erreichen läßt. Diejenigen, die es erreicht haben, standen unter einem günstigen Stern. Es ist eine Frage der Gnade, ein Geschenk.

Aggression und Liebe: ich setze Aggression an die erste Stelle, nicht weil sie eine notwendige Bedingung für inneren Frieden ist (das wäre unsinnig), sondern weil sie ein Trieb ist, der sorgfältig geprüft und genau verstanden werden muß, damit wir fähig werden, mit ihm umzugehen. Auch Aggression ist mit Liebe gekoppelt. Sie ist die andere Seite derselben Münze. Die wildeste Aggression kann aufflammen zwischen Menschen, die einander lieben.

Lorenz hat festgestellt, daß Tiere, besonders Anthropoiden, nicht von Natur aus aggressiv sind. Sie werden es erst, wenn ihr Revier von Überbevölkerung bedroht ist. Das bedeutet: Aggression ist die natürliche Folge eines berechtigten Gebietsanspruchs.

Liebe ist immer irgendwie besitzergreifend. Man möchte der Person sicher sein, die man ins eigene Leben einfügen will. Besitzansprüche zu stellen, ist die unabdingbare Folge davon. Von Freiheit zu reden, die man seinem Partner geben möchte, hat nur dann einen Sinn, wenn schon eine starke, nicht zu bedrohende gefühlsmäßige Bindung da ist. Viele Menschen schlingen sich in emotionale Knoten ein, indem sie Ideen und Idealen von Liebe nachhängen, die nicht wahr sind.

Eifersucht in der Liebe oder im Konkurrenzkampf ist der Boden, auf dem Aggression gedeiht. Ein anderer kämpft um den Platz, den wir besetzen wollen. Ob beruflich oder privat, immer streiten sich die Menschen um einen Platz zum Leben. Wir leiden unter der Überbevölkerung von der Geburt bis zum Tod. Aggressionen entstehen, wenn das Revier, der eigene Bereich bedroht ist, sei es nun räumlich, beruflich oder emotional. Wir können es nicht ändern.

Aggression ist ein sekundärer Antrieb, denn er ist von Natur aus defensiv. Er verstärkt sich bei drohendem Verlust. Es scheint, als sei Aggression der Feind des inneren Friedens par excellence. Aber die menschliche Psyche ist seltsamer Umschaltungen fähig. Aggression zum Beispiel, obgleich unverändert in ihrem Wesen, kann sich in verfeinerte Energie verwandeln, die die Geschwindigkeit, mit der man ein Ziel verfolgt, erhöht, und das Rennen zu einer spannenden Selbstbestätigung macht. Wir alle zehren ununterbrochen vom aggressiven Instinkt und seinen Sublimationen, außer wenn wir in völliger Geistesruhe meditieren oder wenn wir uns in Harmonie mit einer geliebten Person befinden. Die vollkommene Harmonie mit einem anderen Menschen hat den inneren Frieden zur Voraussetzung. Aggression ist die Kehrseite der Liebe. Wir halten es nie lange auf einer Seite aus. Schon meldet sich die andere Seite zu Wort, das ist die Natur des Menschen, nicht etwa die Natur der Liebe. Auf Dauer ist auf emotionale Beziehungen kein Verlaß. Liebe, ob zwischen Liebenden oder Freunden, kann die Unsicherheit des Gefühls nicht ausschalten. Die sogenannte platonische Liebe ist ein Mythos, denn sie ist nichts als eine Form des Narzißmus. Nur Menschen, die nicht lieben können, sind mit so einem Notbehelf zufrieden.

Da Liebe und Aggression untrennbar sind und da der Mensch ungesichert ist in seiner Beziehung zu anderen Menschen, sucht er nach einer Befriedigung seines seltsamen Verlangens, nach Dauer. Er wendet sich den Sternen zu, dem Himmel über ihm und dem Geheimnis ihrer Entstehung. Von da ist es nur ein Schritt zum Glauben an eine ewige Macht, die alles geschaffen hat, und der man den Namen Gott gegeben hat. Die Menschen brauchen ›Gott‹, um sich sicher zu fühlen. Der Glaube an Gott, der Liebe ist, ist ein weiterer Schritt vorwärts auf der Suche nach einem Felsen, auf dem man bauen kann. In der materiellen und in der emotionalen Welt kann nichts ohne Liebe existieren, und Liebe ist auch das Fundament der Kreativität des Menschen und ihrer Produkte. Menschliche Beziehungen, ob sie nun intim oder äußerlich sind, verdorren, wenn sie nicht von gutem Willen, Einfühlung und Sympathie, den feinen Fühlern der Liebe, beseelt sind. Wir sind abhängig von der Liebe und der Hilfe anderer, obgleich aufgrund unserer ambivalenten Natur auf Beständigkeit dieser Gefühle kein Verlaß ist.

Anhänger der monotheistischen Religion lösen das Dilemma dieser Ambivalenz durch ihre Verhaltenslehren. Christen gehen sogar noch einen Schritt weiter, wenn sie den Versuch machen, Jesus zu folgen, der sogar seine Feinde immer lieben konnte. Humanisten glauben, daß sie den Störfaktor negativer menschlicher Emotionen mittels unumstößlicher ethischer Werte ausschalten können.

Offensichtlich sind die beiden Sterne Liebe und Religion die einzigen Führer zu innerem Frieden und einem Leben mit einem Minimum an Furcht. Beide sind notwendig für den Menschen, und wenn wir nicht einen eigenen inneren Himmel schaffen, unter dem wir an Gott oder Jesus glauben können, müssen wir uns das Ewige betrachten und, so gut wie wir nur können, dieselben Verhaltensregeln anwenden wie religiöse Menschen.

Ich glaube nicht an Gott, ich glaube an das Leben, wie es von den Philosophen des Ostens und von den Humanisten dargestellt worden ist. Der Glaube an einen alles liebenden Gott ist für mich eine unzulässige Naivität, um die man übrigens jeden beneiden kann, denn sie macht das Leben vergleichsweise einfach. Oft möchte ich der Einsamkeit des skeptischen Suchers entgehen. Die Gläubigen sind niemals wirklich allein. Sie haben den weißen Spazierstock der Blinden, und ich weiß nicht, ob sie damit sicherer gehen als die anderen, die nur ihr Selbst zum Führer haben. Die Vorstellung Gottes als eines liebenden Vaters scheint mir in Widerspruch zu der grundlegenden Erfahrung, daß Liebe um die Mutter zentriert ist. Ein Mutter-Gott wäre natürlicher, wenn auch genauso naiv und idealisiert wie der Gott-Vater. Wir wenden uns in jedem Alter unserer Mutter zu, wenn wir Liebe suchen, und alles, was wir je über diese Emotion hoffen dürfen zu erfahren, geht auf unsere Beziehung zu ihr zurück. Die emotionale Nabelschnur wird niemals durchschnitten; wir hängen an ihr bis an unser Lebensende. Alle intimen Bindungen zwischen Menschen gleichen oder entgegengesetzten Geschlechts entwickeln sich zu einer Mutter-Kind-Beziehung. Was wir lieben ist entweder ein Mutter- oder ein Kind-Ersatz. Andere Lieben sind nur kurzlebige, narzißtische Episoden, es sei denn sie schlagen in die eine und einzige Bahn, die eine gewisse Stabilität garantiert.

Es gibt keinen sichereren Schutz gegen die scharfen Hindernisse der Innen- und Außenwelt als die mütterliche Liebe. Ich möchte den Archetyp der Liebe ›Mutter Gott‹ nennen.

Liebe ist eine zusammengesetzte Emotion. Sie muß gelernt werden, in Stufen. Das Kind kann nicht lieben, aber es fühlt die Liebe, die ihm gegeben wird. Die beschützende und natürliche Art, wie die Mutter ihr Kind

110

in den Armen hält, es umsorgt und an sich schmiegt, gibt dem Kind Sicherheit. Mutterliebe ist das Zentrum, aus dem die emotionale Zukunft des Kindes und seine innere Sicherheit herauswachsen.

Nur wer geliebt geworden ist, kann auch Liebe geben, wenn seine Zeit gekommen ist. Sicherheit und Vertrauen, die das Kind in seiner Kindheit erfährt, sind der Hintergrund seiner Beziehungen zu anderen, und was noch wichtiger ist, seiner Beziehung zu sich selbst. In der Ruhe und Wärme dieser Sicherheit haben das unteilbare Selbst und das Identitätsbewußtsein die beste Chance zu wachsen und sich zu entwickeln. Das ist von höchster Wichtigkeit für das Gefühl inneren Friedens. Und genauso wichtig für die Liebesfähigkeit, denn es garantiert einen gewissen Grad von Freiheit und Unabhängigkeit. Die drei Grundvoraussetzungen des inneren Friedens sind ein starkes Identitätsbewußtsein, die erfolgreiche Transformation der Aggression und Religion.

Ob das Ziel erreicht wird, darüber hat Mutterliebe das erste und letzte Wort. Alles hängt von ihr ab, sogar der Gehorsam, den wir als Erwachsene gegenüber religiösen Werten haben. Was für ein Dilemma, was für ein riskantes Entwicklungssystem für ein menschliches Wesen! Und was für eine Verantwortung für die Mütter, den Platz Gottes ausfüllen zu müssen!

Einen Ausweg aus unserer schwachen Position hat die christliche Religion durch den Glauben an das Leben nach dem Tod gefunden. Dieser deus ex machina hält den Gläubigen in einem Märchenland, das für den Ungläubigen voller Widersinn ist. Kurz: der aufrichtige Intellektuelle, der die Illusionen nicht akzeptieren kann, hat keine andere Wahl, als sein Selbst und sein Identitätsbewußtsein durch Aufrichtigkeit und Ehrlichkeit zu stärken. Unter diesen Voraussetzungen ist Selbsterkenntnis das einzige, was zählt.

Von freiem Willen und freier Wahl bleibt wenig, wenn wir dem Problem ins Auge schauen. Halten es Menschen auf den Klippen solcher Selbstgenügsamkeit aus, ohne schwindelig zu werden? Nur wenige. Deshalb suchen viele unorthodoxe Sucher eine Gemeinschaft, die ihre Ansichten und Haltungen teilt, oder ihnen durch esoterische Methoden ein spirituelles Leben eröffnet.

Mein Leben hat mir einen klaren Hinweis gegeben auf die Gruppe, mit der ich Kontakt aufnehmen kann: die Quäker. Wenn ich Hilfe brauchte, habe ich sie bisher auf meinem Weg immer gefunden. Seltsamerweise waren meine intimsten Freunde Jahre hindurch Quäker. Obgleich das erste Meeting, dem ich beiwohnte, mir nicht gefiel, habe ich nie die Möglichkeit völlig abgeschrieben, mich den Freunden anzuschließen. Wie die Dinge sich entwickelten, bin ich nie Quäker geworden, aber ich habe den Kontakt mit den Freunden nie verloren, denn ihre Gedanken und ihre aktive Religion gefallen mir.

In Großbritannien gibt es nur 20 000 Mitglieder der ›Society of Friends‹, aber sie sind Legende und Millionen Menschen in der ganzen Welt bekannt. Ihr Name erweckt sofort den Beifall und Respekt. Sogar in den Ländern des Ostblocks scheint man ihnen zu trauen. Ich habe mich immer gewundert, daß ihre Zahl nicht sprunghaft, lawinenartig anwächst. Ich glaube, die Scheu, ›aktiven Humanismus‹ betreiben zu müssen, hält viele, die von der Idee her übereinstimmen, zurück. Neulich ist eine amerikanische Quäkerin mit einer Gruppe der ›Freunde‹ in einem kleinen Schiff voller Medikamente und Lebensmittel nach Nord-Vietnam gefahren. Die Gefahr für die eigene Sicherheit, die sie auf sich nahmen, lag nicht in Nord-Vietnam, sie lag in den USA, denn sie hatten nicht die Erlaubnis, zu fahren, noch dem ›Feind‹ Hilfe zu bringen.

Die ›Society of Friends‹ ist in ihrer ganzen Grundhaltung eine Organisation, die keine Grenzen kennt. Die Quäker haben die teuflischen Interessen des Nationalismus und des Eigennutzes überwunden. Sie haben keine Furcht vor Fremden und behandeln alle Menschen wie Brüder und Schwestern. Viele Menschen reden wie sie, aber wer handelt wie sie? Schon allein für diesen Schritt vorwärts in der Entwicklung eines altruistischen Bewußtseins schuldet die Welt den Quäkern Dank. Sie sind einfache, grade Leute, deren ›Ja‹ ›Ja‹ und deren ›Nein‹ ›Nein‹ ist und deren Grundsatz Frieden heißt. Die meisten Quäker weigern sich,

Waffen in die Hand zu nehmen, aber heute sind nicht mehr alle überzeugte Pazifisten. Sie sind Soldaten eines guten Lebens und wollen es so vielen wie möglich bringen, ob sie nun Christen, Juden, Buddhisten oder ohne Religion sind. Solange er die ethischen Grundsätze akzeptiert, ist jeder willkommen. Natürlich sind die Quäker immer gläubige Christen gewesen und bis auf den heutigen Tag eine religiöse Gemeinschaft geblieben, aber ihre Toleranz gegen Unorthodoxe und Ungläubige sucht ihresgleichen in christlichen Gemeinschaften. Allerdings sind die Quäker keine Kirche, und sie haben seit den Tagen ihres Gründers George Fox alle die dekorativen Mätzchen vermieden, mit denen Kirchgänger seit jeher eingelullt wurden.

Die ›Society of Friends‹ ist eine Insel des Friedens. Jeder, der sich ihnen nähert oder zu ihrem Meeting kommt, wird empfangen wie ein Freund und man hört ihm zu mit Aufmerksamkeit und Respekt, wie komisch und abwegig seine Reden und sein Benehmen auch sein mögen. Durch ihre Toleranz entstehen oft mißliche Situationen. Auf den Meetings muß man manchmal Paranoikern, Exzentrikern und Monomanen zuhören, die einfach nicht aufhören mit unsinnigen Ausführungen. Man unterbricht sie selten, außer wenn deutlich wird, daß sie das Meeting absichtlich stören oder als Plattform für Propaganda benutzen wollen.

Die Organisation ist auf demokratischen Grundsätzen gebaut und hat sich seit den Tagen ihres Gründers im 17. Jahrhundert nicht viel verändert. Ich will nicht im Detail beschreiben, wie sie arbeitet; ich will lieber einige typische Verfahrensweisen darstellen.

Die ganze Bewegung ist um das Gottesdienst-Meeting zentriert. Es kann überall abgehalten werden, nur nicht in einem kirchlichen Gebäude. Das Haus des Meetings muß schlicht, würdig und funktionell sein, das ist alles. Es gibt keinen Pfarrer, der predigt. Die Quäker sind alle Pfarrer, je nach Inspiration. Sie springen auf wie Schnappmesser, reden und setzen sich wieder hin. Manchmal herrscht auch nur Stille, und es kommt vor, daß während des ganzen einstündigen Meetings Stille herrscht. Ein großer rechteckiger Tisch, an dem die Ältesten Platz genommen haben, steht vor der Versammlung. Die Ältesten sehen die Herde, ohne sich von ihren eigenen Meditationen und Gebeten ablenken zu lassen. Sie sind für das Meeting verantwortlich. Sie beginnen und beenden es, indem sie sich einander zuwenden und die Hände schütteln. Der Sekretär des Meetings informiert über besondere Treffen und Veranstaltungen. Eine mehr persönliche Aufgabe fällt den Aufsehern zu; sie suchen Mitglieder auf und kümmern sich um ihre physischen, emotionalen und sozialen Bedürfnisse. Die Ältesten, Aufseher und die Mitglieder, die wollen, wohnen den monatlichen Meetings bei, wo Fragen diskutiert und nach demokratischen Grundsätzen Entscheidungen getroffen werden. Jeder kann seine Meinung zum Ausdruck bringen und alle Stimmen werden sorgfältig berücksichtigt, ehe gehandelt wird. Gewisse Belange oder Spezialprobleme werden ihrer Eigenart gemäß auch auf andere Meetings oder Körperschaften spezieller Art verschoben.

Die ›Society of Friends‹ ist in ihren Anfängen so gut organisiert worden, daß seit Fox nur geringfügige Änderungen notwendig geworden sind. Fox hat bewiesen, daß die Kraft eines Individuums eine ganze Gesellschaft verändern kann. Ich wünschte, der Vater und Felsen des Quäkertums wäre noch am Leben, um den Freunden die Richtung ins Ohr flüstern zu können, wenn sie ihr Ziel aus den Augen verlieren. Sie könnten ihn gut gebrauchen. George Fox war einer der ersten Existentialisten. Er streifte alles ab, was nicht eigene Erfahrung war, und übernahm seine einzigartige Mission als ein Mann, der den harten Weg der Selbsterkenntnis gegangen war.

George Fox wurde 1626 in einem kleinen Dorf bei Leicester geboren. Als Sohn eines Webers besuchte er nur die Dorfschule. Danach machte er eine Schuhmacherlehre. Er wuchs heran zu einem Mann, der größer war als die meisten, physisch und emotional. Niemand half ihm bei seiner Suche nach sich selbst und nach der Welt, aber er hatte einen guten Hintergrund, ein Elternhaus, wo ›Ja‹ ›Ja‹ hieß und Versprechungen gehalten wurden. Seine Familie hatte eine unbeugsame Disziplin. Er war ein Mann von unerschöpflichen Energien, hatte aber kein Gebiet, auf dem er sie anwenden konnte. Eingezwängte Kräfte wirken sowohl unterdrückend wie niederdrückend, und Fox hat wiederholt Verzweiflung und heftige Depressionen kennengelernt — diese Peiniger des Menschen, wenn er in der Nacht auf den Tag wartet und am Tag auf die Nacht, und das Leben eine Last ist. Fox wurde irre an sich selbst und suchte die Hilfe mehrerer Geistlicher in fern und nah. Keiner von ihnen brachte ihm Erleichterung. Einmal diskutierte er seine Lage mit einem Pfarrer, der besonders geschätzt war für sein Verständnis und seine Weisheit. Fox fühlte einen Hoffnungsschimmer, bis er zufällig mit dem Fuß in ein Blumenbeet im Garten des Pfarrers trat und damit einen Wutausbruch des ›Weisen‹ auslöste. Fox ging fort und schwor sich, dies sollte der letzte Versuch gewesen sein, andere um Hilfe anzugehen. Er war auf sein Selbst zurückgeworfen worden. Von da an war das Neue Testament sein einziger Freund und Lehrer. Das Licht in seiner Seele war entzündet, aber es verlöschte wieder, wurde von neuem angezündet und neue Dunkelheit befiel ihn; und immer so weiter. Als junger Mann von etwa 20 Jahren konnte er die Ambivalenz und natürliche Dunkelheit der menschlichen Natur nicht verstehen. Er konnte sich nicht so nehmen, wie er war, mit depressiven Stimmungen, negativen Gefühlen und heftigen Emotionen.

Dann, ganz plötzlich, kam ihm die Erleuchtung: der Hund, die Schlange und der Tiger waren von Gott in ihn gepflanzt worden, damit er in der Lage wäre, alle Bedingungen des menschlichen Lebens zu begreifen.

Von diesem Moment an nahm er die Dunkelheit an als einen Teil des Lichts und verlor nie wieder völlig das Gleichgewicht. Er hatte das Ziel der geistigen Heilung erreicht dadurch, daß er auf die Stimme der Selbsterkenntnis gehört hatte.

Propheten gedeihen am besten auf verderbtem Grund. Die offizielle Kirche Englands im 17. Jahrhundert begann zu zerfallen. Kleine, nonkonformistische Gruppen wie die Baptisten und die Methodisten wurden Zellen eines neuen Beginns, in England wie in Amerika. Ein Jahrhundert vor Fox waren Deutschland

und die Schweiz durch eine ähnliche religiöse Niede-
rung gegangen, als Luther die Reformation einleitete
und Calvin die Kräfte des moralischen Widerstands
um sich sammelte. Luther gründete eine Kirche, Calvin
wurde ein religiöser Reformer. Beide Männer machten
in großem Stil Geschichte, besonders Luther. George
Fox war als Persönlichkeit mindestens gleichrangig,
aber Geschichte machte er nur auf einer Nebenstraße,
gefolgt von einer Handvoll Freunde. Fox war ein Pro-
phet, der von einer ›Stimme‹, wie er es nannte, geleitet wurde, die ihn dazu brachte, im Land herumzuzie-
hen und von seinen Erfahrungen zu sprechen. Und so
zog er durch England von Süden nach Norden und erzählte von seinen Visionen und vom Neuen Testament.
Er war ein Mann des Absoluten und schlug folglich den
Konventionen und eingefleischten Sitten ins Gesicht.
Als Strafe für seine Verachtung der Heuchelei verbrachte er, ab und zu, da und dort, Jahre im Gefängnis, aber er schwankte nie. Sein Ansehen drang bis auf
den Kontinent und darüber hinaus. Seine Berufung
führte ins Ausland. Er überquerte den Atlantik auf
einem kleinen zerbrechlichen Schiff. Die Freunde, die
er um sich sammelte, waren von einem Format, wie
es Menschen von heute unbekannt ist. Ihre physische
und moralische Stärke ist ein Wunder für uns.

Die Quäker haben weit über England hinaus blei-
bende Beiträge zur religiösen und sozialen Geschichte
geliefert. William Penn zum Beispiel gründete den
Staat Pennsylvania.

Die Quäker haben eine glorreiche Vergangenheit.
Woher nahmen sie die Kraft dazu? Wer in unserer
Zeit könnte handeln, leiden und vollenden wie sie?
Der Abgrund zwischen ihnen und uns läßt sich nicht
durch den Hinweis auf die Unterdrückung erklären,
unter der wir leben müssen. Sie, die frühen Quäker,
waren Vollblut-Existentialisten. Wenn sie gerufen
wurden, kannten sie keine Furcht. Man mag sie Fana-
tiker im Zustand ständiger Selbst-Hypnose nennen. Wir
wissen, daß Menschen im Zustand der Hypnose sogar
die Gesetze der Schwerkraft überwinden und Energien
konzentrieren und Handlungen vollbringen, die unter
sogenannten normalen Bedingungen unmöglich sind.

Ich habe aus zwei Gründen von der Vergangenheit der Quäker erzählt: erstens, weil sie mich selbst stark beeindruckt hat, und zweitens, weil ich glaube, daß einiges davon unter den Quäkern von heute noch am Leben ist, wenn auch in verminderter Form.

Mein Glaube an ihre Ehrlichkeit, ihren guten Willen und ihre aktive, praxisbezogene Religiosität gaben mir das Vertrauen, ihre Gemeinschaft zu suchen. Das entscheidende Motiv, weshalb ich gerade sie ausgesucht habe, liegt wohl in der Tatsache, daß ich unter ihnen seit meinen Pariser Tagen eine Reihe enger, persönlicher Freunde gefunden habe.

Die Quäker wissen selbst um den Verfall, den sie seit den Tagen von Fox im 17. Jahrhundert und Woolman, dem Helden der Antisklaverei-Kampagne im 18. Jahrhundert, erlitten haben. Sie sind selbstkritisch genug, sich um eine gewisse Kälte und Selbstgefälligkeit in ihren Reihen zu sorgen. Ich möchte diesen Fehlern die gewisse Öde des Geistes hinzufügen, die sich auf den alten vorgeschriebenen Bahnen bewegt, ohne Elan und ohne das nötige Feuer.

Es ist vielleicht charakteristisch für die Engländer unserer Zeit, daß das spontane Zutrauen, das einst Freunde in ihren Meetings zu Ausbrüchen veranlaßte, heute fehlt. Ich habe es jedenfalls nie erlebt. Die emotionalen Kräfte des Menschen sind verkümmert durch die Anbetung der Computer und der ganzen Skala technischen und wissenschaftlichen Fortschritts. Hinzu kommt, daß durch die Überbevölkerung ein gefährlicher, neidvoller, aggressiver Geist in unserer Mitte entstanden ist, der die Fähigkeit zu fühlen und wir selbst zu sein immer mehr reduziert. Die Quäker haben diesem Grundübel unserer unglücklichen Zivilisation nicht entkommen können, aber sie sind in meinen Augen die Besten in einem Haufen Schlechter. Sie *könnten* einen Platz von wachsender Bedeutung in unserer Gesellschaft einnehmen, wenn sie sich beleben würden, wenn sie amateurhafte Improvisationen über Bord würfen und statt dessen Experimente zuließen und neue Methoden, um psychische Energie zu entwickeln. Aber ihre Meetings sind immer noch Oasen der Aufrichtigkeit und spontaner Demut, und ihre Ta-

117

ten übertreffen in meinen Augen die jeder anderen religiösen oder weltlichen Gruppe.

Ich habe vielen Meetings beigewohnt, und ich glaube es lohnt sich, zwei von ihnen wiederzugeben. Das erste fand im Westminster Meeting House in der Londoner St. Martin's Lane am 25. November 1961 statt. Ich betrete den Vorraum. Leute spazieren herum wie auf einer Party. Die Atmosphäre ist familiär, vertraulich. Man unterhält sich herzlich miteinander. Jeder wird warm begrüßt, und man fühlt sich willkommen. Wir gehen in den eigentlichen Meeting-Raum, eine große getäfelte Halle, in der alle Fenster dichtverschlossen scheinen und die Luft schlecht ist.

Schweigend mit gesenkten Häuptern setzen wir uns hin. Die Stille wird nur von dem Weinen einiger kleiner Kinder unterbrochen, aber auch das hört nach fünfzehn Minuten auf. Isabel erhebt sich. Sie spricht von den Leiden der Kinder Israel, die immer zu Sündenböcken gemacht worden sind. Ein paar Minuten Stille. Joseph steht auf und erinnert uns, daß es überall noch andere Sündenböcke gibt, und was tun die Quäker für sie? Wir sollten in noch viel stärkerem Ausmaß diesen und allen anderen Verfolgten helfen. Erinnert euch an Fox und die alten Freunde, sagt er und setzt sich hin.

Eine Frau, die ich nicht kenne, steht auf. Ihr spezieller Sündenbock ist die Psychoanalyse, auf die sie wirklich verzichten könne. Man ändert sich nie, versichert sie. Wir bleiben, was wir sind. Wir bekommen ein Stück Stoff für ein Kleid, und es hängt von uns ab, was wir daraus machen; Entschuldigungen nützen nichts, wenn wir ein schlecht sitzendes Kleid gemacht haben. Sie fährt fort: Warum fragen wir uns andauernd, was die Freunde *tun?* Es zählt, was wir *sind.* Es zählt jedenfalls mehr als das, was wir tun. Diese Frau machte einen engstirnigen Eindruck, aber sie sprach mich doch an. In einem angenehmen sanften Erkenntnisschock sah ich mich mit meiner Einstellung zum Sein konfrontiert. Die Frau bricht ziemlich abrupt ab, indem sie sagt: Alles hängt ab von der Gnade.

Sofort folgt ein anderer ›Freund‹, der nachsichtig das Vorurteil seiner Vorgängerin hinsichtlich der Psychoanalyse berichtigt, aber wiederholt, alles hänge von der Gnade ab. Psychiatrische Behandlung allerdings könne gestörten Menschen zu einem Geisteszustand verhelfen, in dem sie für Gnade empfänglich würden.

Fast zehn Minuten lang Stille. Dann steht Ruth auf und betet, Gnade möge das Böse überkommen in der Welt, oder wenigstens einen Teil davon, durch Liebe, die gegeben und empfangen wurde durch Gnade. Das ist der bewegendste Moment des Meetings.

Dann schütteln die Ältesten sich die Hände und die Zusammenkunft ist vorbei.

Das zweite Meeting fand in St. Martin's Lane an einem Mittwoch des Jahres 1962 statt. Die geringe Anzahl der Teilnehmer gab ihm eine besonders intime Atmosphäre. Bis auf einen kannte ich alle zwölf Anwesenden. Die Stille, die fast während des ganzen Meetings herrscht, wirkte wie ein elektrischer Strom zwischen uns und war vollkommen frei von der Bedrückung, die durch Trennung voneinander entsteht. Nach einer langen Weile las ein anderer ›Freund‹ aus der Offenbarung des Johannes, als Jesus seinen Jüngern sagt, daß sie nicht zum Herrschen oder um Autorität zu haben da seien. Daß sie die Eitelkeit der Welt vergessen müßten. Daß sie da seien, um zu dienen.

Wieder schüttelten die Ältesten einander die Hände und das Meeting war beendet.

Ich fühlte Frieden bei diesem Meeting und bei einigen anderen auch. Ihre starke Wirkung hat wenig mit den Äußerungen zu tun, die ich berichtet habe. Ich fühlte Klarheit bei jedem einzelnen Mitglied der Versammlung. Sie saßen mit gebeugten Köpfen da, in Konzentration und Kontemplation und beteten leise. Die Quäker glauben natürlich, daß das Göttliche auf das Meeting herabsteigt, wenn die Anwesenden empfänglich dafür sind. Ich teile ihren Glauben nicht, weil ich überzeugt bin, daß sie selbst es sind, die mit ihrer Sehnsucht nach dem Göttlichen die Bedingung für ein intuitives Gewahrwerden ihres Selbst schaffen, dieses innersten Bereichs, aus dem Friede und Weisheit kommen.

Aber was macht es, ob wir verschiedener Meinung darüber sind, woher der Geist kommt? Ob er durch

Selbst-Hypnose entsteht oder von außen kommt? Auf beide Weisen wirkt er wie heilendes Wasser.

Die Meetings sind wechselhaft und unterscheiden sich aus mehreren Gründen. Die Freunde sind individuell verschieden und haben Fehler wie andere Menschen auch. Aber auch ohne krasse Differenzen zwischen den Mitgliedern muß man sich klarmachen, daß jeder einzelne Teilnehmer das Meeting bestimmt. Je größer die Versammlung ist, desto unterschiedlicher sind die Glaubensrichtungen, von orthodoxen Christen über den jüdischen Agnostiker bis hin zum unentschiedenen religiösen Sucher. Die Äußerungen variieren proportional zur Heterogenität der Versammlung und Intensität, mit der die Anwesenden bei der Sache sind. Meetings sind also dem Zufall überlassen. Ich fand es schwierig, dies einfach so hinzunehmen und alles mitzumachen, was geschah. Die beträchtlichen Unterschiede der religiösen Einstellungen, Gefühle und Ausdrücke, die weite Skala vom Pantheismus bis zum orthodoxen Christentum mit seinen Dogmen, machten das Meeting für mich entweder zu unverbindlich oder zu prosaisch und oft auch einfach unglaubwürdig. Manchmal fand ich die Expektorationen kindisch und wurde ungeduldig. Aus diesen Gründen war ich nicht in der Lage, die Meetings regelmäßig zu besuchen und mich den ›Freunden‹ als ein Mitglied anzuschließen. Ich blieb eine Aspirantin.

Die Quäker sehen sich gern als eine große Familie, eine Vorstellung, die meinen Bedürfnissen entsprach. Die Erfahrung hat mich jedoch gelehrt, daß die Quäker sich hier im Wunschdenken verlieren, denn es ist völlig unmöglich, so viele Menschen zu einer so intimen Verbindung wie einer Familie zu vereinigen.

Die Quäker empfangen den Fremden, der an ihre Tür klopft und sich in ihre Mitte setzt, mit großer Herzlichkeit. Aber gute Absichten können die Mauern zwischen Fremden nicht niederreißen. Gute, herzliche Willkommensgefühle können nicht von Dauer sein, und ich habe eine Kluft zwischen dem persönlichen und dem kollektiven Sein der ›Freunde‹ gefunden. Als Menschen waren sie, bis auf wenige Ausnahmen, ziemlich kalt und genauso in ihr Privatleben und ihre

Beziehungen involviert wie andere. Ihr Einfluß und ihre Bedeutung für die Welt kommt aus dem ungewöhnlich starken und großartigen Kollektivgeist, in dem keiner sie übertrifft. Einige Quäker haben die Notwendigkeit einer Verjüngung und einer Reform ihrer individuellen Kontakte untereinander und mit neu hinzukommenden Freunden erkannt.

Konvertiten sind die besten Missionare. Die heißesten, militantesten Quäker waren, wie ich bemerkt habe, erst in gesetztem Alter zu der ›Society‹ gestoßen. Geborene Quäker dagegen nahmen jeder Reform gegenüber eine passive, konservative Haltung ein. In den letzten zehn Jahren ist eine wachsende Anzahl von Neulingen zu den Meetings erschienen, und diese Aspiranten, zu denen ich gehörte, waren eifrig bedacht, miteinander und mit den Alteingesessenen in engen Kontakt zu kommen. Es bestand ein Bedürfnis nach kleinen Gruppen unter der Leitung weitsichtiger Freunde, und diesem Bedürfnis wurde entsprochen. Das führte zur Bildung einer Gruppe, die sich regelmäßig in der Privatwohnung Isabels traf, die zusammen mit Cecil auch die Organisation übernahm. Man lud auch mich ein. Seit zehn Jahren nehme ich regelmäßig einmal im Monat daran teil, und das hat mir viel Freude bereitet und neue Freunde gebracht. Zum Glück erlaubte es der beschränkte Raum nicht, mehr als zwanzig Leute zu dem Treffen einzuladen. Der Stamm bestand aus Aspiranten, der Rest waren erfahrene Mitglieder, die den Diskussionen Salz und Substanz gaben. Zuerst wärmten wir die Atmosphäre der Zusammenkunft einmal durch sehr persönliche Gespräche und Informationen in einer angenehmen Umgebung auf. Das war kein eitler Zeitvertreib. Es war eingeplant für ein wohldurchdachtes Ende. Man wollte, daß sich die Anwesenden erst einmal kennenlernten. Den Hauptteil bildete ein zwanzigminütiges Gespräch über irgendein Thema, das mit Religion, Psychologie oder dem Quäkertum zu tun hatte. Dann fand eine Diskussion über das Gespräch statt, Isabel eröffnete sie, indem sie jeden Anwesenden beim Namen nannte und seinen Beruf oder spezielle Befähigung erwähnte, so daß wir ein Bild voneinander gewannen. Wenn die Mitglieder vertrauter miteinander wurden, fühlten sie sich deutlich behaglicher. Manchmal war ein Austausch der Aspiranten nötig, damit alle einmal teilnehmen konnten.

Niemals hat mich einer der Sprecher gelangweilt, und die Diskussionen waren auf weit höherem Niveau als diejenigen, die man gewöhnlich nach Lesungen und Konferenzen hört. Die Qualität der Gespräche und Fragen entstand, weil jeder zum Kern der Sache vorstoßen wollte. Zwei der Reden sind in meinem Gedächtnis noch lebendig: der Bericht, den Dr. Cornes und seine Frau von ihrem Korea-Hilfswerk gaben, illustriert durch einen Dokumentarfilm, und die Rede von H. G. Wood über die Offenbarung des Johannes und die Bedeutung des Logos. Er blieb in unserer Mitte sitzen, während er so sanft sprach, als erzählte er ein Märchen. Einmal war es an mir zu sprechen, und ich würdigte Teilhard de Chardins ›L'Apparition de l'homme‹. Kleine Zellen wie diese sind haltbarer und wertvoller als jede religiöse Zeremonie oder auch das eigentliche Quäker-Meeting.

Äußere Umstände haben uns zur Auflösung dieser Gruppe gezwungen. Isabel zog um, lud aber weiterhin einmal im Monat Aspiranten ein. Aber von dieser Zeit an durfte niemand häufiger als fünfmal zu den Treffen kommen, denn sie wollte so vielen wie möglich die Gelegenheit zu zwangloser Diskussion des Quäkertums geben.

Ich wurde einige Male eingeladen und nach ein paar Jahren herrschte dort immer noch die gleiche befreiende Atmosphäre wie damals. Obwohl ich der ›Society of Friends‹ nicht als Mitglied beigetreten bin, sondern ihre Aspirantin blieb, habe ich zu einzelnen Quäkern und der ganzen Organisation engen Kontakt. Ich fühle mich ihnen zugehörig, und viele von ihnen betrachten mich als eine der ihren.

In London

I

Warum habe ich Paris verlassen, obgleich ich dort einen Kreis gleichgesinnter Freunde hatte, ein Milieu, das mir gefiel, Anerkennung meiner wissenschaftlichen Forschungen und viele Möglichkeiten, meine Studien zur Handdiagnostik voranzutreiben? Ich sah ein gutes, ein vielversprechendes Leben vor mir. Denn ich kannte die Atmosphäre von Stabilität und Wohlstand, die in London und wie ich glaubte überall in England herrschte. Mein Sicherheitsverlangen ließ mich diese Dinge nicht ganz richtig sehen. Ich klammerte mich an den Traum von einem Leben ›wie in alten Tagen‹, das ich in meiner Kindheit in Deutschland geführt hatte. Noch bevor Maria Huxley mich nach London einlud, hatte Professor Wallon immer wieder vor dem unvermeidlichen Krieg mit Deutschland und vor der gefährlichen Schwäche der französischen Regierung, die alle sechs Wochen wechselte, gewarnt. Hinzu kam, daß meine Londoner Kontakte ein noch weiteres Betätigungsfeld versprachen als ich in Paris hatte. Julian Huxley, der damals Sekretär der ›Royal Zoological Society‹ war, gab mir die Möglichkeit, im Zoo die Extremitäten der Affen zu studieren. Ich kannte auch Bertha Bracy, eine bekannte Quäkerin, die sich um die Flüchtlinge kümmerte und mir ihre Hilfe zugesagt hatte, falls ich nach London käme. Die Anwesenheit der Huxleys und Lady Ottolinas gaben den Ausschlag für London, zumal ich angesichts der Labilität der französischen Regierung das bedrückende Gefühl eines bevorstehenden Verhängnisses nicht loswurde. Am 26. Oktober 1936 war ich an Bord der Fähre von Calais nach Dover. Ich erinnere mich, daß ich auf dem Schiff einer äußerst mißtrauischen Kontrolle durch einen Beamten der Zollbehörden ausgesetzt war. Das muß mir wirklich unerträglich gewesen sein, denn ich habe alle Details vergessen. Schließlich und endlich durfte ich mit 30 Pfund und vielen Empfehlungsschreiben das gelobte Land betreten. Unbewußt brachte ich dieses Verhör mit meiner Flucht aus Deutschland in Verbindung. Damals war ich größerer Gefahr entronnen, Lebensgefahr. Diesmal entkam ich nur der Erniedrigung einer Zurückweisung; aber zwischen beiden bestand ein Zusammenhang. Im Zug von Dover nach London fiel ich in tiefe Erschöpfung.

Aber es war eine glückliche Erschöpfung. Zugpersonal und Kellner waren so anders als in Frankreich. Die Engländer, mit jungenhaften, lächelnden Gesichtern und sanften Bewegungen hüllten einen in den Baumwollkokon ihrer beschützerischen Sorgfalt. Keine lauten Rufe, keine Aggressionen. Wie wunderbar, dachte ich, in ein Land gekommen zu sein, wo alles Heftige gedämpft schien.

An die Ankunft in London und in Dalmeny Court, wo Maria Huxley mir eine Unterkunft besorgt hatte, erinnere ich mich nicht mehr. Ich hatte viel zu wenig Geld und keine finanzielle Sicherheit, um in einem so teuren Viertel mitten im Herzen Londons leben zu können, aber ich machte mir deswegen keine Sorgen. Mein Sinn für Abenteuer und die Friedfertigkeit der Stadt wendeten meine Gefühle in Richtung Hoffnung. Ich hatte nicht den leisesten Zweifel, daß ich hier in jedem Bereich meines Lebens Erfolg haben würde. Ich kam zu Freunden und zählte auf ihre Hilfe. Ein Flüchtling ist angewiesen auf die Hilfe anderer. Er regrediert in kindliche Abhängigkeit. Ich reflektierte meine Lage ohne Scham oder Trauer. Ich genoß es, umsorgt zu werden. Ich fühlte mich in meine Studententage zurückversetzt, wo ich frei von den Belastungen und Zwängen des Erwachsenenlebens lernen und experimentieren konnte. Wirklich, ich genoß jede Minute meines ungesicherten Daseins.

Mit größtem Wohlgefallen betrachtete ich die eleganten Engländer am Piccadilly. In meinen Augen war London eine fabelhaft reiche, friedliche und mildtätige Stadt. Es ist zwar eine Banalität, daß man in den Dingen immer das findet, was man in ihnen sucht, aber es ist auch wahr. Jeder Eindruck Londons und seiner Bewohner wurde für mich zum Symbol guten Willens. Der Mangel an Aggressivität, la douceur de vivre und die ausreichende Versorgung mit Geldmitteln schien mir besonders in den Londoner Postämtern deutlich zu werden. Sie erschütterten mich geradezu — nach den Erfahrungen in Frankreich, wo alle Postämter eine Kreuzung zwischen schmutzigem Bahnhof und Polizeirevier waren. Die Beamten hinter den Schaltern waren ein wenig langsam, aber sie behandelten die Kunden wie menschliche Wesen, während ihre Gegenstücke in Frankreich einem eher das Gefühl gaben, ein Bettler oder Aussätziger zu sein. Auch die Kaufhäuser, ja sogar die kleinen Läden, erstaunten mich, wenn auch auf andere Weise. Ich mochte die Höflichkeit, aber manchmal fragte ich mich doch, ob die langsame und stille Art, wie man dort an die Geschäfte heranging, nicht vielleicht ein Zeichen von Indifferenz war. Die Angestellten zeigten wenig Interesse an ihren Jobs, sie waren abwesend und träge. Es wunderte mich, daß das Land bei so kurzer Arbeitszeit und so langen Wochenenden, bei so geringer Anstrengung seiner arbeitenden Bevölkerung derart reich und mächtig hatte werden können. Ich konnte es nicht begreifen, und es ist mir noch heute ein Rätsel, obgleich sich die wirtschaftliche Lage inzwischen geändert hat, und nicht zum Guten.

Welches die Fehler auch sein mochten, die Engländer hatten offensichtlich trotz alledem Erfolg gehabt. Um ganz sicher zu sein, daß ich mich über den Reichtum Englands nicht täuschte, habe ich oft die Zahl der Rolls-Royce gezählt, die in zehn Minuten über den Piccadilly fuhren. Es waren genug, um mir mein Vertrauen zur finanziellen Sicherheit des Landes zu erhalten.

II

Die äußeren Accessoires meines Lebens änderten sich, nicht aber der Kern. Es war dieselbe Mischung wie zuvor, nur betrachtete ich die Umgebung mit etwas anderen Augen. Meine neuen Bekannten behandelten mich nicht viel anders als meine alten Freunde in

Paris. Ich hatte schon ein gewisses Ansehen, und es gab Leute, die brannten darauf, mich zu konsultieren. Das seltsame Glück lag auch hier über meinen Bemühungen. Ich hatte die Unterstützung von Maria und Lady Ottolina, und für eine Weile verdunkelten keine materiellen Sorgen meinen Horizont, obgleich die Arbeit, die ich weiterhin leisten mußte, mir mißfiel.

In einer Weise zog ich England Frankreich vor: das Gefühl kollektiver Sicherheit war sehr nützlich. Andererseits war es hier schwieriger, mit dem Konflikt zwischen meinem Beruf und meiner Berufung fertig zu werden. Das Innenministerium gab mir die Erlaubnis, ein Jahr im Land zu bleiben, und ich bekam auch eine Lizenz als Graphologin. Forschungsarbeit wurde nicht bezahlt, und man brauchte auch keine Lizenz dafür. Hinsichtlich der Arbeit, mit der ich meinen Lebensunterhalt verdiente, war ich in einer zwiespältigen Lage. Die meisten Leute, deren Hände ich deutete, wollten mich als Psychotherapeutin konsultieren, und manchmal willigte ich ein; meistens aber war ich zu furchtsam. Ich malte mir aus, wenn ich irgend etwas tat, was außerhalb meiner Lizenz-Berechtigung lag, würde ich hinausgeworfen. Ich lebte in ständiger Furcht. Ich beichtete Bertha Bracy mein Problem, und die Quäker versuchten der Situation abzuhelfen. Ich weiß nicht, ob es ihnen gelungen wäre, denn ich bekam durch ein paar Schachzüge die Erlaubnis, aufgrund meiner Spezialbefähigung in der Handdiagnostik, als Psychotherapeutin zu arbeiten. Durch die gleiche Vermittlung erhielt ich nach einem Jahr der Bewährung durch die gleiche Person eine ›ständige Aufenthaltserlaubnis‹ für Großbritannien. Die Aussicht, in Freiheit zu arbeiten und meine Aufenthaltserlaubnis gaben mir einen besseren Status und ein weniger furchtbestimmtes Leben, obgleich das Innenministerium mich ausdrücklich darauf hingewiesen hatte, daß ich niemanden behandeln durfte, bei dem der leiseste Verdacht einer Geisteskrankheit bestand, und daß ich unter gar keinen Umständen die Arbeit eines Arztes übernehmen durfte. Wieder einmal war es meine Forschungsarbeit, die mich vor der Verzweiflung rettete und mir unerwartete Möglichkeiten eröffnete.

Anfangs studierte ich Menschenaffen im Zoo, bald danach wurde ich Forschungsstudent am University College von London. Und so ging es weiter. Eine chronologische Darstellung der weiteren Entwicklung meiner Arbeit gebe ich später.

Wieder lernte ich durch meine Forschungen Bekannte und Freunde aus den Fachbereichen Naturwissenschaft und Medizin kennen. Sie bildeten ein Gegengewicht zu meinen glänzenden, aber labilen Beziehungen zu Künstlern, Schriftstellern, Schauspielern und einigen Mitgliedern der großen Familien Englands.

Über Engländer und Franzosen dachte ich sehr verschieden. In England fühlte ich mich fremder, und ich gab mir größere Mühe, mich anzupassen, als in Frankreich. Wollte ich meinem neuen Herren, der englischen Regierung wohl schmeicheln, als ich mein Einkommen höher veranschlagte, als es in Wirklichkeit war, und mir die größten Skrupel machte, nur ja nichts gegen die Vorschrift zu tun? In Frankreich ist das Leben leichter und flexibler. Man hat mehr Platz, mehr äußeren und inneren Bewegungsraum, weniger Angst, jemanden zu beleidigen und dafür bestraft zu werden. Sogar nachdem ich Aufenthalts- und Arbeitsgenehmigung bekommen hatte, ließ meine Angst nicht nach. Der Kontakt zu Künstlern und Schriftstellern war, wie sich herausstellte, etwas anders als in Paris. Sie waren genauso interessiert an dem, was ich zu geben hatte, aber weitaus gastfreundlicher: man lud mich am Wochenende aufs Land ein und am Abend in die Stadt. Aber hinter der Vertraulichkeit, die sie an den Tag legten, war der Glaskäfig ihres Narzißmus. Die englische Elite litt unter der Isolation ihrer Selbstgenügsamkeit, die sie au fond unnahbar machte. Ich fühlte, daß sie mich fallenlassen würden, in dem Moment, wo mein Vorrat an neuer, sensationeller Nahrung zur Neige ging und sie ermüdete. Ich traf Gestalten wie Bischöfe auf Bildern Francis Bacons — die dasitzen, groß aber in einem Vakuum. Wenn ich mich an die Surrealisten und andere französische Künstler erinnerte, die sich so freimütig mir und meiner Arbeit geöffnet hatten, so wurde klar, daß meine Bekanntschaften in England

Einbahnstraßen waren. In Frankreich hatte es Geben und Nehmen gegeben, das führte zu wirklicher Kommunikation. Ist es nur eine Temperamentsfrage, oder hat die tiefeingewurzelte und kapitalistische Tradition etwas mit der überentwickelten englischen Selbstgenügsamkeit zu tun? Je öfter ich dieses englische ›Laster‹ erdulden mußte, desto mehr sehnte ich mich nach Freundschaft und emotionalen Banden, um die nervöse Spannung loszuwerden, oder zu einem noch natürlicheren und einfacheren Zweck.

III

Ich war nach England zu Freunden gekommen, anders hätte ich es gar nicht gewagt. Maria Huxley und Lady Ottolina standen seit meinem ersten Besuch in London in ständiger Verbindung mit mir, Aldous und Maria Huxley hatten sich stark für meinen Landeswechsel eingesetzt, weil sie glaubten, daß es in England mehr Spielraum für meine Arbeit gab. Maria interessierte sich leidenschaftlich für unorthodoxe Ideen. Ihr Interesse und meine Arbeit bildeten zusammen eine solide Grundlage. Bis zum heutigen Tag weiß ich nicht, wieweit — wenn überhaupt — sie persönliche Freundschaft für mich empfand. Ihr Verantwortungsgefühl und ihre ethische Haltung waren hoch entwickelt; niemals hätte sie einen Schützling im Stich gelassen. Sie stand mir jederzeit bei und setzte sich auch zusammen mit Aldous Huxley für meine Zukunft ein, indem sie überall Werbung für mich machte. Beide zusammen schafften sie es, meinem neuen Leben eine vielversprechende und fruchtbare Basis zu geben.

In Marias Wohnung in Albany traf ich bekannte Persönlichkeiten aus der Welt der Naturwissenschaft, Medizin, Endokrinologie und Literatur. Zu meinem Bedauern reisten die Huxleys sehr viel und blieben oft Monate in ihrem Haus in Sanary. Während meines ersten Jahres in London hätte ihre Abwesenheit in mir von neuem ein Gefühl der Verlorenheit aufkommen lassen, wäre nicht Lady Ottolina Morell gewesen, die meinem Bedürfnis nach Schutz und Freundschaft entgegenkam. Als ich noch in Paris lebte, schrieb sie mir immer wieder sehr herzliche Briefe. Ich lernte sie kennen außerhalb ihrer Rolle als Mäzenin der Künstler und schönen Künste und ohne das verbindliche Lächeln, das sie dazu aufsetzen mußte. Ich wußte, sie war eine einsame Frau, frustriert in ihren Zuneigungen und enttäuscht von so vielen, die sie wie eigene Kinder umsorgt hatte. Sie war dazu bestimmt, unbegrenzt zu geben. Ihr Verhalten, ihre Gefühle schossen oft übers Ziel hinaus und landeten im Leeren. Sie mußte vollkommen frei von Snobismus sein, um sich mit einer Person anzufreunden, die ihrem eigenen Milieu so fremd gegenüberstand wie ich. Einmal in der Woche hatte ich ein tête-à-tête mit ihr und zu ihren ›jours‹ ging ich auch. Lady Ottolina war eine ›grande dame‹ mit Benehmen und Würde derjenigen, die ganz oben standen. Diese Menschen werden von allen gesehen und sie betrachten die Welt um sich herum aus der Vogelperspektive. Sie wußte, daß ihre Meinung über das gewöhnliche Leben und die gewöhnlichen Leute nicht mit der Wirklichkeit übereinstimmte und sie Information aus zweiter Hand brauchte, um die Wahrheit zu hören. Wollte sie sich frei in der Stadt bewegen und eine von der ihren total verschiedene Welt kennenlernen, mußte sie inkognito gehen wie einst Sultan Harun al-Raschid. Sie bemühte sich ernstlich, und ich glaube, die Freundschaft zu mir war für sie eine Lernhilfe, um zu begreifen, wie andere Menschen funktionierten. Oft erklärte sie mir, daß sie durch mich zu einem besseren Verständnis der Ambivalenz der menschlichen Natur gekommen sei. Auch in fortgeschrittenem Alter hatte sie sich den Enthusiasmus und die Neugier ihrer Jugend bewahrt; dadurch bekam unsere Freundschaft einen sehr emotionalen touch. Sie erlaubte mir, mehr von ihrem Selbst kennenzulernen, als für andere sichtbar war, und durch diesen intimen Kontakt fühlte ich mich ihr gegenüber sicherer. Wie Maria nahm sie Anteil an meiner ganzen Person und interessierte sich für meine finanzielle und materielle Sicherheit ebenso wie für meine Forschungen.

An ihren ›jours‹ traf ich den Maler Mark Gertler,

den Endokrinologen Dr. Wiesner, Lady Ethel Smythe, James Stephens und viele andere. Ich erinnere mich sehr lebhaft an sie. Da war der winzige James Stephens, der in seinem irischen Tonfall unbefangen einer kleinen Gruppe von uns seine Gedichte vorlas. Ich verstand wenig von den Worten, aber ich verstand die Poesie. Ethel Smythe, sehr alt, saß eines Tages neben mir an einem großen ovalen Tisch, auf dem Tee serviert wurde. Sie hielt mir ihr Hörrohr hin und befragte mich über Deutschland, das sie aus der Zeit kurz nach der Jahrhundertwende kannte, als sie in Dresden lebte. Ich saß bei der Gelegenheit zwischen ihr und Lady Ottolina, als sich ein seltsamer Zwischenfall ereignete, der der Anfang vom Ende meiner Besuche sein sollte. Ein Strauß Veilchen wurde Lady Ottolina überreicht, die sich zu mir wandte mit den Worten: »Oh wie schön! Ich weiß, daß sie von Ihnen kommen. Vielen Dank!« Mir fehlte der Mut, das Geschenk in Abrede zu stellen, das leider nicht von mir war. Diese Feigheit warf einen Schatten auf meine Beziehungen zu ihr, und anschließend besuchte ich sie seltener. Dann wurde sie krank und war ›hors de concours‹.

Maria und Aldous hatten zu der Zeit ihre Wohnung in Albany aufgegeben und stiegen bei ihren Besuchen in London im Cumberland Hotel ab. Aber eines Tages, 1937, gingen sie für immer fort nach Amerika. Und mit ihnen gingen die großen Freundschaften dahin. Wie sehr sie Illusionen von meiner Seite waren, wie weit Wirklichkeit, werde ich niemals genau wissen. Ich liebe Illusionen, solange ich mir ihrer nicht bewußt bin, und ich nehme Enttäuschungen in Kauf, wenn sie mir die notwendigen Stützen liefern, um fester und mit mehr Vertrauen voranzuschreiten. Aber wehe, wenn Illusionen zu früh entdeckt werden und wenn die Erniedrigung größer ist als der Selbstbetrug und der Verlust. Ich war so glücklich, meine Illusionen erst zu entdecken, als ich über sie hinausgewachsen war.

Nach Marias Abfahrt verließ ich Dalmeny Court und zog in eine bescheidenere Umgebung nach Strathmore Gardens, nahe Notting Hill Gate. Mit dem Wechsel des Milieus ging der Wechsel meiner Bekanntschaften einher, die Änderung des sozialen Standes und der Verhaltensweisen. Ich fand Leute, die mehr meiner eigenen Herkunft entsprachen. Aber noch immer konsultierten mich viele Mitglieder bedeutender Familien, und ich gewann auch unter ihnen viele Freunde.

Die guten, soliden Frauen im Tweed zogen mich genauso an wie die eleganten Ladys mit dem Haus auf dem Land. Es war eine der ersten Kategorie, die mir nicht nur ihre Freundschaft gab, sondern auch ein Zuhause und ein jährliches Einkommen. Ich kannte sie nur ein paar Wochen, als ich einen Dankesbrief für meine Hilfe und einen Scheck über 100 Pfund von ihr erhielt. Sie war keine reiche Frau; sie war eine Idealistin.

Frances gehörte zu der Truppe großartiger alter Mädchen, die der Erste Weltkrieg um ihre natürliche Bestimmung gebracht hatte. Sie war eine der unabhängigen, professionellen alten Fräuleins, die ihr ganzes Leben lang auf der Suche bleiben und die lobenswerte Eigenschaft haben, Missionen auf sich zu nehmen. Die Flüchtlinge waren das geeignete Ziel ihrer Barmherzigkeit und ein Zentrum neuen Interesses. Der Geist des Puritanismus war unter diesen alten Jungfern noch am Leben, entweder in Form einer Religion oder als ein Überbleibsel davon. In ihren eigenen Augen waren sie sündig, denn sie hatten mit der Begierde geflirtet und sich, geschockt von ihrem eigenen Wagemut, zurückgezogen in den Schlupfwinkel ihrer Bußfertigkeit. Wie seltsam sie in den Verhaltensweisen ihrer frustrierten Wünsche sein mochten, sie waren phantastische Persönlichkeiten von Wert für die Gesellschaft und insbesondere für diejenigen, die ihr Interesse auf sich zogen. Ihre soliden und zuverlässigen Beziehungen machten sie zu einem wahren Wunder für mich. Solcher Loyalität und Hingabe war ich noch nie begegnet. Frances, eine Freundin von Nan und Gwen und Claud machten mich mit dem Salz der ›bourgeoisie anglaise‹ bekannt. Man akzeptierte mich auf neue Weise, natürlich und persönlich, und ich fing an einige meiner peinvollen Ängste abzuschütteln. Claud unterstützte meine Handdiagnostik auf seine stillschweigende und mutige Art und Weise, indem er ihr den Vorzug gab vor der Diagnose eines berühmten Endokrinologen.

Frances' wirksamste Aktion zu meinen Gunsten war die Beschaffung einer Wohnung, zusammen mit Nan. Frances hatte das Haus in der Tregunter Road entdeckt und Nan mietete einen Teil davon und überließ mir zwei Räume. Zu Beginn hatte sie Vorbehalte, ihre Wohnung mit einer Fremden zu teilen, doch kaum wohnten wir zusammen, nahm sie mich unter die Fittiche ihrer mächtigen Flügel, und das war der Start zur besten und gesündesten Phase meines Lebens in England. Sie dauerte etwa zwei Jahre.

Frances hatte die meiste Zeit in Amerika gelebt und sie verließ London, als alles für meine Niederlassung dort arrangiert war. Sie und Nan hatten denselben internationalen Horizont, beide gehörten großen liberalen Familien an. Beide hatten den Kontinent und die sieben Meere bereist. Frances hatte viele Jahre in China gelebt und dort Volkskunst studiert und nach alten chinesischen und frei erfundenen modernen Mustern Schmuck hergestellt. Sie verdiente selbst, und das war in ihrem Fall Luxus und keine Notwendigkeit. Nan hatte finanziell nie auf eigenen Füßen gestanden; ihre Familie besaß ein beträchtliches Vermögen. Während Frances ein zurückgezogenes verinnerlichtes, selbstgenügsames Dasein führte, war Nan bis in ihr hohes Alter ein geselliges Wesen, das gern ausging und durch Charme, Intelligenz und die Fähigkeit zuzuhören, Menschen anzog. Beide blieben unverheiratet; Nan bewältigte die Rolle einer unverheirateten Frau mit Geschick, man fühlte, ihr hatte nie etwas gefehlt; sie schien vollkommen zu sein. Frances, wie so viele ihrer Artgenossen, zeigte Spuren von Frustration und mangelnder Erfüllung.

Nan überbrückte zwei Welten, die ich in England kennengelernt hatte: die Welt der herrschenden Klassen und die der Bourgeoisie. Sie war stolz darauf, aus einer Beamtenfamilie und nicht aus der Aristokratie zu stammen. Ihr Interesse und ihre Zuneigung waren für mich von noch größerem Wert als ihre materielle Hilfe, Wohnung und Befreiung von Alltagssorgen. Alles war vorbereitet für mich, und ich konnte mich auf meine Forschungsarbeit und die Psychotherapie konzentrieren. Unter dem Schutz einer ungewöhnlichen Frau lebte ich in einer guten Welt. Nan war schon in den Sechzigern, aber sie bewegte sich mit der Hurtigkeit und Energie einer Achtjährigen. Ihre Beine und Fesseln waren die eines Vollbluts. Ihr Gesicht enthüllte den Widerspruch zur viktorianischen Erbschaft: Überschwenglichkeit und joie de vivre kontrastierten mit der Unterdrückung von Sinnlichkeit. Die obere Hälfte ihres Gesichts zeigte das Verlangen nach Lust; ihre leuchtenden, leicht hervortretenden Augen und ihre ganze Körperhaltung bezeugten dasselbe. Ihre schmalen, dünnen Lippen verrieten die Furcht vor sich selbst, den Mechanismus der Unterdrückung, während ihr fliehendes Kinn einen gewissen Mangel an Willensstärke vermuten ließ. Schuldgefühl und Glaube an die Erbsünde gaben den Ausschlag zugunsten des Verzichts auf körperliche Gelüste. Ihre Hände waren von unpassender Häßlichkeit, zu groß im Vergleich zu ihrem kleinen Kopf, eine Disproportion, die ich bei Leuten guter Herkunft oft angetroffen habe.

Was Nan ganz besonders auszeichnete, war die harmonische und anmutige Stirn, die sie der Welt zuwandte, und die selbstverständlichen moralischen Wertmaßstäbe, nach denen sie lebte. Die komplizierte Mischung gegensätzlicher Elemente war vollendet worden durch die eiserne Disziplin ihrer Erziehung und durch die Festigkeit ihres sozialen Kodex. Sie war ein Typ, den ich nie zuvor gesehen hatte, und ich bewunderte sie. Menschen wie sie schienen mir die Verkörperung menschlicher Noblesse zu sein.

Wie andersartig und fremd fühlte ich mich in ihrer ermutigenden Gesellschaft! Ich sehe jetzt, daß ich Nan und ihresgleichen wahrscheinlich aus meinem eigenen Sicherheitsverlangen heraus idealisiert habe.

Andere Bedürfnisse jedoch waren genauso stark, besonders das nach einer unbefangenen Freundin, einem vertrauten Wesen, das meinem eigenen Temperament näher war. Ich fand sie zur selben Zeit, als auch Frances und Nan in mein Leben kamen, und wiederum durch meinen Beruf. Meine Freundschaft mit Fritzi Massary fing sehr romantisch an. Sie konsultierte mich, aber ohne ihren Namen zu verraten. Auf dem Kontinent kannte sie jeder als den größten Operettenstar. Sie kam verschleiert, aber ich ahnte, wer sie war. Ich war entzückt, als sie mir ihren Namen sagte. Wir wurden Freunde auf den zweiten Blick. Bis zu ihrer Abreise nach Kalifornien 1939 sah ich sie fast jeden Tag. Ich war geschmeichelt, die Freundin der Greta Garbo der leichten Muse zu sein, deren Name in der deutschsprachigen Welt magische Anziehungskraft besaß. Zur Zeit des Ersten Weltkriegs gab es eine Zigarettenmarke ›Die gute Massary‹. Das erzählte sie mir voller Freude, und auch, daß Lehár ›Die lustige Witwe‹ für sie geschrieben und sie bei der Uraufführung in Wien 1903 die Hauptrolle gesungen hatte.

Noel Coward hatte ihr vorgeschlagen, eine Rolle in seiner Operette zu übernehmen, was eine schwierige Aufgabe war für jemanden, der nicht sehr gut englisch konnte. Hoch in den Fünfzigern hatte sie immer noch Charme, Anziehungskraft, Eleganz und Ausstrahlung, die sie zur First Lady der europäischen Bühnen gemacht hatten. Aber unsere Freundschaft wäre nicht so eng und so angenehm gewesen, wenn sie nichts als ein Star gewesen wäre. Sie besaß eben auch eine ausgezeichnete Menschenkenntnis und einen sicheren Blick für Werte und Vorzüge; ihre Interessen gingen weit über die Bühne hinaus. Sie war eine kultivierte, hochintelligente Frau, die sich von den Problemen anderer Menschen und vom Gang der Welt betroffen fühlte.

Ihr sicheres, fachliches Urteil über das Theater öffnete mir die Augen für die Schauspieltechnik. Sie nahm mich in einige Stücke mit, ich erinnere mich an ›Dear Octopus‹ von Dodie Smith und an ein Shakespearestück mit Ivor Novello in der Hauptrolle.

Ivor Novello bewunderte Fritzi sehr, wie ich gelegentlich eines Essens in Covent Garden bemerken konnte. Durch Fritzi kam ich wieder in die Zauberwelt des Theaters, und diesmal war ich mehr als nur Zuschauer. Wir standen auf der gleichen Ebene und unsere Beziehung hatte eine gesunde Basis: unser gemeinsames Judentum und jenes Gefühl leidenschaftlicher wechselseitiger Anteilnahme, das mit vollständigem Verstehen einhergeht.

Durch sie lernte ich, mich natürlich zu benehmen, wohin ich auch ging. Ich half ihr, wenn die Furcht vor dem Auftritt sie packte. Sie half mir dadurch, daß ich mit ihr meine persönlichen Probleme durchsprechen konnte, und mehr noch durch ihre bloße Anwesenheit. Ich begleitete sie zu ihrer ersten Vorstellung in Manchester und sah auch Noel Coward kurz. Eine so vollständige gegenseitige Anteilnahme habe ich mit keinem meiner englischen Freunde jener Tage erlebt. Einmal saß ich beim Tee in meiner Wohnung zwischen Fritzi und Nan und mir war, als triebe ich zwischen zwei Welten, die sich niemals treffen würden und die sich, absolut unvereinbar, gegenseitig ausradierten. Ich konnte keine Brücke bauen zwischen beiden, obgleich ich sie beide liebte. Als Fritzi nach Amerika gegangen war, wurde ich gänzlich in die Welt meiner englischen Freunde geworfen, und nach und nach wurde mir klar, wie wenig ich ihr angehörte. Ich kam zu der Einsicht, daß ich, obschon adoptiertes Kind des Landes und nach dem Krieg Trägerin eines britischen Passes, immer eine Fremde bleiben würde.

IV

Kann man überhaupt je von Menschen als ebenbürtig akzeptiert werden, unter denen man nicht geboren ist? Ich zweifle daran. Die Barriere zwischen Inselbriten und einer Person vom Kontinent zum Beispiel hebt sich auch mit der Zeit nicht. Eingebürgerte Ausländer bleiben permanente Außenseiter. Ich tadle diese Gesetzmäßigkeit nicht; im Gegenteil, ich finde, sie gibt mir einen weiteren, distanzierteren Blick für das Land. Ich fühlte mich nie wirklich einbezogen in seine Politik und es fiel mir nicht ein, daran teilzunehmen. Ich bleibe draußen, ein Bürger der Welt, eine internationale Jüdin mit einem britischen Paß.

Hinter ihrem Zuvorkommen Fremden gegenüber, hinter ihrer Gastfreundschaft und Humanität haben die Engländer viel zuviel Scheu, gefühlsmäßig involviert zu werden, als daß sie irgend jemand außerhalb ihres Verwandten- und Bekanntenkreises an sich heranließen. An der Oberfläche trifft man Großzügigkeit, Selbstlosigkeit, religiöse und moralische Haltungen. Es mag sogar aussehen wie Freundschaft und Liebe, ist es aber nicht. Die Engländer sind die größten Narzisse, die mir je über den Weg gelaufen sind. Ihr prächtiges sympathisches Benehmen ist das Produkt einer koketten Form von Mitleid. Ich bin zu dem Schluß gekommen, daß die meisten meiner englischen Vorkriegsfreunde in der Tat Wohltäter waren, die ihre Selbstbefriedigung daran fanden, Gutes zu tun. Ganz natürlich enthält alles, was nach Mitleid schmeckt, für den Empfänger das Gift der Kränkung. Als meine wirkliche Position deutlich wurde, zog ich mich zurück und schloß mich Leuten an, die, wie ich meinte, in ihrer Überzeugung und ihrem Glauben nicht von den Kodizes der englischen Aristokratie und ›haute bourgeoisie‹ bestimmt waren.

Ich sah mehr Quäker und Ausländer. Die Klassenunterschiede waren nicht der einzige Grund für die Mißverständnisse und unvollkommenen menschlichen Beziehungen, die ich beobachtete. Meist war Narzißmus der Grund, und der geht durch alle Klassen. Dies ist ein sehr allgemeines Urteil; ich bin mir vollkommen im klaren, daß viele Bewohner dieses Landes nicht in diese oder irgendeine andere Schublade passen; ich bin jedoch sicher, daß es einen kollektiven oder nationalen Charakter gibt, und über den spreche ich.

Es ist bekannt, daß es in Großbritannien noch beträchtliche Klassenunterschiede gibt und daß das Kleinbürgertum ebenso wie die Arbeiterklasse ein Gedächtnis haben, wie man es gemeinhin Elefanten zuschreibt. Sie können die Vergangenheit, die Ungerechtigkeit und das Elend, das sie erduldet haben, nicht vergessen. Warum sind sie so starr auf Rache an ihren früheren Unterdrückern fixiert? Es liegt daran, glaube ich, daß ihre Entwicklung sowohl kollektiv als auch individuell stagniert. Wie die anderen Schichten der englischen Gesellschaft sind auch die Arbeiter noch in der narzißtischen Phase und werden dort bleiben, bis ein gewaltiger Stoß sie in eine andere Phase und in neue Haltungen treibt.

Alle Engländer (von den Außenseitern abgesehen) haben etwas gemeinsam: sie sind nicht aggressiv und in ihren peripheren Kontakten freundlich. Hinter der verbindenden Fassade von Freundlichkeit aber lauert die Feindschaft der Beleidigten und jetzt, im Zeitalter des Gemeinen Mannes, ist man bereit, der Wut freien Lauf zu lassen, auf feine und auch auf weniger feine Weise. Proletariat und Kleinbürgertum hängen materiellen, selbstsüchtigen und egoistischen Zielen nach, ohne den leisesten Sinn für das Wohl des ganzen Landes. Was fehlt, ist eine verbindende Kraft zwischen den Schichten und den Individuen. Illusionen haben ein zähes Leben, besonders wenn sie als Krücken dienen. Vor dem Krieg wußte ich nichts von dem, was ich jetzt sage. Nach dem Einschnitt 1945 habe ich den Wohlfahrtsstaat mit seinen Vor- und Nachteilen erlebt. Auf der Sollseite brachte er ein Anwachsen von Apathie und Gleichgültigkeit, auf der Habenseite bescherte er Großbritannien ein neues System der Gesundheitsfürsorge und Pensionen. Obgleich der ›National Health Service‹ in mancher Weise die Verhätschelung der Bevölkerung auf die Spitze treibt, übersteigen seine Vorteile die Nachteile doch bei weitem.

Was sind die Gründe des englischen Narzißmus? Kapitalistische Selbstüberhebung würde nur erklären, warum er in der Oberklasse vorkommt. Narzißmus ist ein Symptom von Regression. Das liefert vielleicht den Schlüssel des Problems. Menschen regredieren, wenn sie zu viel oder zu wenig Schutz und Liebe erfahren. Das erstere war der Fall für die Oberschicht in den Tagen der Prosperität — wie auch für die Unterschicht in der jüngeren Vergangenheit. Das Empire, mit seiner Macht und seinem Reichtum, hat der englischen Oberklasse psychologisch geschadet; der Wohlfahrtsstaat schadet der Arbeiterklasse psychologisch. Es ist die Aufgabe der Anthropologen, tiefer in dieses Problem einzudringen.

Den Höhepunkt an Narzißmus hat England in seiner jungen Generation erreicht. Wenn man puppengleiche Mädchen und leicht imbezille junge Männer in Phantasiekostümen die Straße hinunterparadieren sieht, so springt die Diagnose geradezu in die Augen: sie wollen der Verantwortung davonlaufen und lieber eine Show abziehen als leben. Mädchen, die als Dekoration dienen und Kleinkinder bleiben — in den Popsongs heißen sie immer ›Baby‹, — haben ihre Humanität für äußerliche Reize eingetauscht, und für was für Reize. Ich weiß, es gibt noch eine andere Seite der Medaille; sie sind prächtige junge Menschen. Sie kommen aus Elternhäusern, wo sie Liebe und Schutz erfahren haben ohne verhätschelt worden zu sein. Ich bin weder Lehrer noch Priester. Ich beleuchte nur Tatsachen, um zu sehen, was sie wert sind. Und ich kann der Versuchung nicht widerstehen, auf folgendes wohlbekannte psychologische Gesetz hinzuweisen: je apathischer Menschen sind, je weniger sie sich umeinander kümmern, desto mehr sind sie in Gefahr, die Skala der Regression weiter hinabzugleiten bis sie schließlich wieder zu Kleinkindern werden, die man am besten mit Löffeln füttert. Das ist der kritische Punkt, wo sie reif sind für ein totalitäres Regierungssystem, wo große Väter füttern und schlagen.

In einigen Dingen haben die Engländer sich seit der Vorkriegszeit nicht geändert. Noch immer kümmern sie sich um ihre eigenen Angelegenheiten und lassen einen in Frieden, was eine schätzenswerte Eigenschaft ist. Die ›jeunesse dorée‹ der späten dreißiger Jahre hatte schon viele Umgangsformen der ›jeunesse fantaisiste‹ von heute. Jeder nennt jeden beim Vornamen von der ersten Begegnung an und keiner gibt beim Abschied die Hand. Ein gekünsteltes und oberflächliches Vertrautsein geht einher mit mangelnder Empfindsamkeit. »Laßt uns hübsch lustig und fidel sein miteinander und bloß keine Probleme« — das ist das Leitmotiv.

Ich lebte noch im Feenland der Illusionen, als ich in den späten Dreißigern einen hübschen Querschnitt der englischen upper-class-Jugend kennenlernte. Ich war entzückt und geblendet von ihrer scheinbaren Ungezwungenheit, ihrem Charme und ihren Verhaltensnormen. Eine ganze Zahl untätiger und ziemlich einfältiger junger Männer bewunderte Hitler, und das regte mich nicht einmal auf. Von den Frauen dachte ich noch besser, sie schienen so freundlich, natürlich, so überlegen und offen, ebenso vergnügungssüchtig wie die Männer, aber bewußter und zynischer. Als der Ruf an die Front kam, verwandelten sie sich über Nacht in Mädchen in Uniform mit einer Anpassungsgabe, die das Ergebnis guter Gesundheit und bester Erziehung ist. Was konnte mir fremder sein als diese jungen Leute? Ich bestaunte sie wie Wesen aus dem Paradies, Lieblingskinder der Götter.

Ich übersah damals ihre narzißtische Oberflächlichkeit und ihr Klischeedenken, beides kam erst zum Vorschein, als ich sie zehn Jahre später in Frankreich sah. Da erkannte ich ihre eingefrorenen Verhaltensmuster, ihre Hemmungen und den Mangel an Natürlichkeit, das alles stand in schroffem Gegensatz zu den Franzosen. Engländer in einem mediterranen Land zu beobachten, gibt einem eine Lektion, wie deutlich von Repression verformte Bewegungen auftreten können.

Trotz ihrer Hemmungen und ihres Straußen-Verhaltens, was ein Teil der narzißtischen Attitüde ist, war die englische Jugend die Rettung ihres Landes. Sie hat bewiesen, daß unter ihrer Oberflächlichkeit eine Reserve großartiger Energie und intellektueller Kraft verborgen liegt. Sie kam zum Vorschein, als sie mit dem Rücken zur Wand standen. Die Engländer sind groß in der Defensive. Sie identifizieren sich miteinander, wenn sie *gegen* etwas kämpfen. Ob sie dazu auch fähig sind, wenn sie *für* etwas kämpfen?

Vitalität bricht durch den Damm der Repression entweder als ein Laster oder als harmlose Exzentrizität, und Exzentrizitäten sind vielleicht die Pfeiler einer neuen und besseren Welt. So betrachtet wachsen Laster und Tugend wirklich auf einem Boden. Es gibt eine Anzahl esoterischer religiöser Sekten, die viele junge (und ältere) Leute aufnehmen, und ich frage mich, ob nicht sie es sind, die dieses Land vor der Zerstörung bewahren; und vielleicht andere Länder ebenso. Viele der ›jeunesse fantaisiste‹, die sich in Drogenkonsum und Kriminalität geflüchtet haben, finden vielleicht mit Hilfe religiöser Sekten ihr wahres Selbst, so wie die Vorkriegsjugend durch die Verteidigung ihres Landes den Schock erlebte, der ihnen ihre wahre Identität enthüllte.

Ich hatte Gelegenheit, die goldene Jugend Englands vor und nach dem Krieg zu sehen. In ihrem Verhalten war kaum eine Veränderung zu entdecken. Aber geändert hatten sie sich doch. Vor 1939 suchten sie psychologischen Rat. Nach 1945 gingen sie zur Berufsberatung.

V

Bis dahin hatte ich in einigen Büchern und Zeitschriften meine Methode diagnostischer Handlesetests dargelegt, und jetzt will ich auf jene Forschungsjahre zurückkommen, die mit meiner Arbeit im Zoologischen Garten begannen.

Aldous und Maria Huxley hatten Professor Julian Huxley gebeten, mich als wissenschaftlichen Mitarbeiter im Tiergarten einzustellen, und er hatte ihrem Wunsch entsprochen. Ich hatte ihn und seine Frau schon während meines Besuches 1935 kennengelernt, und das gab meinem neuen Einsatz eine angenehme persönliche Note. Die Wärter und jungen Assistenten halfen mir, Abdrücke der Extremitäten aller Affen und Menschenaffen der neuen und alten Welt zu nehmen. Die Affenwelt entzückte mich auch außerhalb meiner Arbeit. Ich sah unsere Vorfahren zum ersten Mal in ihrem eigenen Element, kreischen, knabbern, wie sie Nachwuchs zeugten und die prächtigsten akrobatischen Tänze ausführten. Wer kann je die Gibbons vergessen, wie sie durch die Luft schwingen, von Baum zu Baum, mit der Gewichtslosigkeit von Vögeln?

Die große Aufgabe, die ich in Angriff genommen hatte, machte viele Besuche nötig, und mehr als ein Jahr lang inspizierte ich mein ›Material‹ einmal die Woche. Die Schimpansen nahmen den Kontakt sofort auf: wenn ich auftauchte, hielten sie sofort die Hände hin, und sie hatten nie etwas gegen meine Operationen einzuwenden. Beim Gorilla dagegen hatte ich kein Glück. Er war zu gefährlich, um sich ihm zu nähern, aber das Schicksal wollte, daß er starb, und ich bekam die Abdrücke. Die Atmosphäre in diesem Lebenslaboratorium war eine Erfahrung für sich. Ich befreundete mich mit den Assistenten und Wärtern und genoß die Gastfreundschaft der Huxleys, die innerhalb des Gartens wohnten. Einer der Wärter sagte mir eines Tages: »Das ist die interessanteste Untersuchung, die hier je gemacht wurde. Ich glaube, Sie sind auf eine Goldmine gestoßen.« Ich bekam nie ein größeres und willkommeneres Kompliment.

Die Huxleys machten mich mit Mary Adams bekannt, die damals Fernsehproduzentin war, und so erschien ich zweimal auf dem Bildschirm, einmal mit einem Schimpansen und einem zoologischen Assistenten, und einmal demonstrierte und erklärte ich meine Handdiagnostikmethode allein.

Wichtiger als diese Ereignisse waren die beiden Veröffentlichungen meiner Forschungsergebnisse in den ›Proceedings‹ der ›Zoologischen Gesellschaft‹ im Jahre 1937 und 38. Die zweite Veröffentlichung stimmte fast mit einem Artikel für die ›Encyclopédie Française‹ überein, zu der Professor Wallon eine Einführung beigesteuert hatte.

Jetzt hatte ich eine neue Empfehlung, die ich dem höchsten Lernzentrum, der Universität, präsentieren konnte; außerdem sprach noch für mich, daß ich gleichzeitig mit meinen Untersuchungen an Affen und Halbaffen Gastforscherin an der ›Jewish Child Guidance Clinic‹ in East End gewesen war.

Wenn ich mich recht erinnere, hatte Bertha Bracy den Kontakt mit Dr. Emanuel Miller, dem Direktor der Klinik, hergestellt. Dort konnte ich die Arbeit fortführen, die ich in Frankreich begonnen hatte. Dr. Miller unterstützte und beaufsichtigte meine Arbeit mit demselben Verständnis und derselben Vorurteilslosigkeit, die ich bei Professor Wallon und anderen Ärzten in Paris gefunden hatte. Wieder hatte die Arbeit einen nützlichen Nebeneffekt: die Begegnung mit (meist orthodoxen) jüdischen Kindern und Lehrern. Ich wurde mit jüdischer Wärme vom Personal und von den Eltern, die die Klinik besuchten, aufgenommen. Niemals sah ich die Seitenblicke und die Augen voll unterdrückter Furcht, denen ich bei einigen assimilierten Juden begegnet war, die nicht als solche erkannt werden wollten und sich aus naheliegenden Gründen vor Flüchtlingen fürchteten. Die East Ender bewiesen mir von neuem, daß wir Juden ein Volk sind. Ich erkannte sofort jeden, der zu meiner Rasse (ein anrüchiger aber zutreffender Begriff) gehörte. Dem scharfsichtigen Blick sind Juden, ob blond oder schwarz, ob haken- oder kleinnasig, sofort erkenntlich. Wir Juden sind unmißverständlich gezeichnet, ob uns das lieb ist oder nicht. Ich für meinen Teil wünsche mir nicht, eine Ausnahme zu sein, denn ich bin glücklich, die charakteristischen Zeichen der großen verfolgten Gemeinschaft zu tragen, die niemand und nichts je vollständig zerstören kann. In der heimischen Atmosphäre der Jewish Child Guidance Clinic sammelte ich eine Menge zusätzlicher Daten für meine Erforschung der Handlinien gestörter Kinder.

Krankheit und Abnormalität sind die wichtigsten Lehrer der Medizin und Psychologie, und ich wußte, daß ich auf der richtigen Spur war, als ich zuerst die Hände einiger abnormaler menschlicher Wesen studierte, mit dem Ziel, allmählich zu leichteren Fällen von Abnormalität vorzuschreiten. Zur Kontrolle war es ebenfalls nötig, Material von sogenannten normalen Menschen zu sammeln. ›Sogenannt‹, weil Normalität nicht existiert; potentiell sind wir alle krank und verrückt, und Gesundheit ist nur der glückliche Mittelzustand, wo keine Symptome der Abnormalität festgestellt werden können.

Ich mußte die Hände von weniger gestörten oder ›normalen‹ Personen erforschen, und ich hielt es für wahrscheinlich, sie unter den Universitätsstudenten zu finden. Das war einer der Gründe, weshalb ich um Zulassung an das University College, Gower Street, nachsuchte. Ein wichtigerer war vielleicht, daß ich die Anerkennung meiner Arbeit durch die Universität wünschte. Ich wußte, daß ich dort wissenschaftlich kontrollierte Experimente würde machen können, die meine Forschungen in das Gebiet der Experimental-Psychologie einreihten.

Meine frühere Arbeit in Frankreich, meine Studien im Zoo und die Forschungen in der ›Jewish Child Guidance Clinic‹ waren eine gute Empfehlung für

Professor (jetzt Sir) Cyril Burt, dem Direktor des ›Department of Psychology‹. Im Herbst 1937 wurde ich als Forschungsstudent am ›University College‹ eingeschrieben. Ich war gehobener Stimmung; ein weiterer Schritt in Richtung auf mein Ziel war getan. Ich legte damals sehr viel Wert auf mein Judentum, vielleicht aufgrund des Kontaktes mit East-End-Brüdern oder aber wegen der Kälte und der Furcht, die ich bei einigen assimilierten englischen Juden angetroffen hatte. Als Professor Burt mich fragte: »Sind Sie Deutsche oder Österreicherin?«, antwortete ich: »Keins von beiden, ich bin Jüdin.« Die Antwort muß zu stark gewesen sein, denn ich fühlte, daß ich den Professor unbeabsichtigt zurechtgewiesen hatte und daß das Unterstreichen meiner Herkunft einen Unterton von Protest hatte. Aus diesem Grund wurde ich nie recht vertraut mit ihm. Zum Glück war dies kein Handicap, denn ich wurde einem seiner Assistenten zugeteilt, Dr. William Stephenson, heute Psychologie-Professor in den USA.

Dr. Stephenson, ein Yorkshire-Mann, untersetzt, mit rötlichem Haar, besaß alle Vorzüge, die ich mir für den Prüfer meiner Arbeiten nur wünschen konnte. Hier war ein Mann von auffallendem Temperament, diskussionsfreudig und freimütig, der nicht bloß an Ideen sondern mehr noch am Kampf für seine Überzeugungen interessiert war. Er akzeptierte mich ohne irgendein Vorurteil. Er begriff blitzartig die Möglichkeiten meiner Arbeit, und wir starteten sofort ein Experiment, das beweisen sollte, daß ich meine Informationen über Menschen allein aus ihren Händen gezogen hatte und nicht aus anderen Quellen, aus meiner Eingebung, ihrem Gesichtsausdruck, der Stimme usw. Keine der Versuchspersonen war mir bekannt, ich konnte deshalb keine Erinnerung an ihre Persönlichkeit hervorholen. Sie wurden hinter einem dicken Vorhang versteckt, nur ihre Hände ragten durch ein Loch zu mir heraus. Ich nahm Abdrücke von beiden Händen und machte alle notwendigen Anmerkungen über Form, Nägel, Feuchtigkeit, Temperatur etc. der Hände. Die Versuchspersonen waren angewiesen, kein Wort zu sagen, damit ihre Stimmen mich nicht beeinflußten.

Die Resultate dieses Experiments wurden 1941 im ›Journal of Medical Psychology‹ veröffentlicht. Sie waren bedeutend genug, um weitere wissenschaftliche Forschung anzuregen. Die Statistiken und die allgemeine Aufmachung des Aufsatzes wurde von Dr. Stephenson erledigt, und er korrigierte auch mein fehlerhaftes Englisch. Diese Studie verschlang viel Zeit, obschon das Experiment selbst nicht mehr als sechs Monate in Anspruch genommen hatte. Meine Interpretationen, die Kontrollverfahren und die notwendigen Statistiken hielten meinen Kontakt mit Dr. Stephenson jahrelang aufrecht. Kurz nachdem das eigentliche Experiment beendet war, wurde Dr. Stephenson zum ›Assistant Director‹ des Instituts für Experimental-Psychologie an der Universität Oxford ernannt. Er übernahm mich nicht mit auf diesen Posten, aber er überwachte mein Projekt bis zur Veröffentlichung. Wir sahen uns häufig, um die Form der Veröffentlichung zu besprechen — entweder besuchte ich ihn in Oxford, oder wir trafen uns in einem Café in der Nähe von Paddington Station in London. Später konnten wir uns nur noch in London treffen, denn ich benötigte jedesmal, wenn ich die Stadt verlassen wollte, eine polizeiliche Erlaubnis.

Bei meinen Besuchen in Oxford genoß ich nicht nur Gastfreundschaft, sondern Mr. und Mrs. Stephenson gaben mir das Gefühl, ihnen eine Freundin zu sein. Wieder einmal hatte mir meine Arbeit persönliche Beziehungen eingetragen. Ich fühlte mich wie zu Hause bei ihnen und staunte über ihre unbekümmerte Lebensweise. Dr. Stephenson hatte den Körper eines Athleten, und er glich eher einem Rennfahrer als einem Psychologen. Seine Frau dagegen war zart, schwarzhaarig und klein; sie hob nie die Stimme und keine Hausarbeit schien ihr zuviel. Vier Kinder quirlten im Haus herum, aber ich beobachtete nie irgendeine Nervosität, wenn sie auf uns herumkrochen. Die Stephensons wurden spielend damit fertig. Er verstand es, scharfsinnige Gespräche zu führen, im Lärm und im Chaos des glücklichen Zuhauses ebenso wie im Getöse des kleinen Cafés, wo ich ihn traf. Er war ein glücklicher, großzügiger Mann, der sich nie schonte.

Ich bin immer wieder verblüfft von der Simultaneität von Beruf und Leben, die durch das Schreiben unmöglich wiedergegeben werden kann. Immer wieder komme ich auf die merkwürdigsten Zusammenhänge von Leben und Arbeit in ein und derselben Periode zurück. Wie brachte ich all das zuwege, frage ich mich. Was für eine Energie, was für einen Antrieb hielt den Kopf und den ganzen Organismus bei derart widersprüchlichen Gedanken und Taten all die Zeit auf vollen Touren? Zwang und Bedürfnis produzieren jene Kräfte, die unter Hypnose frei werden, und revolutionäre Leistungen sind das Ergebnis von Selbsthypnose. Außer diesem Phänomen hatte ich noch die Jugend auf meiner Seite, um meine hochgesteckten Ziele zu verwirklichen.

Während ich noch mit Forschungen am University College beschäftigt war, führte mich ein Empfehlungsschreiben von Professor Wallon bei dem medizinischen Leiter des ›St. Lawrence Hospital‹ von Caterham, Surrey, ein, wo über 200 Geistesgestörte aller Altersstufen untergebracht waren. Jetzt konnte ich meine Handlinienstudien auf breiter Ebene auch auf Geisteskranke ausdehnen. Dr. Earle, der das Werk Wallons kannte und bewunderte, öffnete mir die Tore des Hospitals, und ich nahm einmal in der Woche den Green Line-Bus, fuhr nach Caterham und blieb den ganzen Tag dort.

Das Krankenhaus stand auf einem Hügel in einem großzügigen und schönen Gelände, das merkwürdig mit den grauen, ungewaschenen alten Gebäuden kontrastierte, die den drohenden Anblick eines Gefängnisses boten. Die Atmosphäre drinnen verscheuchte diesen Eindruck, hauptsächlich durch die Persönlichkeit von Dr. Earle, aber auch durch die modernen Behandlungsmethoden und die Humanität des gesamten Personals.

In einer Institution wirkt die Einstellung und das Beispiel der leitenden Persönlichkeit auf alle zurück, die sich in ihr befinden. Dr. Earle, ein geborener Ire, war ein Menschenfreund und der geborene Kämpfer für Patienten und progressive medizinische Praxis. In mancher Hinsicht ähnelte er Dr. Stephenson. Beide waren Stützpfeiler meiner Studien. Die Mediziner bilden eine internationale Brüderschaft, und Feindschaft zwischen Kollegen ist eine Art Sakrileg. Ich habe dieselbe Solidarität in Deutschland, Frankreich und England erfahren, mit nur zwei Ausnahmen: eine im Deutschland der Nazizeit, die andere in London. Mit meinen Kollegen am St. Lawrence Hospital stellte ich sofort eine gute Beziehung her und das Krankenhaus wurde eine heimische Zuflucht.

Alle interessierten sich für meine Forschungen, und ich bekam jede erdenkliche Hilfe. Dr. Earle kam mit mir auf die Stationen und sah meiner Arbeit zu, wann immer es möglich war. Mit der Zeit entdeckte ich eine beträchtliche Anzahl bis dato unbekannter Handzüge, und hierdurch überzeugte sich Dr. Earle vom diagnostischen Wert meiner Handstudien.

Eine Gesetzmäßigkeit meines Lebens wurde wieder einmal offenbar. Der berufliche Kontakt mit Dr. Earle führte zu einer warmen, dauerhaften Freundschaft.

Er kam aus Dublin, wo er seine Studentenzeit mehr in Gesellschaft von Schriftstellern und Dichtern als von Medizinerkollegen verbracht hatte. Er kannte Yeats und rezitierte mir oft seine Gedichte. Er war ein Mann mittlerer Größe, eine Locke fiel ihm in die breite Stirn, sein Gesicht war blaß mit weichen, braunen Augen, die Blitze aussenden konnten, wenn Dummheit oder Bürokratie seinen Weg kreuzten. Für mich war er eine sanfte Autorität mit progressiver Einstellung und scharfer Intelligenz — der geborene Hypnotiseur. Er demonstrierte in meiner Gegenwart Macht und Technik der Hypnose bei vielen Gelegenheiten.

Er wohnte mit seiner gelähmten Tante zusammen, und ich beobachtete seine chinesische Ehrerbietigkeit der Alten gegenüber, die gepaart war von einer heutzutage unbekannten Höflichkeit, durch die er meine herzliche Sympathie gewann. Obgleich er langsam korpulent wurde, hatte er rasche, jähe Bewegungen und eine sprunghafte Gestik, die Zeugnis ablegten von seinem impulsiven Temperament. Wir hatten eine seltsame Affinität zueinander, wenn man bedenkt, wie weit unsere Geburtsorte voneinander entfernt waren und wie verschieden unser kultureller Hintergrund war. Unser beruflicher Kontakt und unsere Freundschaft dauerten so lange, bis er krank wurde und sich nach Irland zurückzog, wo er vor zehn Jahren starb. Nach dem Krieg lud Dr. Earle mich ein, eine Handlinienstudie emotional gestörter Kinder (aus der Oberklasse) in Monyhull Colony zu machen, wo er seit dem Sommer 1939 medizinischer Superintendent war.

Meine Zeit am St. Lawrence Hospital war wohl die konstruktivste und erfreulichste, gemessen an den Anregungen und Entdeckungen, die ich machte, und den menschlichen Beziehungen zu fast allen Kollegen.

Die Patienten, soweit sie zugänglich waren, gewöhnten sich gut an mich, und ich hatte meine besonderen Lieblinge unter ihnen: die mongoloiden Kinder mit ihrer liebevollen Natur und der lustigen, leichten Art sich zu vergnügen. Die Erforschung der Hände von Geistesgestörten war meine bis dahin umfassendste und fruchtbarste Arbeit. Ich ging alle Stationen durch, untersuchte die Hände von Patienten jeder Altersstufe und erweiterte so das Material, das ich in Livry Gargan unter Professor Wallon angefangen hatte zu sammeln. Ich führte meine Besuche regelmäßig durch bis zum 3. September 1939. Dies Datum setzte einen Punkt hinter einen Abschnitt meines Lebens, und ich mußte all meine geliebten Tätigkeiten für einige Zeit aufgeben.

In der Leere der Interimsperiode, während der ich sowohl von meinen Forschungen als auch von meiner Arbeit als Psychotherapeutin abgehalten wurde, versuchte ich die Daten zu sortieren und Aufzeichnungen für ein Buch zusammenzustellen.

Eine Gemeinschaftsarbeit meiner Kollegen aus Caterham und mir erschien 1941 im ›Journal of Mental Science‹ und mein Buch ›The Human Hand‹[1] folgte ein Jahr später. Die eingehende Studie über Hände von Geistesgestörten konnte erst 1944 im ›British Journal of Medical Psychology‹ veröffentlicht werden.

Ich hörte Chamberlains Botschaft an jenem Septembersonntag bei mir zuhause, als ich gerade mit Nan

---

[1] Deutsch: Die Hand des Menschen. Eine wissenschaftliche Studie. Otto Wilhelm Barth Verlag; Weilheim/Oberbayern, 1970.

Radio hörte. Ihr Haus war die Basis und der Anker meiner Arbeit und meines persönlichen Lebens gewesen. Ich lockerte die Anspannung meiner Forschungen in psychologischem und medizinischem Neuland ein wenig. Vor Beginn der Arbeit hatte ich Ärzte und Psychologen vom Wert meiner Studien überzeugen müssen, deren Gegenstand, nicht unverständlicherweise, mit einigem Mißtrauen betrachtet wurde. Zum Glück fand ich festen Rückhalt zuerst bei Professor Wallon, dann bei den Doktoren Miller, Stephenson und Earle. Aber ich bekam keine finanzielle Hilfe und hatte kein Team, mit dem ich arbeiten konnte. Ich mußte mit einer Aufgabe fertig werden, die zu groß war für einen einzelnen. Die Quäker versuchten bei mehreren Stiftungen ein Forschungsstipendium zu bekommen, aber ihre Versuche schlugen fehl. Ich hatte keine andere Wahl als meine Unternehmungen selbst zu finanzieren, und das konnte ich nur durch Handdiagnosen, verbunden mit psychologischer Beratung. Ich konnte meinen Lebensunterhalt also nicht in meinem Beruf als Arzt verdienen, sondern in einer Disziplin, die alles Medizinische strikt mied. Ich fühlte mich beengt und gequält, von Bedingungen, die dem geistigen Frieden, dem einzigen lohnenden Besitz, in keiner Weise förderlich waren. Ich befand mich in ständigem Aufruhr, angespannt bis an die Grenzen des Erträglichen. Wahrscheinlich hätte ich den Streß nicht ausgehalten ohne eine Wohltäterin, die sich wirklich um mich sorgte, und ohne schöpferische Momente in meiner Forschungsarbeit, die wiederum die Folge meiner menschlichen Beziehungen waren.

Kreative Augenblicke, die Augenblicke der Ewigkeit sind, und menschliche Kontakte, die uns an die Welt binden, sind der fruchtbare Boden, auf dem wir wachsen. Die Bindung an das Selbst kann nur durch diese beiden Faktoren gestärkt und entwickelt werden. Kreativität und Liebe in ihren vielen Formen und Schattierungen sind unser aller Glück. Ohne diese hat das Leben wenig oder gar keinen Sinn.

VI

Im ersten Kriegsjahr war ich eine Gefangene Londons. Wie ich schon berichtet habe, durfte ich die Hauptstadt ohne polizeiliche Erlaubnis nicht verlassen. Die Blockierung meiner Arbeit und meiner menschlichen Kontakte stellten mich auf eine harte Probe. Ich hatte zwar noch ein Zuhause und den Schutz einer Freundin; und die kleinen Zuwendungen von Frances machten mich mit knapper Not unabhängig; aber ich wurde wirklich sehr einsam.

Nan zog sich aufs Land zurück und kam nur zu kurzen Besuchen in die Tregunter Road. Unsere Beziehungen lockerten sich allmählich, denn sie mußte sich auch um andere protégés kümmern. Meine prächtigen Freunde verließen einer nach dem anderen die Stadt und Monat für Monat wurden vertraute Gesichter seltener. Am Ende blieb ich allein mit dem alten Faktotum, das sich um Nan und mich kümmerte. Am Ende des Jahres, als die Bombardierungen anfingen, war nur noch eine Handvoll Leute in der Tregunter Road. Ich schlief jetzt im Keller des Hauses, zusammen mit Nans Faktotum und dem Mädchen des Hausbesitzers, der London ebenfalls verlassen hatte. Und als in der Nähe Bomben fielen, machte ich mich daran, Keats' ›Ode to a Nightingale‹ ins Deutsche zu übersetzen.

London schien enger zu werden, jetzt, wo mir der Weg ins Freie, die Freiheit zu reisen genommen war. Die Bestandteile der joie de vivre waren mit den Lichtern, der Fröhlichkeit und den Freunden verschwunden — oder besser mit den Leuten, die ich für Freunde gehalten hatte.

Es war kein böser Alptraum, es war Nichts, und Nichts aufgemischt mit etlichen Tropfen Gift von verschiedenen Seiten. Die alte Hausangestellte, meine wichtigste Gesellschaft, zog vor mir über ihre geliebte Nan her. Ihre Feindschaft, von Heuchelei verhüllt, machte die Leere unbequem und nagend. Gedanken, die einen fingen wie Spinnweben, waren nicht auf sie beschränkt. Zu meinem Erstaunen begegnete ich ihnen, wohin ich auch kam.

Die Begrenztheit des Lebens mag meine natürliche Sensitivität für aggressive und feindliche Zeichen bei anderen erhöht haben, aber ich hätte es nicht für möglich gehalten, daß ich in diesem Land Antisemitismus und heimtückische Verfolgung erleben würde. Ich wurde eines Besseren belehrt. Nicht nur suchte man mich für antisemitische Bemerkungen und gemeine Blicke auf der Straße und in Läden aus, ich wurde auch als Deutsche geächtet. Seit die Nazis an der Macht waren, hatte ich mich nie mehr mit Deutschland identifiziert und fand diese gedankenlose Haltung von Engländern sehr sonderbar und verletzend. Eines Tages, als ich wieder mal antisemitische Brutalität erfahren hatte, floß der Kelch meiner Bitternis über. Ich warf mich auf meine Couch und war verzweifelt. Dann merkte ich plötzlich, daß ich betete, Worte kamen aus mir heraus, ohne mein Zutun. Ich sagte: »Ich werfe diese unerträgliche Last von mir und ergebe mich einer Großen Macht, die über mir wacht.« Sofort fühlte ich Erleichterung und Freiheit. Ich hatte die Bürde tatsächlich abgeworfen, von der Stunde an kümmerte ich mich nicht mehr darum, daß ich ein Opfer war, nur weil ich zufällig eine deutsche Jüdin war. Bis heute hat mich Feindschaft dieser Art nie mehr berührt. Hatte eine jenseitige Macht mich geheilt oder heilte ich mich selber? Es ist natürlich unmöglich sicher zu sein, aber ich neige doch dem Gedanken zu, daß es mein eigenes Unterbewußtsein war, das mir die Hilfe gab, die ich brauchte.

Meine Befreiung vom ›Hausarrest‹ — oder besser Stadtarrest — kam mit der Bekanntmachung, daß Opfer der Naziunterdrückung in Krankenhäusern arbeiten durften und, wenn sie es wünschten, auf Zeit ins Medizinische Register aufgenommen werden konnten. Jetzt war das St. Lawrence Hospital wieder in meiner Reichweite als ein Ort der Forschung und Beschäftigung. Drei Monate lang besuchte ich es wieder in der Eigenschaft eines locum tenens und führte meine Studien weiter. Ein besserer Wind wehte und brachte Gutes, der Schwund von Freude und Energie schien beendet. Frische Lebensimpulse kamen von verschiedenen Seiten.

Neue Freunde kommen in unser Leben oft durch alte Freunde. Als der Krieg schon zwei Jahre dauerte, erhielt ich eine Einladung von Kate, die mich nach meiner Ankunft in England unterstützt hatte. Kate war eine Engländerin, die in Argentinien geboren war, was in ihr einige Spuren hinterlassen hatte. Sie hatte große leuchtende Augen, einen vollen Mund und die schleppenden Gesten derer, die sich an das aufreibende Leben in der europäischen Konkurrenzgesellschaft nicht gewöhnen konnten. An diesem Tag meines Besuches in dem großen leeren Haus in Maide Vale, das sie hütete, während die Eigentümer fortgegangen waren, um den Krieg auf dem Lande zu verbringen, traf ich Kates Freundin Brenda. Es war Ende 1940.

Kate hatte, infolge ihrer natürlichen Neugier als Schriftstellerin, eine internationale Perspektive. Das Schicksal hatte sie viel herumgeworfen, von der nördlichen bis zur südlichen Hemisphäre. Sie war sanft und großzügig, und als sie die Sympathie zwischen mir und Brenda bemerkte, stand sie beiseite. Dieser Abend hatte Konsequenzen.

Es ist meine Überzeugung, ja mein Glaube, daß Freundschaften, die zählen, und Arbeit, die kreativ ist, zufällig entstehen und unvorhergesehen sind. Kate konnte nicht planen, daß der Kreis von Freunden, der durch ihre Gastfreundschaft zusammenkam, eine für immer schöpferische Verbindung hervorbrachte. Brenda übersetzte meine Gedichte ins Englische, und ich las ihr Rilkes Sonette und Duineser Elegien vor.

Von 1940 bis 1942 blieb meine finanzielle Situation äußerst prekär. Aktivitäten, die Geld kosteten, wurden streng beschnitten. Die Einsamkeit von Tregunter Road dauerte an, und meine Freundschaft mit Brenda, die sich bald auch auf ihre Freundin Gwen ausdehnte, wurde lebenswichtig. Brenda und Gwen wußten, daß ich sehr arm war, und sie halfen mir nicht mit Süßigkeiten, sondern mit einem Pelzmantel und anständigem Essen. Brenda rief jeden Abend an, und ich fühlte mich nicht länger allein: die Wohltat ihrer Gesellschaft und Anteilnahme schmiedete ein intimes

Band. Es ist bis heute lebendig, und ist immer so natürlich gewesen wie das Ein- und Ausatmen. Wir belebten einander mit dem Sauerstoff des Gefühls. Manchmal entfernten wir uns innerlich, wahrscheinlich weil unser Kontakt streckenweise zu eng wurde, oder vielleicht weil wir zuviel voneinander erwarteten. Ich begegnete in Brenda einer anderen ewig Lernenden, einer Frau von nobler Anlage, sinnlich, instinktsicher und leicht gereizt. Ich bekam oft Angst vor ihrer ziemlich charmanten Intoleranz. Seit vielen Jahren ist diese Intoleranz gemildert, ihr Herz und Verstand haben sich geändert.

Kate nahm in meinem Leben mehr den Platz eines Hermes ein, des Verbindungen schaffenden Boten, als den einer nahen Freundin. Eine ähnliche Position hatte einst Sybille innegehabt, die mich zu den Huxleys führte. Die schöne Kate entzückte viele Leute, und unter ihren Freunden waren Schriftsteller und Künstler. Sie kannte einen der Direktoren des Verlagshauses Methuen, und als ich meine Absicht erwähnte, ein Buch über die menschliche Hand zu veröffentlichen, brachte sie mich mit Alan White zusammen.

Ich hatte das Material schon geordnet, ich beabsichtigte die Theorie meiner Methode der Handdiagnostik, wie sie in ›Character und Mentality as related to Handmarkings‹ veröffentlicht worden war, noch zu erweitern — und so konnte ich Alan White schon bei unserer ersten Begegnung ein klares Bild meines Gegenstandes geben. Er begriff die Neuigkeit und den Nutzen meiner Arbeit und war sehr hilfsbereit. Er bot an, das Buch zu veröffentlichen und den englischen Text zu korrigieren. Je öfter wir uns trafen, desto mehr gemeinsame Ideen und Interessen hatten wir. Ich wurde bald zu ihm nach Hause eingeladen und fand zwei neue Freunde, Alan und seine jetzige Frau Majorie.

Diese Freundschaft hatte entscheidenden Einfluß auf meine berufliche Karriere, aber davon wußte ich wenig, als ich mit Zweifel und Mühe den Bastard-Text meines Buches fertigmachte. Ich fühlte mich unfähig, in einer Sprache zu schreiben, die ich so wenig beherrschte, und ich zog mich mit einem Ragout aus Französisch, Deutsch und Englisch aus der Affäre.

Dank der Hilfe von Alan und Nan kam das Buch 1941 in Druck und wurde 1942 veröffentlicht. Wenn ein Buch zur Veröffentlichung ansteht, wird es dem ›Probation Officer‹ des ›Literary Court‹ vorgelegt, dort sind Kritiker die Richter. Der Beamte erledigt seine Aufgabe prinzipiell äußerst gewissenhaft und setzt sich für eine gute und akzeptable Beurteilung ein. Seine Fürsprache und Werbung helfen ein Buch zu machen. Ich fühlte mich in guten Händen.

Die Freundschaft mit den Whites bedeutete für mich weit mehr als die nützliche Aussicht auf berufliches Vorwärtskommen. Sie hatte wirklich Substanz. Alle menschlichen Beziehungen laufen über starke oder schwache elektromagnetische Ströme, die wir Anziehungskraft nennen. Wenn die Spannung unter einen gewissen Wert sinkt, fallen die Menschen auseinander und die Beziehung versteinert. Ich habe niemals eine Darstellung dieses grausamen Gesetzes gesehen oder gelesen, bis ich einen faszinierenden Film sah, ›Letztes Jahr in Marienbad‹, der deutlich macht, wie zeitgebunden das emotionale Gedächtnis ist und wie nichts übrigbleibt am Ende als museale emotionale Beziehungen.

Starke Anziehung zu Beginn bedeutet nicht immer lange Dauer. Unvorhergesehene Ereignisse und Entwicklungen können den schon starken Anfang noch verstärken aber auch schwächen: Zufälle und äußere Umstände können ein Verhältnis verändern, aber zuerst und vor allem entscheidet darüber das wahre Wesen der betroffenen Personen.

Die Freundschaft, die ich für Alan und Majorie White empfand, wurde von so starker Anziehungskraft gespeist, daß sie Jahre anhielt. Es bestand eine intellektuelle Neugier und Affinität zwischen Alan und mir, während Majorie mit rezeptiver Befriedigung und Anteilnahme in unsere lebhaften Unterhaltungen einstimmte. Mit ihrem natürlichen mütterlichen Instinkt wachte sie über mein Wohlergehen, und all dies, zusammen mit jenen Unterströmungen, die sich in unserem Bewußtsein nur andeuten, machte jedes unserer Treffen zu einem Ereignis. Meine Freunde besaßen das umgebaute Trockenhaus einer ehemaligen Brauerei in Hildenborough, Kent. Während ich ›The Human Hand‹ beendete, besuchte ich sie dort jedes zweite oder dritte Wochenende. Zu jener Zeit durfte ich London wieder verlassen, aber ich mußte jedesmal polizeiliche Erlaubnis einholen, ein ärgerlicher Zwang, der mich an meinen unerfreulichen Status als Landesfremde erinnerte. Ich scheute jedoch kein Hindernis, um aus dem Grab Londons in das frische, friedliche Dorf Hildenborough zu entkommen. Trockenhäuser haben ein oder zwei kreisförmige Räume, die früher zum Hopfentrocknen dienten. Draußen, auf dem Dach des runden Turms, ist so etwas wie eine Kapuze, eine Einschüttvorrichtung, die wie ein sitzendes Kaninchen aussieht. Der runde Raum im Parterre diente als Eßzimmer. Das Ganze wurde für mich ein munterer Elfenbeinturm oder eine Schiffskabine, weit weg vom schmutzigen, verstümmelten London. Dieser Haushalt, der von zwei kleinen Jungen belebt wurde, erhob mich über das Leben, das ich führen mußte — ein Leben, dem viele Gifttropfen beigemischt waren.

Wir berührten viele Themen und Bereiche, persönliche Erfahrungen und die Kriegsereignisse. Alan, unerschöpflich und lebenslustig, kannte keine Müdigkeit. Die Abende waren Soirées im russischen Stil, die sich bis zum frühen Morgen hinzogen. Alan war schlaksig, lang und dünn, ein Literatursüchtiger und ein Fan von H. G. Wells. Über den letzteren brachte er mir eine Menge bei, und er richtete mein Interesse auf englische Prosa und Poesie. Ich sah in ihm den introspektiv ausgerichteten Intellektuellen, schüchtern und beeindruckbar. Er versuchte seine Welt der Kontemplation und Ideen durch ein bißchen körperliche Aktivität auszubalancieren. Man konnte ihn in dem rechteckigen Garten beobachten, wie er den Rasen mähte, Unkraut zupfte und Beete anlegte. Majorie, dunkelhaarig, mit einem ovalen Gesicht, großen Augen und dem Ausdruck einer Madonna bewegte sich stets von sich selbst fort und zu anderen hin. Sie dachte nicht an sich, und oft hob sie auf, was eine andere Person achtlos fortgeworfen hatte. Sie war eine heilige dienende Martha, die sich treu ergeben um andere kümmerte. Sie schien völlig in ihrer Familie aufzugehen, und ich habe den

Verdacht, daß sie ihre Kinder ziemlich über-beschützte. Der ältere Junge, mit engelsgleichem Gesicht, war so schüchtern, daß er mit einem Handtuch herumlief, das die Familie seine ›Flagge‹ nannte, wenn Fremde in der Nähe waren, damit er augenblicklich sein Gesicht verhüllen konnte, wenn sie sich ihm näherten.

Ich fühlte mich bei ihnen zuhause und niemals fremd, obgleich wir nach Rasse, Nationalität und Erziehung verschieden waren. Die Whites gehörten zu der kleinen Gemeinschaft weitsichtiger, international gesinnter Menschen, für die es keine Grenzen gab und unter denen man den anderen sofort als zur ›Gemeinschaft‹ gehörig erkannte; all die Streitpunkte, die Menschen in den Krieg führen, entfielen bei ihnen. Ich hatte das richtige Milieu, eine Umgebung, der ich trauen konnte und wo ich Ich-Selbst sein konnte.

Dichtung und Beschreibung können nur von der Vergangenheit handeln; kaum hat man *ein* Wort geschrieben, schon ist es Vergangenheit. Die Darstellung simultan ablaufender Vorgänge bleibt in erster Linie ein Privileg der Maler, Komponisten und Bildhauer. Aber unser Bewußtsein und unsere Aktivität arbeiten, perspektivisch gesehen nach dem Muster der Gleichzeitigkeit. Zur Zeit meiner Besuche in Hildenborough hatte ich meine wissenschaftliche Arbeit am St. Bernard Hospital schon begonnen, kaum einen Monat nach Ablauf meiner Anstellung am St. Lawrence Hospital von Caterham.

Ich hatte mir das Ziel gesetzt, eine All-round-Studie der menschlichen Hand zu erarbeiten: von den Ursprüngen (Affen und Halbaffen) über das Sub-Normale, Psychotische, Neurotische bis hin zum sogenannten Normalen. Ich wollte so viele Altersgruppen wie nur möglich erfassen, um zu sehen, welche Rolle angeborene oder konstitutionelle Eigenheiten von Physis und Temperament in der Entwicklung der Persönlichkeit spielen. Das Ziel meiner Untersuchungen am St. Bernard Hospital in Southall war, herauszufinden, ob es Korrelationen zwischen Handzügen und Psychose gab, und wenn ja, welcher Art. Kurz nach Beginn meiner Arbeit kam Alan mit mir in einer Diskussion auf die Bedeutung gestischen Verhaltens zu sprechen, insbesondere dem der Hände. Einige Jahre zuvor, am University College von London, hatte Professor Burt sein Interesse an diesem Gegenstand bekundet, und ich hatte die Verbindung beider Aspekte, des statischen und des dynamischen, erwogen. An einem meiner Wochenenden in Hildenborough nahmen Idee und Plan eines Buches über die ›Psychologie der Gestik‹ Gestalt an, und ich beschloß, mich auf diesem neuen Gebiet zu engagieren. Ich hatte natürlich schon das abweichend-expressive, psychomotorische Verhalten bei Geisteskranken beobachtet, ihre ungehemmte Gestik bei Mahlzeiten. Sie war dann unbefangen, ohne Maske und so durchsichtig wie bei Kindern. Hier lag das Material für meine Untersuchung deutlich zutage, hier war die Gestik noch ein klarer Spiegel des inneren Geschehens. Und so diente mein Besuch im St. Bernard Hospital einem doppelten Zweck.

St. Bernard bot dasselbe abschreckende Äußere wie sein Gegenstück in Caterham: graue, alte Gebäude, drinnen der typische Krankenhausgeruch, eine unbeschreibliche Mixtur von Stagnation und abgestandener Luft. Die ›Dämpfe‹ trafen einen noch mehr als die Fassade. Doch kaum war man hinter den Türen, konzentrierte sich der Geist auf das Leben des Hospitals, das wie ein Uhrwerk ablief, Tag und Nacht. Die Insassen lebten dort, überwacht von Pflegern und Ärzten, ihre durch Vererbung, Milieu oder Schicksal über sie gekommene Schattenexistenz. Zum Glück haben sich seit jenen Tagen in den Jahren 1940 und 1941 die Behandlungsmethoden geändert und damit die Prognose der Geisteskrankheit wie die ganze Atmosphäre solcher Irrenhäuser. Hoffnung ist in das Reich der Verdammten gekommen, Leben ist auf ihre Seite getreten und hat den permanenten Tod verdrängt.

Aber schon in den Vierzigern berichtigte die Atmosphäre im Inneren des St. Bernard Hospitals den abstoßenden äußeren Eindruck. Das Personal war freundlich und bemüht, der Leiter war ein intelligenter Menschenfreund, der den unglücklichen Wesen dort Sorge, Behandlung und Trost angedeihen ließ. Wie zuvor wurde auch hier meine wissenschaftliche Arbeit von jedermann aktiv unterstützt, besonders von einer der Stationsschwestern und vom Leiter. Brüderlichkeit und guter Wille empfangen den Kollegen, aus welchem Land er auch kommt, welcher Rasse er auch angehört, nehmen den Fremden auf und integrieren ihn in das Leben der kleinen ›Krankenhaus-Stadt‹.

Ich machte wöchentliche Besuche und studierte die Hände einiger hundert Patienten. Die meisten waren passiv genug, mir die Studien zu erlauben und auch die Abdrücke hinzunehmen, andere wurden bei Annäherung gewalttätig, aber die Pfleger halfen mir, so daß ich meine Arbeit durchführen konnte. Ich vergrößerte meine Materialsammlung und meine Kenntnis der menschlichen Hände und ihrer Variationen bei Geisteskranken beträchtlich. Es war klar für mich, daß Ausdrucksverhalten sich bei Geisteskranken sozusagen im Rohzustand zeigt. Ich machte es mir deshalb zur Gewohnheit, in den Stationen herumzusitzen und zu beobachten, besonders zu den Mahlzeiten. War die Tagesarbeit erledigt, luden mich der Leiter und seine Frau zu Tee und Konversation ein. Wieder gewann ich den Leiter und einige Leute vom Personal zu Freunden. Von Psychiatern sollte man erwarten, daß sie ein Beispiel natürlicher Brüderlichkeit unter den Menschen geben, und fast alle meine Erfahrungen haben das auch bestätigt. So war es wie ein Schock für mich, als ich im Teaching Hospital in eine andere Atmosphäre geriet. Nicht daß dort offene Feindschaft herrschte, aber man guckte mich und meine Taten scheel und reserviert an, als ich sechs Monate lang die Hände von Neurotikern untersuchte. Ich konnte meine negativen Gefühle an keinem Wort, das gesprochen, an keinem Urteil, das gefällt wurde, festhaken, aber das völlige Fehlen wirklicher Kooperation und Brüderlichkeit war offensichtlich. Was ich registrierte, war so etwas wie maskierte Herablassung und Arroganz.

Dennoch erreichte ich mein Ziel und sammelte das nötige Material, wenn mich die Atmosphäre auch eher einfror als belebte.

Zwei Monate lang koinzidierten meine Besuche in dieser Institution mit den Besuchen in St. Bernard, und das Glück meiner Kontakte hier war ein Gegengewicht zu der verdeckten Zurückweisung dort.

VIII

Mit der Zeit war ich in meiner Forschungsarbeit so weit gediehen, daß 1942 mein Buch ›The Human Hand‹ veröffentlicht werden konnte. Niemand war erstaunter als ich über das Echo. Ich wurde so etwas wie eine bekannte Persönlichkeit, fast über Nacht. Das Buch änderte meine finanzielle Situation beträchtlich zum Guten, aber es belebte in der Folge auch den alten Konflikt zwischen den Bedürfnissen meines Selbst und der Glamour-Welt, die mich anzog.

Das come-back in eine Welt, die ich ohne Widerwillen für immer verloren geglaubt hatte, schmeichelte mir und spülte mich mit einem Schwung zurück in den Glanz der Reichen und die Erregbarkeit und den appeal von Schauspielerinnen. Letztere waren in erster Linie Patienten, aber bei vielen wurde dieser Kontakt zu einer Mischform von persönlicher Freundschaft und Arzt-Patient-Beziehung. Es war klar, daß diese Kontakte nicht dauern konnten, und obgleich es mir Spaß machte, mich in der mondänen Welt zu bewegen, wo man rauschend feierte und im Gespräch war, fühlte ich mich unwohl. Trotz des unbehaglichen Gefühls zog mich die Welt des Theaters in mancher Hinsicht an und fügte der meinen einiges Neue hinzu. Die Bühne ist eine eigene Welt — wie das Krankenhaus. Die Schauspieler, die ich traf, arbeiteten hart, waren leicht erregbar, schwankend, großherzig und allesamt beherrscht von der Begierde zu gefallen. Sie waren Suchende, Leute, die erwarteten, daß *irgend etwas geschehen würde,* und sie probierten neue Spiele und Methoden aus, Haltungen, die muntere, interessante und anregende Gefährten aus ihnen machten.

Als Valerie Taylor mich für eine Woche nach Stratford-on-Avon einlud, wo sie die erste Dame des Memorial Theaters war, lebte ich mit den Schauspielern nicht nur im selben Haus, sondern sogar in ihrer Garderobe. Ich teilte ihre Hoffnungen und Ängste, freute mich über ihren Witz, ihre Großherzigkeit und ihre Intelligenz.

Der ständige Wechsel der Umgebung ist der Preis, den der Schauspieler für seine erregende Welt zahlt.

Dies, zusammen mit der Unsicherheit, befriedigende Rollen zu erhalten, trägt viel zu seiner Instabilität bei. Schauspieler leben in ewigem Wechsel, aber solange eine Gruppe, eine ›Truppe‹ zusammen ist, sind sie eine eng verknüpfte Gemeinschaft, ein Clan, ein Kollektivwesen, wo jedes Individuum gläubiges Mitglied ist.

Es war unvermeidlich, daß ich sie gewinnen würde und verlieren und manchmal zurückgewinnen. Durch die medizinische Welt und die Freundschaften, die ich dort schloß, gewann ich Selbstachtung und -vertrauen, und das machte mich nach und nach weniger verletzbar in meinem Umgang mit einer Welt, in der es zuallerlerst um den sinnlichen Effekt ging.

Gibt es Gesetze, die nicht nur auf unsere Gene und unser von ihnen bestimmtes Schicksal zurückgehen, sondern auf einen weiteren, komplexeren Organismus, der zufällige Ereignisse in unser Leben wirft und uns von außen regiert, nach seiner eigenen Wissenschaft? Niemand kann diese Frage heute beantworten. Ist dieser größere Organismus das Universum selbst, hat die alte Kunst der Astrologie, so betrachtet, vielleicht einen Sinn? Ich glaube nicht an Astrologie, wie sie heute praktiziert wird, denn sie ist ein sehr konfuser Versuch, kosmische Gesetze zu verstehen. Aber vielleicht gibt sie einen Fingerzeig.

Mitten im Krieg, immer noch eine Immigrantin ohne Paß, hatte ich die beste Zeit meines Lebens — gemessen an weltlichem Erfolg und der Verbesserung meiner finanziellen und sozialen Lage. Ich ruhte solider in meinem Selbst, weil ich festen Grund unter meinen Füßen fühlte, auf dem ich mich bewegen konnte, und weil ich Freundschaft geschlossen hatte mit Menschen, die zu mir paßten.

Die Bewegung unseres Schicksals scheint im Zickzack zu verlaufen; es sieht immer so aus als verschwände etwas, kurz nachdem etwas anderes dem Vorrat unseres inneren und äußeren Besitzes hinzugefügt worden ist. Der Besitz, den wir erwerben, bleibt für kurze Zeit, verschwindet, und kann in veränderter Gestalt wieder auftauchen. Gehört er dem emotionalen Bereich an, transformiert er sich Schritt für Schritt, bis er sich am Ende als Fossil im Museum unserer Erinnerung ablagert oder einige Spuren anfänglichen ›Golds‹ in Gewohnheiten hinterläßt, in Form der Ehe oder anderer ehe-ähnlicher Freundschaften.

Wir sind Opfer der Ungewißheit über uns selbst und unser Schicksal. Menschen haben Erinnerungsvermögen und Phantasie, und so können wir mit unserem Selbst und anderen beständigen Kontakt haben. Ich glaube, je mehr unsere Phantasie in ihren konstruktiven Fähigkeiten entwickelt ist, desto besser sind wir ausgerüstet für die Wirklichkeit und für menschliche Beziehungen. Das Schicksal hatte mir die Anerkennung meiner Arbeit und Begabungen geschenkt und viele fruchtbare menschliche Beziehungen: aber zur selben Zeit fing mein Zuhause, meine häusliche Basis langsam an zu zerbröckeln. Nan hatte das Haus in der Tregunter Road verlassen, und obgleich sie mir viel Hilfe für mein Buch gegeben hatte, entfernte sie sich nach 1940 in mehr als einer Weise. Als die Sonne gerade über mir stand, auf dem Weg von Glück und Erfolg, mußte ich mich wieder an einen Wohnsitz gewöhnen, der nun statt Heimat ein besseres Hotel war. Nan hatte ihren Teil des Hauses möbliert vermietet, und das war das Ende meines Friedens und der Freude an meiner Umgebung. Ich bin nie über diese Veränderung hinweggekommen. Wenn man etwas verliert, was grundlegend ist für seine Arbeit und seinen Schlaf, so ist das ein traumatisches Erlebnis, das für immer Spuren hinterläßt.

Das war der hohe Preis, den ich zahlen mußte für die beste Zeit meines Lebens. Allerdings beeinträchtigte er meine joie de vivre und die beinahe überwältigende Arbeitswut nach der Veröffentlichung von ›The Human Hand‹ nicht ernstlich. Ich fand Zeit und Kraft zu weiteren Forschungen und — in einer nervlich überlasteten Atmosphäre — zur Niederschrift von ›A Psychology of Gesture‹, das im Herbst 1943 veröffentlicht wurde. Die Erstauflage war in zwei Tagen verkauft, nach einer einführenden Würdigung in der ›Sunday Times‹ von Desmond MacCarthy. In drei Jahren zwei Geschenke wie diese, das machte mir fast Angst: zuviel ist manchmal genauso schlimm wie zuwenig — wenn nicht schlimmer. Ich brauchte jetzt etwas Ruhe, um mit der veränderten Situation fertig zu werden. Der Krieg, Projektile und ferngelenkte Bomben waren an mir vorübergegangen, obgleich die Bomben zeitweise sehr nahe an meinem Wohnbezirk fielen. Meine Glamour-Freunde zu besuchen gefiel mir mehr und mehr, und mehr denn je haßte ich es, zu mir nach Hause, in den Schatten, zurückzukehren. Rachel und Michael Redgrave waren freundlich zu mir und hilfsbereit: sie erlaubten mir, ein paar Fotos von ihnen für ›A Psychology of Gesture‹ zu verwenden. In ihrem exquisiten Haus in Chiswick hatte ich auch andere berühmte Schauspieler getroffen, die mich mit Fotos versorgten. Kurz nach der Veröffentlichung arrangierten die Redgraves in ihrem Haus eine Begegnung mit Desmond MacCarthy, — sie bleibt eins der Glanzlichter jener Zeit.

Die kleine Statur MacCarthys, agil und jung trotz seines Alters, zur Perfektion gelangt in seinem hypersensitiven schmalen Gesicht mit den großen Augen, schien neben dem großen, breiten Michael Redgrave noch kleiner und dünner als sie war. Ich sehe nur noch die Aura des Nachmittags, das Flattern seiner pulsierenden Gegenwart, die Lebhaftigkeit der Konversation. MacCarthy beeindruckte mich als Aristokrat des Geistes, als ein Mensch, bei dem Wissen und Sensibilität, natürliche Höflichkeit und Vollkommenheit im gestischen Ausdruck sich aufs beste vereinigten. Desmond MacCarthy und Michael Redgrave, so verschieden in ihrem Äußeren, waren gleich in ihrer Hingabe, in ihrer Begeisterung für alles, was im Bereich der Kunst liegt.

Ich war ein häufiger Gast bei den Redgraves in Chiswick und befreundete mich mit Rachel Redgrave. Sie bezauberte mich mit ihrer Anmut und ihren Blikken und erfreute mich mit ihrem intelligenten, humorvollen Verständnis. Mit einer Geste, einem Wort konnte sie aus schwierigen Situationen leichte machen, und dieser touch wischte oft die Schwerfälligkeit fort, die in jenen Tagen gestörten häuslichen Lebens, der Nachwirkung mühsamer Forschungsarbeit, leicht über mich kam. Nach einigen Jahren verlor ich Rachel, und dann fand ich sie wieder, wie es immer Regel und Rhythmus meiner Kontakte mit den Kindern der Thespis gewesen ist.

Die Veröffentlichung von ›A Psychology of Gesture‹ und mein Zusammentreffen mit Desmond MacCarthy müssen kurz nach Kriegsende stattgefunden haben. Ich habe keine Erinnerung an den D-Tag, das wichtigste Ereignis unserer Generation, die Niederlage der Nazis, das Ende des schrecklichen Elends. Abwehrmechanismen beherrschen uns, und es scheint, sie arbeiten manchmal in unpassender Weise. Ich nehme an, ich war von den Erfolgen meines persönlichen Lebens, die meiner einsamen, eingeengten Existenz der Jahre 1939 bis 1940 folgten, derart okkupiert, daß ich den Krieg nicht wirklich bemerkte, außer wenn Bomben, Restriktionen und Knappheit mich gezwungenermaßen daran erinnerten.

Ich freute mich, daß ich mich auf den Britischen Inseln jetzt wieder frei bewegen konnte. 1947 war auch Frankreich wieder offen für mich, denn in diesem Jahr bekam ich einen englischen Paß.

In Paris und London

I

Meine Verbindung mit Frankreich war durch den Krieg nicht abgerissen. Sobald zwischen den beiden Ländern wieder Briefe ausgetauscht werden konnten, bekam ich Nachricht von Professor Wallon. Ich hatte gehört, daß er einer der führenden Männer der Résistance an den französischen Universitäten gewesen und nach der Befreiung Minister der neuen Regierung geworden war. Das erwähnte er in seinen Briefen nicht, sondern sprach nur von seiner Forschungsarbeit an der Ecole des Hautes Etudes und erkundigte sich nach den Fortschritten meiner wissenschaftlichen Untersuchungen. Er lud mich ein, nach Paris zu kommen, sobald ich einen britischen Paß bekommen konnte. Er wollte an der Ecole des Hautes Etudes eine Vorlesung über meine Arbeit arrangieren, und schlug außerdem vor, über einen Artikel zu sprechen, den ich für die von ihm herausgegebene Monatszeitschrift für Psychologie, ›L'Enfance‹, schreiben sollte.

Dieser Beweis für ein kontinuierliches Interesse an meiner Forschung bildete die bestmögliche Brücke zwischen Vergangenheit und Gegenwart. Wir sehnen uns alle nach Kontinuität unserer Beziehungen, und ich wußte, daß gerade ich, die ich meine Heimat verloren hatte, besonders davon abhängig war. Ich hatte mir immer gewünscht, alles möge andauern, die Augenblicke der Freude ebenso wie meine Bindungen zu Menschen.

Obwohl die Gesetze der Natur in eine gegensätzliche Richtung deuten, sehnen sich menschliche Wesen in ihrem Gefühlsleben nach Dauer und Beständigkeit. Warum bewegen wir uns in die Irre gegen die Lehren der Natur und gegen unsere eigene Erfahrung? Wir widersetzen uns jeglichem Abschied, besonders aber dem jener festgeprägten Bilder, die wir uns vom Menschen geschaffen haben, derer wir für unsere Entwicklung bedurften. Wir wollen, daß Menschen so

163

bleiben, wie wir sie gekannt haben. Ursache vieler Angstzustände ist die Furcht vor der Veränderung. Kontinuität ist die Substanz unseres Identitätsbewußtseins und eines Lebens *gegen* die Natur. Nur Kontinuität schafft in uns etwas Unzerstörbares, das die Basis unseres Selbst ist.

Von dieser Prämisse ausgehend versteht man leicht, wie der Mensch zu seinem Glauben an eine unzerstörbare Seele kommt, an Gott und an das Jenseits. Ich selbst kann nur an die Unzerstörbarkeit des Selbst glauben, hier und jetzt. Aber ich will dieses Thema nicht weiter ausführen; ich möchte viel lieber auf die unschätzbare Hilfe aufmerksam machen, die unserem Bewußtsein für Identität und Kontinuität aus jenen menschlichen Kontakten erwächst, die sich auf gemeinsame Interessen und Ziele gründen. Es wäre ein Fehler, solche Beziehungen als statisch zu begreifen; sie sind weitaus stabiler, weil frei von der emotionalen Beanspruchung »privater« Bindungen und stärken das Selbst, von dem wir abhängig sind, wenn wir als freie menschliche Wesen leben und uns nicht von jeder Laune wechselnder Umstände aus der Bahn werfen lassen wollen.

Ohne Gefühle ist das Leben eine Wüste, und ohne beständige Freundschaften sind wir für den Lebenskampf schlecht ausgerüstet.

Ich hatte ein gesteigertes Selbstbewußtsein, als ich 1947 die Wallons wiederbesuchte. Dr. Earle begleitete mich bei einem meiner Besuche, ein Zusammentreffen, das mir ebenso viel bedeutet haben muß wie ihm, denn es vereinigte meine französischen und englischen Kontakte und erweiterte den Bedeutungskreis meiner Arbeit. Frankreich gab mir durch diesen ersten Besuch nach dem Krieg einen Forschungsplatz, den ich in England nicht bekommen hatte. Professor Wallon lud mich ein, eine Vorlesung an der ›Ecole des Hautes Etudes‹ zu halten; eine ähnliche Ehre wurde mir hier nicht zuteil. Es war nicht Paris, sondern Wallons Freundschaft und seine Wertschätzung, die mich am meisten berührten. Alles, was mich sonst bei dieser Gelegenheit erfreute oder traurig stimmte, war nur Nebenprodukt dieser neuen Begegnung.

Im Laufe der folgenden drei oder vier Jahre hielt ich zwei Vorlesungen und ein Seminar an der ›Ecole des Hautes Etudes‹ ab und veröffentlichte zwei Artikel in ›L'Enfance‹. Ich besuchte die Häuser und Straßen, die ich geliebt hatte. Sie waren stiller und erschienen mir übermäßig verfallen. Ich saß jeden Morgen im ›Café de Flore‹, und es war ein glücklicher Augenblick, als einer der Kellner mich wiedererkannte und erfreut schien, auf eine Spur der ›alten Welt‹ zu stoßen. Er selbst war nicht nur vom fortschreitenden Alter gezeichnet, mit grausam vertieften Falten im Gesicht und einem zusammengeschrumpften Körper, sondern er sah auch aus wie ein Mann, der in einem Käfig hatte leben müssen. Zwei Jahre nach dem Krieg hatte sich Paris noch nicht entspannt von dem Krampf der Okkupation. Sogar der Jardin du Luxembourg hatte etwas von seiner Lebendigkeit verloren; nur wenige Kinder spielten und kreischten herum. Obwohl diese Stadt keine Narben der Zerstörung aufwies wie London, war sie doch ein traurigerer Ort.

Paris hatte seine Farbigkeit verloren, weil jene Schicht des Lebens, die nur Künstler und Intellektuelle schaffen können, im großen und ganzen hinausgekehrt worden war. Jene Künstler, die noch übriggeblieben waren, lebten entweder nicht mehr in der Stadt oder verkrochen sich in die Zurückgezogenheit ihrer Studios oder Wohnungen. Viele der Surrealisten waren in die Vereinigten Staaten geflohen. Manche waren gestorben. André Breton war der einzige Freund aus dem ›Minotaure‹-Kreis, den ich traf. Er schien auf seltsame Weise frei und unbeeinflußt von dem Unglück Frankreichs, aber es mag sein, daß er mir nur die Maske eines überschwenglichen Mannes zeigte, in Wirklichkeit aber gebrochen war. Die Veränderungen, die mich zum Verlassen Deutschlands gezwungen hatten, hatten auch aus Frankreich viele progressive Bürger und Künstler getrieben.

Mein nächster Besuch fand 1948 statt, und ich sah Paris wieder zu seiner wahren Natur zurückkehren. Ich hielt die Vorlesung, zu der mich Professor Wallon eingeladen hatte und erneuerte die Freundschaft mit Baladine und Pierre Klossowski. Sie, eine Jüdin, und ihr Sohn, ein Halbjude, hatten die Nazis überlebt, von Freunden im Südwesten Frankreichs versteckt. In einem kleinen Zimmer einer Wohnung nahe der Place St. Sulpice fand ich Baladine ein wenig gebeugter noch, ein wenig bekümmerter, aber dennoch dieselbe alte Freundin. Ihr Leben drehte sich noch immer um Rilke, und ihr Zimmer war lebendige Erinnerung an ihn. Sein Porträt, von ihr gemalt, stand auf einem schmalen Mahagoni-Schreibtisch, in dessen Schubladen sich seine unveröffentlichten Gedichte befanden, seine Briefe an Baladine, und Bilder aus Muzot, wo sie das letzte Mal bei ihm gewesen war. Niemals zuvor hatte sie so ausgiebig zu mir von ihm gesprochen, von seinem ständigen Konflikt zwischen dem Bedürfnis nach Anwesenheit und dem nach Abwesenheit der Menschen, die er liebte. Er brauchte beides, aber die Sehnsucht nach Einsamkeit wurde mit zunehmendem Alter immer stärker. Die Anwesenheit einer Frau, die er liebte, wurde ihm leicht zur Bürde und seine Gefühle schienen sich durch Nostalgie voll zu entfalten. Baladine las mir wieder einige seiner Briefe vor, und ich hatte das Gefühl, nicht nur eine Zuhörerin zu sein, sondern teilzuhaben an einer außergewöhnlichen Beziehung. Dichtung hat den Klang von Magie, denn Dichtung *ist* Magie. Baladines Beschäftigtsein mit dem täglichen terre à terre-Leben war so stark und so amüsant wie eh und je, und mit einem Schlag verließen wir die Welt der Poesie, um uns den Ansprüchen des Körpers und guten Mahlzeiten zu widmen.

Außer meiner Vorlesung an der ›Ecole des Hautes Etudes‹ war es Baladine gewesen, die bei diesem Besuch ›mein Paris‹ verkörperte. Pierre Klossowski lebte in derselben Wohnung mit seiner Frau und seinem kleinen Sohn, und er vervollständigte diese Welt kongenialer Freundschaft. Seine ethischen Anschauungen beeindruckten mich noch mehr als seine brillante Intelligenz und seine außergewöhnlichen literarischen Fähigkeiten. Seine religiöse Ehrerbietung verlieh seinem Geist einen rührenden Charme, und die Tatsache, daß er ein Kenner aller Formen der ars erotica war, machte ihn zu einer Persönlichkeit und einem Schriftsteller von Format.

An manchem lieblichen Morgen saßen Baladine und ich auf der Terrasse des Cafés Les Deux Magots. War sie es, die Paris wieder zu einer begehrenswerten, lebendigen Stadt machte? Oder war es die Rückkehr der internationalen Menge, die in Herden wiederkam, begieriger denn je, die speziellen Reize dieser Stadt zu genießen, von der Architektur bis zu Essen und Wein? Ich fühlte mich ganz bestimmt natürlicher und glücklicher in Paris als in London. Aber ich hatte mir mein Leben in England eingerichtet, einem Land, das mir seine Nationalität gegeben hatte und mehr Möglichkeiten für meine Forschungsarbeit, als ich in Frankreich hätte haben können. Mein Schicksal war entschieden, und es gab keine Wahl zwischen diesen beiden Ländern.

Während der späten vierziger und der frühen fünfziger Jahre besuchte ich Paris noch einige Male. Ich hielt noch drei Vorlesungen und sah Baladine, Professor Wallon und andere Freunde wieder. Aber der Glanz meiner früheren Wiederkehr wurde langsam schwächer, und am Ende verlosch er ganz. Das Museum der Erinnerung löste die freudige Bereitwilligkeit, neue Erfahrungen zu machen, ab.

II

Ich wurde introspektiver, als die Tür zu einem Leben mit meinen Pariser Freunden verschlossen zu sein schien. Ich dachte noch immer an Paris, aber mehr an die Stadt der Künste als an die Stadt meiner eigenen lebendigen Vergangenheit. Ich lebte mehr und mehr, ganz zufrieden in meiner Imagination, jener erstaunlichen und rätselhaften Fähigkeit des Menschen, die so viele Funktionen hat und sein Leben in fast jeder Beziehung beeinflußt. Es scheint an dieser Stelle angebracht, etwas über die schützende Kraft der Imagination zu sagen.

Paradoxerweise ist die Imagination sowohl die Verbündete wie die Feindin der Realität. Die Psychologie hat sich hauptsächlich mit der negativen Seite der

Imagination beschäftigt, als einem aus der Frustration geborenen Vampir, der dem Menschen seine Energien aussaugt, ihn auf den Pfad des Eskapismus führt und dadurch am Agieren und Reagieren hindert.

Das psychoanalytische Denken beschreibt die Kultur als ein Produkt der Versagung; der Mensch wird gezwungen, nach einer anderen Welt als der ›realen‹ zu streben. Es ist richtig, die Zivilisation aus diesem Blickwinkel zu betrachten, vorausgesetzt, man vergißt nicht, daß alles Leben (und nicht nur das menschliche) auf Frustration aufgebaut ist, aus dem einfachen Grunde, weil da immer jemand anderes ist, der den Platz einnehmen will, oder schon innehat, den wir uns wünschen. Unsere Imagination hilft uns, mit diesem menschlichen Dilemma fertig zu werden.

Den größeren Teil unseres Lebens verbringen wir mit uns selbst, gleichgültig wo oder mit welchen anderen Menschen wir auch leben. Die Umstände verändern sich, Menschen kommen in unser Leben oder entfernen sich: unsere eigene Imagination ist die einzige Begleiterin, an die wir unser ganzes Leben gekettet sind. Sie ist bei uns von der Wiege bis ins Grab, zwingt uns dazu, einen nicht abreißenden inneren Dialog zu halten. In der Kindheit spricht die innere Stimme laut; im Erwachsenenalter drückt sie sich in der Regel schweigend aus. Die ›chatting voice‹, das Sprachrohr unserer Imagination versucht uns zu zeigen, wie wir mit den Eindrücken fertig werden können, die beständig auf uns wirken und in eine Ordnung gebracht werden müssen, wollen wir der Verwirrung entkommen.

Gäbe es nicht die sichtenden und assimilierenden Kräfte unserer Imagination, wir würden uns unter dem Ansturm der Außen- und Innenwelt-Eindrücke bald auflösen. Emotionale Ströme fließen unentwegt, bewußt und unterbewußt.

Alle geistigen Bilder gehen zurück auf Anschauungen der äußeren Welt. Wir haben die Freiheit, die Bilder in unserem Geiste zu arrangieren und zu modifizieren. Wir können sie in ihrer wahren ursprünglichen Bedeutung belassen, aber ihre Signifikanz auch variieren, mischen oder völlig umdrehen. Wir können die Bilder nüchterner oder berauscht betrachten, entsprechend unseren Gefühlen, die uns jeweils beherrschen. Imagination ist die Brücke zwischen Rationalität und Irrationalität. In zwei verschiedenen Bereichen verwurzelt, durchdringt sie den ganzen Bereich menschlicher Aktivitäten, von der Schöpfung in Kunst und Wissenschaft bis zu Gesten der Liebe und des Hasses.

Unsere imaginative Begabung hängt zusammen mit der Fähigkeit der Intuition. Intuition bewirkt *spontanes* Begreifen der Bedeutung von Erfahrungen ohne Überlegung und polarisiert die mannigfaltigen und oft widersprüchlichen Daten. Parallel mit dem polarisierenden oder ordnenden Prozeß verläuft eine assoziative und speichernde Aktivität, die uns hilft, Eindrücke von heute mit denen von gestern zu verbinden. Ohne Imagination gäbe es keine Erinnerung, der Geist hätte keine Struktur und wir wären unfähig, Erfahrungen zu assimilieren. Rationales Denken und Urteilen spielt sich weit mehr an der Oberfläche der Dinge ab als im Inneren und ist von geringem Nutzen, wenn Emotionen im Spiele sind. Intuitives Denken ist in sich selbst unverläßlich und muß immer auf dem Hintergrund kühler Beurteilung stehen und überprüft werden. Aber rationalem Einsehen allein ermangelt es immer an Verständnis, Weisheit, Vorhersehung.

Nur durch die Imagination gelangen wir jemals zum Verständnis unserer selbst und anderer, und zuallererst ist es das intuitive Denken, durch das alle großen Entdeckungen in der Wissenschaft gemacht wurden. Die Phantasie versieht den Geist mit Strukturen, so daß die Bilder inneren und äußeren Geschehens geordnet werden. So haben wir das geistige Werkzeug, das uns hilft, die Probleme der Gegenwart und Zukunft zu bewältigen.

Eine klare Unterscheidung muß zwischen Imagination und Phantasie getroffen werden. Letztere ist ein Produkt der Entbehrung und entführt den Geist in die Einbildung, die als Ausgleich der Frustration von der Realität abgetrennt ist. Imagination fördert das Realitätsbewußtsein, die Phantasie zerstört es.

Die Psychoanalyse hat drei Entwicklungsphasen des

Menschen bestimmt: 1. die orale, 2. die anale, 3. die genitale.

Jede dieser Phasen hat ihre Vorzüge wie auch ihre Gefahren. Weder das Kind noch der Erwachsene kann eine von ihnen völlig abwerfen, und nach meiner Ansicht wäre es auch von Schaden, wenn sie es könnten. Die Klassifikation impliziert, daß wir, nachdem wir fünf oder sechs Jahre alt sind, fundamentale Reaktionsmuster nicht mehr ändern: wir bleiben babyhaft, wenn wir oral fixiert sind; emotionale Kleinkinder, wenn wir anal fixiert sind; intelligente und ziemlich erwachsene Kinder, wenn wir in das genitale Stadium gelangen.

Die *orale* Welt des Säuglings und Kleinkindes ist um die Mutter zentriert, und eine bestimmte Persönlichkeitszeichnung ist noch nicht erkennbar. Das Kind ist eins mit seiner Umgebung und der seiner Mutter; es lebt in Abhängigkeit, wo Projektion und ›magisches‹ Denken die Reaktion bestimmen. Das ist die Phase, in der Imagination und umfassendes Trachten uneingeschränkt herrschen.

Die *anale* Welt bedeutet einen großen Schritt nach vorn. Das Ego ist alles und jedes, weil das Individuum narzißtisch ist. Das Kind ist jetzt sein eigener Gott und wird in alle Richtungen kämpfen, um die Bewunderung und den Tribut zu erlangen, der einem Tyrannen gebührt. In dieser Phase zwingt Neugier auf das Ego und das Andere den Geist zu ständigem Fragen. Rationale Erklärungen werden gesucht, aber sie müssen dem Maß der Person angeglichen werden, und ein wenig Betrug ist beim Aufbau der Innenwelt unvermeidlich. Der narzißtische Erwachsene ist an diese Phase der Kindheit fixiert. Er löst sich nicht von dem imaginativen und intuitiven approach zum Leben, aber er steht nicht mehr unter dessen Oberherrschaft. Ich bin der Meinung, daß, wenigstens in der westlichen Welt, wo der Mensch sich zu einem gottgleichen Wesen aufgeblasen hat, die Mehrheit der Menschen auf die anale Phase fixiert ist.

Die *genitale* Welt bedeutet eine vollendete Entwicklung. Sie wird erreicht, wenn keine traumatischen Begebenheiten in den früheren Perioden die Reifung verzögern. Ein Kind, das gesund und wohlbehalten diesen Punkt erreicht, hat eine gute Chance, sich zu einer Person zu entwickeln, die die Welt und sich selbst angemessen objektiv betrachten und eines Tages sowohl persönliche wie kollektive Verantwortung übernehmen kann. Sie wird keine Schwierigkeiten haben, rationales und ›wissenschaftliches‹ Denken auf irgendein Problem anzuwenden, aber sie wird die Intuition geringschätzen und wahrscheinlich als Relikt aus einem früheren und glücklicherweise überstandenen Stadium ihrer Entwicklung ansehen. Eine Persönlichkeit dieses Typus dürfte, wenn erwachsen, ein Gleichgewicht erreichen und zu einem verläßlichen Rädchen in der sozialen Maschinerie werden. Ihre Lebensweise mag vielleicht ziemlich langweilig sein, aber sie stimmt wenigstens überein mit der angemessenen Ausbildung von Funktionen, welche die Gesellschaft von ihren Mitgliedern erwartet. Eine solche Person besitzt in der Regel ein mehr oder weniger stabiles Ego. Das Ego der narzißtischen Person dagegen ist aufgeblasen, während das der oral fixierten in der Tat ein sehr schwaches ist.

Diese Beschreibung der drei Entwicklungsstufen ist sehr kurz und wird einer klug erdachten Konzeption des Menschen nur wenig gerecht. Aber wie prägnant sie auch ist, ich habe einige Vorbehalte.

Diese Konzeption räumt der Rationalität und dem wissenschaftlichen Denken den höchsten Wert ein: Imagination und intuitives Denken gelten als infantil und werden in der Bewertungsskala ganz unten eingestuft. Das ist meiner Meinung nach irreführend und falsch. Denn es ist nicht notwendigerweise so, daß eine spätere Entwicklungsphase immer einen reicheren, einen reiferen Seinszustand bedeutet als eine frühere. Der ›reifere‹, objektivere Persönlichkeitstypus erleidet einen gewissen Verlust an innerem Reichtum, auf dieselbe Weise, wie Intelligenz und Verspieltheit von Schimpansen abnehmen, wenn diese Tiere älter werden. Nach meiner Ansicht läuft die ›genitale‹ Persönlichkeit Gefahr, das Beste zu verlieren, was ihr von der Natur gegeben ist: die Kraft der Imagination und des intuitiven Verstehens.

Wie ich schon sagte, hat jede Phase ihre Stärken und Schwächen und keine von den dreien sollte man als die beste ansehen. Ich glaube, eine ›wohlentwickelte‹ Persönlichkeit ist die, die auf adäquate Weise die wesentlichen Qualitäten einer Phase assimiliert hat, während sie sie durchlebte. Sie hat sich die Imagination der ersten Phase erhalten, die Neugier und das Streben der zweiten und die Fähigkeit der Distanzierung und Objektivität der dritten Phase. Was man maximal erhoffen kann, ist ein gewisser Reifegrad. Der Stellenwert der Imagination in unserem geistigen Make up ist von der Prädominanz der einen oder anderen dieser drei Entwicklungsphasen abhängig.

Der Mensch ist als ambivalentes Lebewesen geschaffen und steht in einem ständigen Kampf zwischen divergierenden Impulsen und positiven und negativen Emotionen, die auf die Imagination agieren und reagieren. Was für eine alarmierende Situation, — wenn sogar das Material unseres Geistes von primitiven Trieben hin- und hergeworfen wird. Wie kann es sein, möchte man wohl fragen, daß die Imagination unter solchen Umständen eine schützende Funktion haben kann? Die Imagination selbst in der Tat ist ambivalent und ebenso destruktiv wie konstruktiv. Ihre Funktionsweise hängt von einer Reihe von Faktoren ab, hauptsächlich von der Stärke des Ego und dem harmonischen Kontakt des Ego mit dem Selbst.

Das Ego ist das Rückgrat der Persönlichkeit. Seine Stärke, die abhängt von dem richtigen Kontakt mit dem Selbst, ist ausschlaggebend für das geistige und emotionale Gleichgewicht. Ein Mensch, dessen Ego schwach ist, ist leicht beeinflußbar und wird von seinen Emotionen und seiner Imagination schnell überwältigt. Ein Mensch mit aufgeblasenem Ego tendiert zu jeder Art Übertreibung und neigt dazu, seinen Sinn für Proportionen zu verlieren. Seine Imagination wird ihn einen weiten Weg des Verständnisses seiner selbst und anderer führen, aber ihn am Ende wegen seiner übertriebenen Selbstverherrlichung im Stich lassen. Eine Persönlichkeit mit starkem Ego wird die eigene Imagination und besonders deren schützende Funktion beträchtlich dirigieren können.

Es ist wie auf so vielen anderen Gebieten auch: die Reichen bekommen noch mehr, und die Armen verlieren noch das Wenige, das sie besitzen. Die Psyche des Menschen ist ein lebendiges Mosaik und läßt sich nicht in irgendein Schema pressen. Sicherlich haben viele Dichter und Künstler ein schwaches Ego und überwältigende Emotionen: das Ergebnis ist ein Überfluß kreativer Imagination, wodurch sie für das Leben oft ungeeignet, in ihrer Kunst aber souverän sind. Aus diesem Grunde sind sie auch prädisponiert für neurotische Leiden und Geisteskrankheiten. Die Grenze zwischen Genie und Wahnsinn ist schmal. Es darf niemals vergessen werden, daß die Imagination sowohl eine heilende als auch destruktive Wirkung haben kann, wie bestimmte Drogen, die je nachdem, in welchen Dosen sie eingenommen werden, entweder töten oder heilen können. Bei dem geistig Kranken ist das Ego so schwach, daß die Imagination die ganze Persönlichkeit überflutet und dadurch sowohl das Bewußtsein als auch das Gefühl für Identität zerstört. In Phasen ernster Angstzustände und Depressionen wird die Imagination zu einem Dämon, der den Geist mit einer nicht abreißenden Kette sich wiederholender unangenehmer innerer Dialoge und Bilder foltert. Das aber sind extreme Bedingungen. Der »talking companion« soll eigentlich ein Verbündeter sein, kein Feind.

Die Imagination ist die wichtigste Waffe in unserem physischen Verteidigungssystem. Weit mehr noch als das: sie ist die ›Fabrik‹ der Kultur. Ich spreche nur von ihrer schützenden Funktion, und das allein schon ist ein Thema, das ein ganzes Buch abgeben könnte.

Imagination ist die Grundstruktur allen Denkens, so wie die Gestik ein Vorläufer der Sprache ist. Ihren natürlichen Ausdruck findet die Imagination in Spiel und Gestik. Auch unsere unhörbaren inneren Dialoge sind von unwillkürlichen Bewegungen und schnell wechselnder Gestik begleitet, ob wir nun allein sind oder in Gesellschaft. Das ist in sich ein Beweis dafür, daß die Imagination Teil der primären geistigen Ausrüstung des Menschen ist. Unsere Vorstellungen von der Macht der Imagination über unsere Gesundheit wurden vor dreißig Jahren durch psychosomatische Medizin revolutioniert. Die Beeinflußbarkeit des Menschen scheint fast unbegrenzt zu sein und sie wirkt auf zwei Arten: durch die Empfänglichkeit gegenüber Beeinflussungen durch andere und durch Beeinflussungen durch sich selbst.

Wir wissen, wie weit die Techniken der Gehirnwäsche gehen können. Auch wir Bürger der westlichen Demokratien sind ständig einer Gehirnwäsche ausgesetzt, wenn auch meistens weniger offensichtlich. Die subtilen kleinen Reize, die wieder und wieder durch die Medien der Propaganda und Werbung auf unsere Imagination wirken, beeinflussen uns, ob wir es wollen oder nicht. Wir können ihnen nicht entrinnen.

Dr. William Sargent hat in seinem Buch ›Battle for the Mind‹ klar demonstriert, wie konditioniert das menschliche Hirn und die Psyche sind. Es besteht kein großer Unterschied zwischen uns und den Pawlowschen Hunden. Wir sind biologische Maschinen, zu fast allem fähig, sogar zu Sprüngen jenseits der physiologischen Gesetzmäßigkeiten, wie die Hypnose bewiesen hat.

Suggestion und Autosuggestion können sowohl dazu benutzt werden, den Geist zu heilen als ihn zu vergiften. Der Grad der Suggestibilität eines Menschen vergrößert sich proportional zu Angst und Schock. Die schützende Kraft der Imagination liegt in dem suggestiven Appell, den sie über uns haben kann. Die Wiederholung unserer Dialoge ist, unbewußt, eine Methode der Selbsthypnose. So behandeln wir uns psychotherapeutisch, um Schockwirkung und negative Einflüsse, denen wir in verschiedener Intensität ausgesetzt sind, zu mildern. Die Imagination wirkt als Stoßdämpfer.

Jeder starke oder plötzliche Eindruck kann für unser Nervensystem ein Schock sein. Auch Glück kann einen solchen Schockeffekt haben. Die Imagination erweitert die Außenwelt und gibt ihr Dauer, gleichzeitig dämpft sie die Eindrücke der Außenwelt.

Wie der Gott Janus blickt die Imagination nach vorn und zurück. Die Erwartung kann das größte aller Vergnügen sein und den Zauber des erwarteten Ereignisses erhöhen, wenn es dann eintritt, aber sie kann ebenso die Realität zu einer Enttäuschung werden lassen. Die schützende Wirkung, welche in viele Bereiche sowohl des Geistes wie des Körpers reicht, hängt ab von dem Stellenwert der Imagination in unserer geistigen Ausstattung, und außerdem von unseren Sensibilitäten und unserer Erziehung. Aber der entscheidende Faktor ist, wie ich schon gesagt habe, die Stärke des Ego und der Grad seiner Harmonie mit dem Selbst.

Wie ein starkes Ego aus der Imagination einen Retter machen kann, wurde von der ungarischen Kommunistin Dr. Edith Bone bewiesen, die acht Jahre eingekerkert war, aber nicht den Methoden der Gehirnwäsche unterlag, die ihre stalinistischen Kerkermeister gegen sie anwandten, weil sie sie für eine Verräterin hielten. Sie rettete sich ihre geistige Gesundheit während ihrer einsamen Gefangenschaft, indem sie in der Imagination alle Straßen und verborgenen Ecken der Städte besuchte, die sie gesehen und geliebt hatte. Ein solches Ego hat, glaube ich, die Eigenschaften eines Felsen, es widersteht nicht nur den Schrecken der zerstörerischen hypnotischen Behandlung, sondern ist auch fähig, die Imagination positiv anzuwenden, um ein Leben in völliger Dunkelheit erträglich zu machen.

Die Stärken und Schwächen jeder menschlichen Anlage können nicht absolut verstanden und bestimmt werden. Sie müssen gegen den Hintergrund und die Muster der ganzen Persönlichkeit bewertet werden. Obwohl der Geist weitaus mechanischer arbeitet, als der Mensch glauben mag, entzieht er sich doch, als lebendes Gebilde (Entität) präziser statistischer Wertbestimmung. Nur in pathologischen Fällen können sichere Voraussagen in bezug auf Schwäche und Anomalie getroffen werden. Wenn die Stimme der Imagination, gedacht als schützende Kraft, zu einer entkräftenden Belastung wird, dann sollte die Hilfe eines Experten in Anspruch genommen werden, da wahrscheinlich emotionale oder neurotische Störungen dafür verantwortlich sind.

Der Schutz, den die Imagination bieten kann, spiegelt sich automatisch wider in unserem Verhältnis zu anderen Menschen. Wir wissen, was eine andere Person braucht und will, weil wir wissen, was wir uns selbst wünschen und was wir selbst brauchen: alles psychologische Wissen geht auf Selbsterkenntnis zurück. Der schützende Effekt der Imagination auf andere Menschen geht jedoch weit darüber hinaus. Die innere Stimme, die uns unterhält, warnt, erzieht und so oft auch quält, schafft Atmosphäre und Substanz unserer Innenwelt. Sie schützt uns in gewisser Weise vor der Einsamkeit, wenn sie uns auch vielleicht mehr als nötig von anderen abschneidet. Das Innenleben ist ein Dialog oder ein ganzes Orchester von ›Stimmen‹, während das Leben mit anderen, auch mit denen, die uns am nächsten stehen, gewöhnlich nicht mehr ist als ein Monolog. Es ist banal, zu erwähnen, daß jede wahre und vollkommene Intimität zwischen Menschen immer nur zeitweilig und manchmal nur für Augenblicke existiert.

Wie könnte es auch anders sein? Die menschlichen Emotionen und Impulse sind ambivalent und schwankend, und wenn wir sie in ihrer ganzen Reichweite ausdrücken müßten, dann würden wir uns selbst und andere verschlingen. In der Regel bleibt nach der Kindheit das meiste von dem, was wir für andere fühlen, in unserer Imagination oder wird in das Unterbewußte verlagert. Das bietet Schutz in zwei Richtungen: für uns selbst und für unsere Nächsten. Außer in intimen Bindungen leben wir unsere negativen Gefühle meistens nur in unserem Geist aus, und auch bei engsten Kontakten vermeiden wir, was unserem Partner weh tun könnte — wenigstens versuchen wir es im allgemeinen. Die Imagination ist daher nicht nur ein Schockdämpfer für uns selbst, sondern auch für unsere Geliebten, unsere Freunde, unsere Nächsten.

Wenn ein Geschäftspartner brutale Gefühle in uns weckt, dann gefallen wir uns vielleicht in sadistischen Vorstellungen, aber wir würden nicht mit dem Messer zustechen. Wenn eine geliebte Person unsere Gefühle verletzt oder uns verlassen hat, dann hegen wir vielleicht den Wunsch, sie zu erschießen, und vollziehen diese Tat auch eventuell in der Imagination, aber nur unter ganz seltenen Umständen würden wir tatsächlich so handeln. Indem wir die gefährlichen Teile unserer Gefühle in uns selbst ausleben, dadurch daß wir uns die Situation vorstellen statt sie in Handlung umzusetzen, verhalten wir uns zivilisiert und schützen andere. Über das Tagträumen ist viel gelästert worden als ein Symptom gefährlicher Introspektion, die unser Nervensystem schwächt und uns hindert, aktiv und nützlich zu sein. Aber es gibt auch hier zwei Seiten: eine konstruktive, wenn schädliche Wünsche auf ziemlich harmlose Weise aus der Welt geschafft werden, ohne andere Menschen in Mitleidenschaft zu ziehen, und eine destruktive, wenn wir isoliert und Instinkte und Emotionen geschwächt werden. Manche Tagträumerei dürfte erstrebenswert sein und ist wirklich zu empfehlen. Die natürliche Zeit für das Tagträumen ist die Kindheit und das Alter des Heranwachsens, aber in jeder Altersstufe kann es entspannende und schützende Funktion haben. Nur wenn die Imagination sich vollkommen in Phantasie verwandelt und die Menschen erfahrungsunfähig macht, dann ist der Gefahrenpunkt erreicht.

Es stellt sich durchaus die Frage, ob nicht die Imagination in vielen Fällen Vorläufer und Anstifter zu unmoralischen Handlungen und Verbrechen ist. Was ist mit dem Mörder, der seine Tat plant, sie berechnet und sich vorstellt und sie dann wirklich begeht? Oder der Teenager, der Opfer falscher Heldenverehrung wird und Gangster imitiert, die er im Fernsehen oder Kino gesehen hat?

Im ersten Fall haben wir es mit psychopathischen Funktionen zu tun, die eine Klasse für sich bilden; sie stellen die inneren Situationen auf den Kopf. Die Imagination hat in ihrer natürlichen Funktion eine aktionsverhindernde Wirkung, einen Gesetzmäßigkeitsschein, der bei einer desorientierten Persönlichkeit wieder aufgelöst wird.

Ich kann nicht glauben, daß junge Rowdys und Delinquenten alle Psychopathen sind, obwohl eine vergleichsweise große Anzahl darunter sein mag. Sie sind unreife Jugendliche, die kaum die Welt ›oraler‹ Fixierung überwunden haben und gerade in die narzißtische Phase eingetreten sind. Sie leiden unter den Schwierigkeiten beider Phasen: sie wollen groß erscheinen und angeben, aber sie sind doch noch der magischen Welt des Kleinkindes verhaftet. Wegen ihrer Ego-Schwäche sind sie höchst beeinfluß- und leicht hypnotisierbar. Man braucht diese jungen Leute nur beim Tanzen zu beobachten, um in ihnen perfekte Beispiele für Selbsthypnose zu erkennen. Sie sind in kürzester Zeit in Trance. Sie sind ebenso leicht von anderen zu hypnotisieren wie sie durch die Aufnahme äußerer Reize sich selbst zu hypnotisieren imstande sind. In letzter Analyse ist alle Hypnose Selbsthypnose. Ein junger Mann, der einen Gangsterfilm sieht, in dem ein Mann mit Mord und Geld davonkommt, erhält in einem Zustand emotionaler Empfänglichkeit eine Suggestion in selbst hervorgerufener Hypnose und führt aus, was er in seiner eigenen Version gesehen hat. Da die Struktur seines Ego schwach ist und sein Superego kaum existiert, fehlt die hemmende Kraft der Imagination und des Gewissens.

Jede Definition oder Erklärung der Imagination, welche ich jetzt zu geben gedenke, ist ein persönlicher Kommentar zu einem der am wenigsten umrissenen Themen der Psychologie. Vorstellungen werden aufgebaut aus Wahrnehmungen, unter denen die Kinästhesie (die Wahrnehmung von Bewegungen) einen hervorragenden Platz hat. Subtile, fließende Bewegungen, die sehr oft nicht vom Bewußtsein wahrgenommen werden, nimmt unsere Imagination auf wie eine Art Kurzschrift, die später in eine andere Schrift übertragen wird. Es handelt sich um einen überaus komplexen Code, der aus unzähligen Variationen von ›Zeichen‹ besteht, die im Hintergrund unserer Vorstellung sind. Wie ich schon früher gesagt habe, findet der Ausdruck imaginativer Aktivitäten in erster Linie durch Gestik statt. Es gibt nicht einen Augenblick im Leben, in dem man nicht das Wesen ›innerer Bewegungen‹ durch äußere Bewegungen ausdrückt. Sie mögen kaum erkennbar oder nur in Ansätzen da sein, aber sie tauchen unentwegt auf. Aus der kaum sichtbaren Sprache solcher Zeichen vervollständigen wir unsere Vorstellungen, und wir vervollständigen sie durch eine seltsame Fähigkeit, kleine und leichte Bewegungen zu einer inneren Zeichnung zusammenzufügen, die eine Einheit in sich selbst ist und sowohl die Realität als ein Symbol darstellt. Visuelle, auditive und Geruchs-Vorstellungen sind Endprodukte. Die Vorstellung in statu nascendi ist ein komplexes Gebilde tastender Bewegungen. Die Endformen des Ausdrucks der Imagination sind zu gleicher Zeit ihr Rohmaterial — Gesten.

Vorstellungen, die voll ausgebildet sind, können sich in allen Bereichen der Kunst kreativ ausdrücken, oder sie können halbausgebildet bleiben und zu Träumen und bewußter Reflexion jedweder Art werden. Das Hauptcharakteristikum der Vorstellung scheint die Fähigkeit der Komplementation zu sein; man produziert ein Ganzes aus einer Zahl von Andeutungen oder Zeichen. Das Resultat dieses Prozesses kann zwei Arten von Realität haben: (a) eine subjektive, und (b) eine Realität sui generis.

Ein Kind, das ein Segelboot erkennt, wenn sich die Vorhänge in seinem Kinderzimmer bewegen, produziert eine subjektive Vorstellung, die für das Kind real ist. Wenn wir müde sind und unsere Aufmerksamkeit für die Außenwelt geschwächt ist, neigen wir in jedem Alter dazu, bei der Wahrnehmung von Bewegungen Dinge zu sehen, besonders in der Dunkelheit oder vor dem Einschlafen. Es kann sogar passieren, daß wir in solche Zeichen Erscheinungen von Personen hineinprojizieren, die tot sind oder mit denen wir zusammen sein möchten. In der Tat lassen sich Halluzinationen auf diese Weise erklären. Bestimmte emotionale Bedingungen zusammen mit bestimmten Dispositionen der Persönlichkeit können diesen Prozeß zu einem natürlichen Ereignis machen. Menschen, die keineswegs geisteskrank sind, glauben fest, Personen zu ›sehen‹, die sie durch den Tod verloren haben. In Streß-Situationen projizieren wir innere Vorstellungen auf äußere Bewegungen und schaffen aus einem starken Bedürfnis heraus eine Presence, aus der wir nicht nur Trost schöpfen, sondern die uns auch heilen kann. Beispiele dafür gibt es unzählige. Zuerst projizieren wir das verlorene ›Objekt‹ auf die Außenwelt, bis wir es introjizieren und so weit zu einem Teil unserer Selbst machen können, daß wir es nicht mehr zu ›sehen‹ brauchen. Am Ende werden wir dem ›Objekt‹, das wir verloren haben, ähnlich, nachdem wir es erfolgreich in unserer Imagination assimiliert haben. Das erklärt eine Anzahl von übersinnlichen Ereignissen, ohne ihnen etwas von ihrer Rätselhaftigkeit zu nehmen.

Der tatsächliche Prozeß der ›Geburt einer Vorstellung‹ ist nur wenigen bewußt. Er ist ein kreativer Prozeß. Ich kann hier aus meiner eigenen Erfahrung als Schriftstellerin sprechen. Die ersten inneren Bewegungen, die zu einem Gedicht führen, gleichen einer schmerzhaften Geburt. Es ist so, als wollte sich etwas seinen Weg an die Oberfläche bahnen, als suche es sich seinen Weg hinauf aus dem Unterbewußten oder Unbewußten. Dies geschieht in Wellen, die mehr und mehr rhythmisch werden. Sie wirken auf das Atemzentrum und zwingen einen oft, sich zu bewegen, mit langen Schritten und schwingenden Armen auf- und abzuschreiten. Noch immer ist keine Vorstellung da und daher auch kein Wort, um sie zu fassen. Die Vorstellung wird langsam geboren, durch eine Energie, die der Quelle des Lebens selbst sehr nahe ist. Die ersten Manifestationen von Vorstellungen sind wie Pinselstriche auf der Leinwand des Geistes, ungestüm, wie von einem kleinen Kind ausgeführt. Diese elementaren Bewegungen, die so rhythmisch sind wie der Herzschlag oder das Atmen, bilden Strukturen. Diese elementaren, rhythmischen Impulse übertragen sich selbst in Vorstellungen, die sowohl tastbar wie visuell sind. Die Vibrationen des Rhythmus werden immer ausgeprägter und zugleich definitiver, bis die verschleierte Vorstellung zu rhythmischen Worten wird. Ich glaube nicht, daß viele Menschen dieses Phänomen erleben, aber ich bin sicher, daß das Kind seine bildhaften Vorstellungen unbewußt so formt, wie ich es beschrieben habe.

Die Welt der Vorstellungen repräsentiert eine Realität sui generis, und eine Realität, die nicht nur der äußeren Umrisse allein, die nur Erscheinungen sind,

habhaft werden kann, sondern auch ihres zugrunde-
liegenden Seins. Die ›innere Stimme‹, die dauernd zu
uns spricht, ist das Endprodukt einer langen Kette
innerer Ereignisse, die unsere Imagination geformt
haben, Ereignisse, die meistens unbewußt wahrgenommen wurden. Ähnlich ist es mit dem Prozeß des Ge-
hens, der automatisch abläuft, aber dennoch aus einem
komplexen Gefüge von zahlreichen, fein abgestimmten
und kleinen unbewußten Bewegungen.

Vorstellungskraft ist eng verbunden mit Kinästhesie,
wie meine eigene Erfahrung mich gelehrt hat. Psychologisches Wissen kann meiner Ansicht nach nur auf
Selbst-Bewußtsein basieren. Was wir nicht selbst erfahren, können wir nicht wirklich verstehen. Wir sind
in der Lage, durch unsere Imagination auch die selt-
samsten, die exzentrischsten Verirrungen des Geistes
zu begreifen, weil wir alle dieselben Möglichkeiten zur
›Normalität‹ — wenn es das überhaupt gibt — wie zur
Anormalität in uns tragen. Was wir über den Geist
anderer Lebewesen wissen, ob Mensch oder Tier, ist
nichts als die Projektion dessen, was wir über uns
selbst in Erfahrung gebracht haben.

Der kinästhetische Sinn läßt uns die Sprache der
Bewegungen und Stellungen wahrnehmen, zuerst und
hauptsächlich bei uns selbst und dann durch Projektion auch bei anderen. Gesten und Haltungen sind
die Resultate psychomotorischer Impulse, die als Bewegungen in statu nascendi verstanden werden können. Bei einem ausgeprägten kinästhetischen Sinn können diese Impulse bis ins Bewußtsein vordringen.

Die Schärfe des sensorischen Apparats variiert bei
verschiedenen Rassen und Kulturen stark, und sie ist
auch beim einzelnen entsprechend konstitutioneller
Neigungen, Erziehung und Beruf unterschiedlich. Die
nordeuropäische Zivilisation hat nicht viel getan, die
Entwicklung des kinästhetischen Sinns voranzutreiben,
ganz im Gegenteil, denn sowohl rhythmische Bewegungen des Körpers wie Gesten werden durch Erziehung unterdrückt. Jedes Kind jedoch, gleich welcher
Rasse oder ›Klasse‹, gelangt zu einem Bewußtsein der
eigenen Identität, das dem Bewußtsein des eigenen
Körpers vorausgeht, hauptsächlich durch Kinästhesie.

Das physische Identitätsbewußtsein reift zu einem geistigen Identitätsbewußtsein. Das Bewußtsein der eigenen Bewegungen führt zur bewußten Wahrnehmung der Bewegungen anderer Menschen. Das psychomotorische Verhalten bildet in jedem Individuum deutliche Strukturen, die sich wiederum im Gehirn abzeichnen, oder, um es einfacher zu sagen, Teil unseres Bewußtseins und unserer Imagination sind.

Die Sinne können durch mangelnde Benutzung abstumpfen oder durch angemessene Erziehung entwickelt werden. Ein Sinnesorgan kann das andere stärken oder ersetzen. Der Tastsinn zum Beispiel wird zum Auge des Blinden. Ein sensibilisierter kinästhetischer Sinn trainiert den visuellen Sinn, der die subtilsten, fließendsten Gesten, Ausdrücke und Haltungen bei anderen Menschen entdeckt.

Eine imaginative und intuitive Person kann durchaus in der Lage sein, die psychomotorischen Symptome zu registrieren, die Denkprozessen und dem gesprochenen Wort vorausgehen. Das Gedankenlesen könnte vielleicht in diesem Rahmen als ein natürliches Ereignis erklärt werden. Am einfachsten wäre das Gedankenlesen für Menschen, die einen kreativen Geist besitzen, da besonders bei ihnen das Denken sich zuerst ›bewegt‹ und dann sich formt zu einem faßbaren Gebilde, das schließlich verbal seinen Ausdruck findet. Wie wir wissen, drücken romanische, afrikanische und orientalische Völker Gedanken und Emotionen mehr durch Gestik als durch Wörter aus. Ihr kinästhetischer Sinn und ihre Imagination sind oft überentwickelt.

Es läßt sich mit Sicherheit sagen, daß derartige Qualitäten mit einem intuitiven Wissen von Menschen und Ereignissen einhergehen, von dem bei Völkern, die sowohl ihre Gestensprache wie ihre Imagination unterdrückt haben, wenig übriggeblieben ist. Wilfred Thesiger, der Autor von ›The Sands of the Waterless Quarter‹, beschrieb in einem Radiointerview, wie seine beduinischen Begleiter ihm eine exakte Beschreibung des Diebstahls von drei Kamelen gaben, der von Mitgliedern eines anderen Stammes aus einem viele Meilen entfernten Dorf vorgenommen worden war. Sie bezogen sich auf ein Minimum von ›Zeichen‹ — kaum

sichtbare Fußabdrücke von Kamelen und Menschen —
die kein Europäer je wahrgenommen hätte. Ihre Beschreibung des Ereignisses war in jeder Einzelheit kor-
rekt. Thesiger war tief beeindruckt und erkundigte
sich danach, was seinen beduinischen Freunden dieses
seltsame Wissen gab. Sie erklärten ihm, daß alles auf
dem Wege der ›Deduktion‹ geschähe: ein weiterer Beweis des Wunders sensorischer Schärfe, der Imagination selbst und ihrer schützenden Kraft.

III

Anfang 1946 lud mich Dr. Earle, inzwischen medizinischer Direktor der Monyhull Colony, ein, ihn zu
besuchen und eine Studie an hochgradig schwachsin-
nigen Kindern vorzunehmen, von denen viele seelisch
gestört waren und Anzeichen delinquenten Verhaltens
aufwiesen.

Monyhull Colon liegt in reizvoller Umgebung, wie
allgemein Hospitäler außerhalb der Stadt. Es gibt
Gärten und Möglichkeiten zu Sport und Spiel. In
Monyhull wohnten die Kinder in kleinen Häusern, die
von Schwestern oder Pflegern geleitet wurden. Die ganze
Atmosphäre glich mehr der eines Internats als einer
Institution für geistig behinderte Kinder. Ich bin sicher, daß viele Kinder, die mit asozialen Eltern leben
müssen, dort weitaus glücklicher sein würden als in
ihren unerfreulichen Elternhäusern. Diese Kolonie be-
herbergte zum großen Teil junge Menschen, die zu
jener Zeit als geistesschwach bezeichnet wurden. Der
Psychologe, der die I. Q. Feststellungen machte, zog dabei den emotionalen Faktor mit in Betracht, um die
allgemeine Fehlerhaftigkeit dieser Tests zu vermeiden,
die nämlich dann wertlos sind, wenn Angstzustände
oder andere hemmende Faktoren nicht berücksichtigt
werden. Der Lehrplan der Schule ist nach modernen
und einfallsreichen Richtlinien aufgebaut, und die
Lehrer, die mit ihren Schülern auch außerhalb des
Klassenraums persönlichen Kontakt haben, waren außerdem assistierende Therapeuten.

Es war ein glücklicher und lebendiger Ort, und der Geist der Autorität, Sympathie und Freundschaft, den der Leiter Dr. Earle ausstrahlte, machte die Kolonie zu einer großen Familieneinheit. Das war eine große Leistung, denn er hatte eine sehr große Anzahl junger Leute verschiedener Altersgruppen und beträchtlich unterschiedlicher geistiger und psychischer Störungen zu betreuen. Ich sah und erfuhr, wie viel eine menschliche, verständnisvolle Haltung und einfühlsame Anteilnahme zum Glück und zur positiven Fortentwicklung der geistig Behinderten beitragen können.

Dr. Earle hatte jeden Nachmittag eine Gruppe von Jungen zum Tee in seinem Haus. Ich war fasziniert, ihr ausdrucksvolles Verhalten zu beobachten. Sie kamen einfach wie ganz normale Freunde, saßen um den Kamin herum, fünf oder sechs an der Zahl. Manche rauchten Zigaretten, und sie alle sprachen völlig ohne Hemmungen. Sie waren wirklich so entspannt, daß sie nicht nur sich selbst hänselten, sondern auch den Leiter und mich.

Was diese Kinder von den sogenannt normalen unterschied, waren ihre ungehemmte Spontaneität des Ausdrucks (der viel jüngerer normaler Kinder vergleichbar) und gewisse Anomalitäten des Gesichtsausdrucks und der Gestik — die oft überausdrucksvoll, hektisch und schlecht koordiniert war. Es ist bekannt, daß hochgradig geistig gestörte Jungen zu Fugue (Dämmerzustand) und Delinquenz neigen. Unter Dr. Earles jungen Besuchern waren einige, die aus keinem anderen Grund als dem unwiderstehlichen Zwang, allem zu entkommen, durchgebrannt waren, aber einige hatten auch Einbrüche begangen und gestohlen.

Ich war begeistert von dem beträchtlichen Charme, den viele der jungen Burschen besaßen. Die meisten von ihnen waren klein und auf eine feminine Weise hübsch, mit offensichtlichen homosexuellen Neigungen.

Sie reagierten stark auf den Doktor, und ihre Zuneigung zu ihm machte seine Hypnosetechnik, die er anwandte, damit sie die Wahrheit über ihre Eskapaden sagten, so wirkungsvoll wie manche Heilungen in Lourdes. Ich sah, wie er den Arm auf die Schulter

184

eines Jungen legte und ihn bat, seine Augen starr auf ein Objekt zu richten, während er nicht mehr als ein paar Sekunden zu ihm sprach. Die Magie wirkte: der Junge verfiel in ›Schlaf‹, in eine Trance, und erzählte Dr. Earle alles, was dieser wissen wollte.

Meine Anwesenheit minderte den Erfolg dieser Technik nicht; und obwohl die Hypnose heute ein anerkanntes erprobtes therapeutisches Mittel ist, werde ich niemals den Schock und die Bestürzung überwinden, die ihre Wirkung in mir auslöste. Diese unheimliche Kommunikation eines Geistes mit dem Unterbewußtsein einer anderen Person und seine Macht über sie ängstigen mich. Ein noch größerer Schauder erfaßt mich, wenn ich sehe, wie die Befehle, die während der Trance erteilt wurden, später mit der Präzision eines Uhrwerks ausgeführt werden.

Ich lernte viel in Monyhull und genoß die Gesellschaft von Menschen, denen ich an anderen Orten in einer ähnlichen Atmosphäre niemals begegnet wäre.

Wer außer dem Iren Dr. Earle wäre souverän und unkonventionell genug gewesen, seine Patienten privat an seinen Kamin einzuladen, sie zu seinen ›Kindern‹ zu machen? Iren und Juden, zwei verfolgte Menschengruppen, passen gut zueinander. Ich weiß nicht, ob ich auf eine kollektive gemeinsame Basis reagierte, oder ob es einfach die Persönlichkeit Dr. Earles war, die meine Besuche in seinem Haus und der Kolonie zu weit mehr als einer Studienaufgabe machte. Ich erreichte alles, was ich mir vorgenommen hatte, und mehr. Ich veröffentliche 1947 eine Abhandlung »The Form and Dermatoglyphs of the Hands of 115 Difficult and High Grade Mentally Defective Boys« im ›Journal of Medical Psychology‹, und Studien über die Hände weiterer 130 Jungen und Mädchen fanden Verwendung in meinem Buch »The Hand in Psychological Diagnosis«, das 1951 erschien.

Es war für meine umfassende Studie der menschlichen Hand notwendig, die Hände geistig behinderter Kinder mit denen von Kindern ›normaler‹ Intelligenz und Persönlichkeit zu vergleichen. Nach meinen Besuchen in der Monyhull Colony erhielt ich die Erlaubnis, die Hände von Schulkindern gewöhnlicher Schulen zu untersuchen. Ich wählte zwei Grundschulen, eine für Mädchen, eine für Jungen. Es war hier nicht so leicht zu einer Zusammenarbeit zu kommen wie in Krankenhäusern, aber wieder fand ich einen Direktor und eine Direktorin, die über konventionelle Zweifel erhaben waren, und ungefähr ein Jahr lang stattete ich ihren Schulen regelmäßige Besuche ab. Die Erlaubnis, Handabdrücke zu bekommen, mußte von den Eltern der Kinder eingeholt werden, die Objekte meiner Studien werden sollten. Viele Kinder meldeten sich freiwillig, und im allgemeinen gaben auch die Eltern bereitwillig ihre Zustimmung.

Die Mädchenschule öffnete mir ihre Tore während und außerhalb des Unterrichts, eine Großzügigkeit, die mir direkten Zugang zu der Gemeinschaft von Lehrern und Schülern bot. Ich wurde mit Enthusiasmus von den Kindern und mit der Bereitwilligkeit zur Zusammenarbeit von der Lehrerschaft empfangen. Eine der Lehrerinnen wurde mir eine Freundin; sie übernahm es, die Statistiken für eine spezielle Studie über Kinderhände zusammenzustellen, die ich in dem genannten Buch veröffentlichte.

Die Erlaubnis, auch an der Jungenschule meine Forschungen während des Unterrichts vorzunehmen, bekam ich nicht; die ganze Atmosphäre dort war unergiebig und irgendwie berührte sie mich nicht, es war wie in einem Postamt, in dem die Beamten strikt nach Anweisung arbeiten. Die Lehrer suchten aus denen, die sich freiwillig gemeldet hatten, Jungen aus, und pünktlich erschienen sie zu verabredeter Stunde am verabredeten Tag, um ihre Hände studieren zu lassen. Ich sah nur einen oder zwei Lehrer während des ganzen Jahrs meiner Besuche, und ich hatte keine persönlichen Kontakte, obwohl ich mein wissenschaftliches Ziel erreichte.

Mit diesen Untersuchungen der Hände sogenannt normaler Kinder hatte ich den größten Teil meines Forschungsunternehmens erledigt. Ein Aspekt jedoch — ein Aspekt von größter Wichtigkeit — bedurfte noch des klinischen Experiments: der endokrine Faktor. Ich wußte seit Beginn meiner Studien, daß endokrine Drüsen das Temperament bestimmen, die Reaktionsweisen und das Verhalten. Ich wußte auch, daß bestimmte Handzüge eine endokrine Dysfunktion enthüllen, und es war unbedingt notwendig, daß ich zuerst diese studierte. Das Normale ist nichts als eine differenzierte und abgeschwächte Variation des Pathologischen.

Der Endokrinologe Dr. Gilbert Robin, mit dem ich in Paris zusammengearbeitet hatte, wies mich in allen Fällen, die ich mit ihm studiert hatte, darauf hin, wie sich die endokrinen Dysfunktionen in Anormalitäten des Verhaltens und Neurosen manifestierten. Er vermittelte mir die ersten experimentellen Einsichten über die Korrelation zwischen Temperament, emotionaler Störung und endokrinen Drüsen. Ich beobachtete und stellte damit zusammenhängende charakteristische Handzüge fest. Einige der Handeigenschaften waren schon von früheren Forschern erkannt worden, aber niemand hatte sich bisher auf die Hand als diagnostisches Mittel spezialisiert.

Meine Arbeit mit Dr. Robin betraf nur Kinder, und ich brauchte jetzt Heranwachsende und Erwachsene, um zum Kern meiner Methode der Handdiagnostik vorzudringen. Ich war deswegen besonders erfreut, als man mir die Möglichkeit gab, an einer endokrinen Klinik, die einem allgemeinen Krankenhaus im Norden Londons angeschlossen war, zu forschen. Dort fand ich eine große Anzahl fast aller Typen endokriner Störung vor und gelangte zu einem neuen Verständnis ihrer komplexen Signifikanz. Ein paar Tricks meinerseits waren bei der Ausführung meiner Untersuchungen notwendig. Ich konnte nicht annehmen, daß jeder Patient sich damit einverstanden erklären würde, sich Hand- und Fingerabdrücke abnehmen zu lassen, da ja mit diesen einfachen Maßnahmen die Assoziation zu Kriminalität verbunden ist. Diese Schwierigkeit mußte ich überwinden, indem ich meine Beobachtungen niederschrieb, statt sie zu ›drucken‹. Ich tat das überaus sorgfältig, und die Praxis schärfte sowohl mein Beobachtungsvermögen als auch den Blick für das Wesentliche. Glücklicherweise äußert sich die Abweichung der Handbildung bei endokriner Dysfunktion hauptsächlich in der Form von Hand und Fingern; die

Anomalien der Handlinien sind nur von zweitrangiger Bedeutung. Einige der Patienten waren zugänglich genug, mich Abdrücke nehmen zu lassen, die ich dann als Illustrationen in meinem Buch benutzte.

Der verantwortliche Endokrinologe hatte ausreichendes Interesse an meiner Forschungsarbeit, um mir Zeit zu geben, die Hände jedes Patienten eingehend zu studieren und genaue Notizen darüber zu machen. Meine Daten erwiesen sich als gut genug, um mir später jene Hände und ihre wichtigsten Linien ins Gedächtnis zurückrufen zu können. Das war alles, was ich brauchte.

Diese Studien erwiesen sich als unschätzbar für die Bestätigung meiner Theorie und erweiterten den Bereich meiner diagnostischen Tests.

Jede Wissensbereicherung bedeutet eine Stufe in der Entwicklung des ganzen Geistes. Ich lernte nicht nur etwas Neues über Handformen und -linien, ich gelangte zu größerer Einsicht in die emotionalen Mechanismen von Menschen, deren endokrine Funktionen erheblich gestört sind. Noch wichtiger, ich konnte mein Wissen, das ich aus der Studie pathologischer Fälle gewonnen hatte, auf mildere Fälle anwenden, denn einen absoluten Unterschied zwischen Kranken und sogenannt Gesunden gibt es nicht.

Meine Theorie, das Resultat früherer Erfahrung, wurde bestätigt: in den Händen aller Menschen zeigt sich *eine individuelle endokrine Formel.*

Als ich diese spezielle Forschungsarbeit abgeschlossen hatte, war ich als einsame Reisende neunzehn Jahre lang immer mit der Hand beschäftigt gewesen. Es war eine lange und ermüdende Reise gewesen, und allzu oft hätte ich mich von diesem Thema abwenden mögen, besonders während der endlosen Reisen an meine Forschungsplätze. Lange bevor ich meine Studien vollendet hatte, war ich der unbegrenzbaren Nachforschungen und der Bemühungen, die sie erforderten, überdrüssig. Außerdem bedrückte mich der Zwang, alles allein tun zu müssen. Mit der Veröffentlichung meines Buches, das die Summe meiner Forschungsarbeit enthält, gab ich mit freudiger Erleichterung dieses Thema auf. Die Arbeit war in jeder Beziehung zu einem Ende gekommen. Ich war zufrieden und zu einem gewissen Grade erfüllt. Mir war klar, daß ich keine andere Wahl gehabt hatte, als zu tun, was ich tat, und mein Ehrgeiz war befriedigt. Ich hatte nicht eine, sondern viele Welten gefunden, um meine eigene zu bereichern und mein Selbst zu stärken.

Das neue Leben kam mit einem Schock nach einem weiteren Arbeitsjahr, in diesem Fall aber zuhause. Ich schrieb mein Buch »The Hand in Psychological Diagnosis«, und dabei entwickelte ich die Neigung zur Introspektion und begann, mich gründlich über meine Vergangenheit und deren seltsamen Zuschnitt zu befragen. Mir wurde klar, und ich wunderte mich, daß ich trotz all des Unglücks, das mir als Flüchtling widerfahren war — der Verlust meines backgrounds, meiner Sprache, meiner heimischen Wurzeln und die Dunkelheit eines Lebens in Unsicherheit — in jeder Notzeit bei Freunden und Kollegen Hilfe gefunden hatte. Sie hatten Verlust in Gewinn, manchmal sogar in Glück verwandelt. Und ich war stolz, daß ich den Ländern etwas von Wert zu geben vermocht hatte, die mir Zuflucht gewährten.

Sie ist wie ein Wunder und eine Drohung zugleich: die Tatsache, daß ich eine Überlebende war und bin, die Glückliche, die entkommen konnte — »die, die davonkam«. Überlebende leben am Abgrund und schauen sich ständig über die Schulter, weil sie fürchten, daß hinter ihnen die Gefahr lauert. Sie müssen sich dauernd rückversichern, daß die Dinge in Ordnung sind, denn sie meinen immer, alles würde sich zum Schlechten entwickeln.

Wenn ich mein Leben objektiv betrachtete, könnte es erfolgreich genannt werden, aber gesehen von der Warte meines introspektiven Selbst, hat mir dieser Erfolg wenig bedeutet, weil ich mich nicht mit meiner sozialen und beruflichen Position identifizieren konnte. Sie hatte sich nach der Veröffentlichung von »The Human Hand« verbessert und mehr noch nach meiner Einbürgerung, die mir in bezug auf meine Arbeit als Psychotherapeutin meine Angst nahm. Es war ein seltsamer Abschlußbericht, den ich da vor dem forschenden Auge meines Geistes sah. Obwohl es unbestreitbar war, daß ich die einzige Sache getan hatte, die mir offenstand — meine Forschungsarbeit — und damit Erfolg gehabt hatte, soweit ein Individuum allein es vermochte, so stellte ich doch meine Motive in Frage. Ich erkannte, daß mich außer dem Zwang, der Faszination und sogar den kreativen Momenten, die ich bei der Eroberung noch unerforschten Gebietes der medizinischen Psychologie erfahren hatte, Furcht und Unsicherheit vorwärts getrieben hatten. Faul und genußsüchtig, wie ich von Natur aus war, hätte ich vielleicht absolut nichts getan, wenn mich nicht das Schicksal zu harter Arbeit gezwungen hätte. Dennoch hatte ich noch nicht die Position erreicht, die meiner Ausbildung und meinen Qualifikationen angemessen war — nämlich die einer approbierten, anerkannten Ärztin. Als diese letzte Hürde schließlich genommen war, da begann meine neue Rolle, die einer Ärztin in London, mit einem neuen Schockerlebnis.

›The Hand in Psychological Diagnosis‹ ist ein Buch für den Psychologen oder Arzt und einem Laien nicht eigentlich verständlich. Ich hatte nie erwartet, daß eine Tageszeitung es besprechen würde, und war tiefbestürzt, als ein oder zwei Tage nach der Veröffentlichung eine populäre Tageszeitung eine ganze Seite darüber veröffentlichte mit meinem Namen in großen Lettern in der Überschrift. Wie zu erwarten war, hatte man den Artikel durch Entstellung und Mißverständnis meines Textes auf peinliche Weise aufgebauscht. Am Ende war einer der Handabdrücke aus dem Buch abgedruckt, und außerdem eine zusammenfassende — und verzerrte — Analyse. Überdies wurden noch sechs weitere Artikel mit Handabdrücken und Analysen angekündigt, die alle meinem Buch ›entnommen‹ werden sollten.

Eine Zeitlang war ich wie betäubt. Aber Menschen verhalten sich in solchen Notfällen gut, und als ich über die anfängliche Erregung hinaus war, handelte ich recht tatkräftig. Ich bat meinen Verleger, der Zeitung jede weitere Veröffentlichung sofort zu verbieten. Er übergab die Angelegenheit seinen Anwälten, während ich auch meine Anwältin bat, sich einzuschalten.

Die Verfügung erging, und ich war etwas erleichtert, aber ich fühlte diesen Schlag gegen mich selbst und mein Buch noch Wochen danach. Meine Anwältin, eine sehr umsichtige Frau, schrieb an die wichtigsten psychologischen und medizinischen Institute, denen sie mitteilte, daß ich nicht das geringste mit dieser vulgären Besprechung zu tun habe, die man als Werbekampagne fehlinterpretieren konnte. Einer ihrer Briefe war adressiert an das ›General Medical Council‹, dessen Antwort mir einen neuerlichen Schock einbrachte, diesmal jedoch einen positiven. Man informierte mich, daß seit ein paar Jahren für mich die Möglichkeit bestände, als Ärztin registriert zu werden, denn während des Krieges habe man mich in ein vorläufiges Register aufgenommen. Ich hatte unglücklicherweise den Termin für einen solchen Antrag verpaßt, aber man teilte mir mit, daß ich unter bestimmten Bedingungen registriert werden könne, wenn ich es noch immer wünschte.

Meine Animosität gegen den Journalisten schwand, als sein schlechter Dienst sich für mich indirekt als Möglichkeit erwies, meinen Status als Ärztin wiederzuerlangen. In mittleren Jahren erhielt ich zurück, was ich mit fünfundzwanzig bekommen hatte: das Recht, Medizin zu praktizieren. Ich konnte an diese Fügung des Schicksals kaum glauben. Als ich zum ersten Mal nach Großbritannien kam, hätte ich an der Universität von Edinburgh zwei oder drei Jahre studieren und von neuem den Doktor erwerben müssen, aber zu jener Zeit hatte ich kein Geld für ein solches Unterfangen und war überdies schon mit meiner Handforschung beschäftigt.

Ich war überglücklich, wieder die Buchstaben M. D. hinter meinen Namen setzen zu dürfen, aber gleichzeitig so ungläubig, daß ich einen weiteren Brief an das ›General Medical Council‹ schrieb, um mich dessen zu versichern, daß es wirklich stimmte. Meine verspätete Etablierung als Ärztin brachte Vor- und Nachteile mit sich. Ich war einer jugendlichen, wahrscheinlich heranwachsenden, suchenden Geisteshaltung verhaftet, denn die Forschung hatte den ewigen Studenten in mir lebendig erhalten. Das ist ein guter Zustand, und niemand sollte *versuchen*, jenes Phantasieziel erreichen zu wollen: die Reife. Nicht nur ist die Reife eine Illusion, sondern der Glaube, sie erreicht zu haben, geht einher mit einer Verhärtung von Körper und Geist. Solange wir *wissen*, daß wir unreif sind, sollten wir die Unreife genießen, oder wir sollten jedenfalls in einem Zustand permanenter geistiger und emotionaler Erwartung, wenn nicht gar Revolution, verbleiben. Ein ewiger Student zu sein, ist eine ausgezeichnete Sache, und ich hoffe, es zu bleiben trotz des beträchtlichen Ansehens meines Berufsstandes.

Dieser eine Vorteil wiegt die Gesamtsumme der Nachteile auf, die in meiner neuen Position auf mich zukamen. Ich hatte zwanzig Jahre lang nicht mehr praktiziert, und es bestand kein Zweifel, daß ich mich als praktische Ärztin niederlassen und mich damit einem Zweig der Medizin widmen müßte, der nie besonders mein Fall gewesen war. Meine Erfahrung und Berufung lagen in der Psychotherapie, und ich wollte auf diesem Gebiet weitermachen. Ich hätte allerdings gern mein Wissen von allgemeiner Medizin ein wenig aufgefrischt, aber hielt das schließlich für Zeit- und Energieverschwendung, da es zu weit außerhalb meines langjährigen Betätigungsfeldes lag.

Weder meine beruflichen Aktivitäten noch meine Patienten hatten sich durch meinen neuen Status verändert, aber mein Sicherheitsgefühl empfing eine notwendige und willkommene Stärkung. Ich hatte eine kleine Praxis, in der ich von einigen praktischen Ärzten unterstützt wurde. In meinem Beruf war ich immer eine Außenseiterin gewesen, weil ich weder zu Freuds noch zu Jungs noch zu Adlers Schule gehörte. Während der letzten vier Monate meines Aufenthaltes in Deutschland hatte ich mich einer Jung'schen Analyse unterzogen, und persönlich hatte mir viel mehr die Analytikerin geholfen als die Analyse. In Paris hatte ich die Jung'sche Analyse fortgesetzt, und die Ausführende dort, die keine Ärztin war, hatte mir Trost und ein starkes Interesse an der Prozedur vermittelt. Es entwickelte sich jedoch bei mir eine derart starke Kritik an der Jung'schen Psychologie und ihrer gesamten theoretischen Basis, daß ich meine Analyse vor ihrer Vollendung abbrach. Ich lernte sehr viel und kritisierte viel, und als ich selbst begann, Patienten zu behandeln, war ich eine ›wilde‹ Analytikerin. Zu dem Zeitpunkt hatten Freud'sche Anschauungen von meiner Imagination Besitz ergriffen, denn ich erkannte ihre umwälzende Bedeutung und sah, daß sie den ›kollektiven‹ Geist der gesamten westlichen Welt beeinflussen würden. Meiner Intelligenz fiel es nicht schwer, den therapeutischen Wert von Freuds Psychoanalyse zu begreifen und später den jener Gruppen, die sich von seiner orthodoxen Doktrin aus weiterentwickelt hatten. Ich war besonders eingenommen von der neofreudianischen Idee und Praxis der sympathetischen Partizipation. Ich schlug mich stark auf ihre Seite, denn ich hatte diese Lehre schon unabhängig davon angewandt. Dennoch blieb ich eine ›wilde‹ Analytikerin, die vorrangig ihre Erfahrung und Intuition benutzte, ihre Partizipation und ihr allgemeines psychologisches Wissen, und die sich erst an zweiter Stelle an Freud orientierte. Mir wurde bewußt, daß ich seit meiner Emigration aus Deutschland gezwungen war, eine mir natürliche Neigung zu akzentuieren: mein Interesse an Grenzbereichen und neuen und unorthodoxen Ideen. Schon als Studentin an der Universität München war ich eine eifrige Hörerin der Vorlesungen von Ludwig Klages über Graphologie. Die Ideen über Phänomenologie fand ich weitaus interessanter als mein Medizinstudium, und während meiner ersten Semester in Freiburg war ich in Husserls Philosophie-Klasse und besuchte das Seminar von Heidegger. Ohne es zu wissen, war ich Zeuge der Geburt der Existentialontologie.

Diese Interessen außerhalb meines eigenen Studienzweiges hatten den Weg gewiesen, den ich selbst gehen mußte: die unbekannten und unbegangenen Pfade der Grenzbereiche von Medizin und Psychologie. Während ich als Ärztin in Deutschland praktizierte, waren diese Tendenzen nicht die entscheidenden, weil ich zufrieden war in meinem Beruf und gleichzeitig frei, meiner eigentlichen Berufung zu folgen, d. h. zu dichten.

Die Tendenz zur Außenseiterin wurde dadurch verstärkt, daß ich meinen Status als Ärztin verlor, als ich Deutschland verließ. Außenseiter können Märtyrer sein oder Helden oder Menschen, die man meidet. Die verbreitetste Verhaltensform gegenüber Außenseitern ist natürlich dieses Meiden, und ich wußte genau, was es bedeutete, gemieden und gelegentlich auch von Mitgliedern der etablierten Schulen der Psychotherapie schroff abgelehnt zu werden. Es war unausweichlich, daß ich als Ärztin in London meinen eigenen Weg ebenso gehen mußte, wie ich es als Forscherin getan hatte. Das beeinträchtigte meine finanzielle Sicherheit, aber ich vertraute meinem Glück und es verließ mich nicht, trotz Zeiten besorgten Wartens darauf, daß das Telefon klingeln möge.

Durch meine Privatpraxis bot sich die Möglichkeit, sowohl andere Menschen aufzusuchen als auch ungestörter Kontemplation mich hinzugeben. Ich war und bin noch immer mein eigener Herr, wenn auch, was meinen Lebensunterhalt betrifft, abhängig von dem guten Willen einiger Kollegen. Die Freiheit, Arbeitszeit und Freizeit nach meinem eigenen Willen einteilen zu können, ist zum Grundpfeiler meiner Existenz geworden. Anfangs war es wundervoll, aber bald hing die Zeit um mich wie die Flügel einer Fledermaus, bedrohlich und unheimlich. Es dauerte ein paar Jahre, bis ich mich an eine Freizeit gewöhnt hatte, die ich oft nicht wünschte. Außenseiter müssen oft in einem Existenzvakuum leben. Es ist eine Kunst und ein Fortschritt, jede Aktivität in einem Zustand der Entspannung ausführen zu können, aber ungenutzte Freizeit zu haben, ist ein Fluch und macht nervös. Ich entdeckte schnell die Gefahren von zuviel Freizeit und schritt zur Tat. In meiner ›freien‹ Zeit begann ich zu schreiben, zuerst Essays, dann Gedichte in deutscher Sprache.

Jahrelang hatte ich mich gegen meine Muttersprache gesperrt, und ich verdanke es meiner Freundin Sybille Bedford, daß diese Barriere durchbrochen wurde. Eines Abends, als ich ihr und Eda Lord Aphorismen auf englisch vorlas, sagte Sybille: »Warum schreibst du nicht Gedichte in deutscher Sprache?« Ihre Worte hatten sofortige, beinahe hypnotische Wirkung auf mich.

Ich begann sogleich, Gedichte auf deutsch zu schreiben, in der Tat mit dem Wissen, daß keine geliehene Sprache das Vehikel für Bilder und Gedanken sein kann, die aus der Quelle des eigenen Seins kommen.

Ein unerwartetes Ereignis half mir, das Vakuum zu füllen, das durch meine Außenseiterexistenz entstanden war. Eine Bewährungshelferin bat mich, die psychotherapeutische Behandlung einer jungen Frau zu übernehmen, die vor Gericht gestanden hatte. Im Laufe der Zeit schickten mir auch andere Bewährungshelfer jeweils ihre Schützlinge, und so erfüllte ich eine soziale Aufgabe. Außerdem war es gleichermaßen wichtig für mich, Kontakt zu einer behördlichen Institution zu haben.

Die Bewährungshelferin, die zuerst an mich herantrat, war eine Quäkerin, und sie wurde zum Bindeglied in meiner erneuten Beziehung zur ›Society of Friends‹.

Nach einer Zeit atemlosen Strebens erfuhr ich die Antiklimax von Erschöpfung und Einsamkeit. Ich hatte viele Freunde, aber ich wollte mehr. Ich wollte die Solidität einer Gruppe wie die der Quäker, obwohl ich ihren religiösen Glauben nicht teilen konnte, und ich wollte mütterliche Liebe und Sorge, die ein schöpferischer Mensch ebenso braucht wie ein Kind. Instinktiv habe ich mich immer nach dem warmen Nest der Mutter-Kind-Beziehung gesehnt, und ich bin glücklich, daß ich es immer in meinem Leben gefunden habe.

Einsamkeit hat dieselbe Wirkung wie Depression. Sie führt zur Regression und ermutigt entweder narzißtische oder infantile Sehnsüchte oder beides zusammen. Warum der Künstler nie über die narzißtische Phase hinauskommt, ist trotz Freud noch nicht völlig geklärt, obwohl an der Tatsache kein Zweifel bestehen kann. Daß Überentwicklung in einigen Bereichen unseres Seins mit Unterentwicklung anderer Bereiche gepaart ist, ist eine Binsenwahrheit.

Ich habe den Verdacht, daß alle menschlichen Wesen im Grunde ihres Herzens Babies sind, und daß die Erwachsenen-Rollen in der Tat nichts anderes als ›Rollen‹ sind. Sind wir ohne unser künstlich errichtetes Gebäude sozialer, beruflicher oder anderer Sicherheiten krank oder einsam und verlassen, dann kommt dieser angeborene Fluch des Menschen zum Vorschein, das Kind kommt hervor, das Baby schreit. Ob Mann oder Frau, ob Mädchen oder Junge, alle reagieren auf dieselbe Weise. Sie rufen nach ihrer Mutter.

Sexuelle Leidenschaften gehen vorüber und sind zu einem großen Teil Schauspielerei. Seelische Freundschaft und die Identifikation mit einer anderen Person ist der Liebe näher als die physische ›Liebe‹.

Die durch die Beendigung meiner Forschungstätigkeit veränderten Lebensumstände machten mich für intime Freundschaften empfänglicher, ohne die ich emotional wie physisch verwelkt wäre. Wie auch immer Geschlecht und Alter sein mögen, wie lächerlich es sich auch anhört, das Mutter-Kind-Verhältnis bestimmt die Menschen von der Geburt bis zum Tod, und es ist die einzige Liebe, die es wert ist, daß man sie sucht und besitzt.

Es ist eine verwirrende Tatsache, daß kleine Kinder gerne die Rolle der Mutter oder des Vaters übernehmen wollen, wenn auch öfter die der Mutter; jemanden zu umsorgen, gefällt ihnen genauso wie umsorgt zu werden. Ich glaube, daß der Wechsel von Mutter-Kind- und Kind-Mutter-Verhalten die fundamentale Situation der Liebe und die wesentliche Bindung zwischen Menschen ist; je mehr ›sophisticated‹ die Menschen sind, desto mehr bedürfen sie dieser Bindung. Die Imitationsphase, die jedes Kind durchläuft, ist keine hinreichende Erklärung für diesen Rollentausch. Die Weisheit aus dem Munde eines Kindes kann einen Erwachsenen, der von sich denken mag, er wüßte alles, zum Schweigen bringen. Das Gebiet psychosexueller Emotionen ist meiner Meinung nach nur ein Teilbereich des emotionalen Feldes: auf seltsame und wunderbare Weise bleibt das Gefühl per se während des ganzen Lebens in einem relativ statischen Zustand, und des Kindes angeborene weise Einsicht, die aus der intuitiven, emotionalen Seite des Seins herrührt, mag als Beweis für meine Theorie angesehen werden.

Nach 1952 hatte ich wieder sowohl privat wie beruflich meinen angemessenen Platz gefunden, aber ich fühlte mich nicht wohl. Was auch immer ich tat, empfand oder erreichte, es hafteten ihm Zweifel und Unsicherheit an. Meine Wohnungen, die ich nach meinem Geschmack eingerichtet hatte, empfingen mich nie wie ein Sprungtuch, das das ganze Gewicht aufnimmt und nicht verletzt. Menschen kümmerten sich um mich, und ich kümmerte mich um Menschen. Ich hatte Erfolg bei dem, was ich tat, und genoß die grünen Fluren Englands ebenso wie den Überfluß kultureller Veranstaltungen, den London bot. Aber meine Vergangenheit und mein hochgespanntes Nervensystem hinderten mich daran, mich irgendwie absolut wohl und gut zu fühlen, und ich konnte mich mit Großbritannien und seinen Menschen nie vollkommen identifizieren.

V

Der vorausgegangene Bericht über meine psychologischen und psychotherapeutischen Arbeiten in England wäre unvollständig ohne eine Darstellung einiger Schlußfolgerungen, die ich über die Beziehung zwischen Patient und Psychiater gewinnen konnte, ein Thema, zu dem viel Falsches gesagt worden ist.

Die Patienten sehen in den Psychiatern eher weise Zauberkünstler als Ärzte — Magier, die die Dinge für sie zurechtrücken können und wollen. Emotionale Störungen lassen immer infantile Züge hervortreten, und diejenigen, die bei psychischen Schwierigkeiten Hilfe suchen, tun das unbewußt in der Art eines Kindes. Es gibt natürlich Leute, die zu einem Psychiater gehen und dabei nicht offen und ehrlich sind, und andere, die von ihrer Familie oder Freunden überredet wurden, es zu tun, aber solche Fälle sind eher die Ausnahme denn die Regel. Diese Patienten geben früher oder später die Behandlung auf, es sei denn, sie werden durch die Persönlichkeit des Psychotherapeuten gewonnen.

Bevor der Patient den Psychiater trifft, ist seine Attitüde von seiner Sehnsucht nach einem idealen Vater oder einer idealen Mutter bestimmt. Vom Psychiater wird außer dem Spielen dieser Elternrolle noch erwartet, daß er der Große Lehrer ist, ein Traumbild, das ebenso althergebracht wie primitiv ist. Es ist eng verbunden mit dem des Dichter-Propheten und der Priesterinnen des griechischen Altertums, durch die Apollo sein Orakel verkündete. Diese Priesterinnen waren Instrument reinster Intuition; in einem trance-ähnlichen Zustand sagten sie zukünftige Ereignisse auf verschlüsselte Weise voraus. Die Priesterinnen waren Jungfrauen; und es scheint mir bezeichnend, daß der Gott die Frau zur Botin seiner Absichten und seines Willens wählte. Ich glaube, es bedeutet, daß die weibliche Komponente, im Mann wie in der Frau, als der Quelle der Weisheit näherstehend angesehen wurde.

Auch die römischen Priester waren Weissager. Sie kündeten die Zukunft aus der Vogelschau — dem Flug der Vögel, dem Aussehen der Eingeweide von Vögeln usw. Die römischen Priester waren der Pythia von Delphi unterlegen, aber sie demonstrierten, wie intuitive Kräfte auf verschiedenen Graden und in hohen wie in niedrigen Formen operieren können. Das Hohe entwickelt sich oft aus dem Niedrigeren: Sokrates und Platon waren hervorragende Philosophen, aber sie arbeiteten auf derselben Ebene wie die Weissager, und man weiß von ihnen, daß sie an die Voraussagbarkeit der Zukunft glaubten.

Sokrates und Platon waren außerdem bekannt für ihre Liebe zu jungen Männern; und Homosexualität in ihren seelischen und spirituellen Aspekten ist ein wichtiger Bestandteil des komplexen Bildes vom idealen Lehrer.

Die Priester der christlichen Zeit wußten nur teilweise in die mysteriöse und erhabene Stelle ihrer Vorgänger aus Griechenland und Rom zu treten. Die Ausnahme war Christus selbst. Er hatte nicht nur die Weisheit des Propheten und des großen Lehrers: er praktizierte auch die rätselhafte Kunst des Heilens. Das ist es genau, was der Patient vom Psychiater erwartet: er muß der Mann oder die Frau sein, die verstehen *und* heilen, die ihn oder sie lieben, wie Christus seine Mitmenschen geliebt hat und wie ein guter Vater sein Kind liebt.

Derartige Erwartungen und unbewußte Forderungen bringen den Psychiater in ein Dilemma. Obwohl er den Ursprung dieser Wünsche kennt, ein Wissen, das ihm potentiell Kontrolle über die Situation gibt, muß er zu seinem Patienten doch eine Beziehung herstellen, die dessen Wünsche nicht enttäuscht; dennoch aber muß er gleichzeitig um jeden Preis seine Identität aufrechterhalten. Er muß seinen Weg zwischen zwei Sphären finden, einer Sphäre der Schauspielerei und einer der echten Partizipation, wodurch ein realer, emotionaler Kontakt mit dem Patienten erreicht wird. Er muß eine Maske tragen, aber er kann es sich nicht leisten, sein wahres Selbst zu verlieren, auf das sich am Ende seine Fähigkeit zu heilen gründet.

Ein Psychiater mag über eine ausgezeichnete Kenntnis des menschlichen Geistes, ein angenehmes und überzeugendes Verhalten und die Gabe, aufmerksam zuhören zu können, verfügen; ohne die Kraft der Partizipation jedoch, d. h. ohne Liebe für seinen Mitmenschen sind seine Talente nutzlos. Liebe für den Mitmenschen bedeutet, die Interessen einer anderen Person spontan vor die eigenen setzen zu können, ohne Kalkül.

Es gibt wenig im Neuen Testament, das nicht in seiner symbolischen Bedeutung das Herz aller menschlichen Beziehungen trifft, mögen sie individuell oder kollektiv sein. Der Beruf des Psychiaters deckt sich in seiner Wesenheit mit der spirituellen Welt Christi, und die unbewußten Erwartungen des Patienten sind bis zu einem Punkt gerechtfertigt. Die meisten Psychiater sind sich dessen bewußt, aber ich meine, nur sehr wenige fühlen sich imstande, dem Bild des Patienten von ihnen zu entsprechen. Sie sind ›gut‹ oder ›schlecht‹ auf dieselbe Weise wie andere Menschen auch, aber sie sind sich der Kräfte des Guten und Bösen in ihnen stärker bewußt. Wir sind alle ›viele Menschen‹, und unsere positiven und negativen Emotionen sind ständig in einem Zustand des Wandels. Wir sind alle ambivalent und instabil, aber unser Über-Ich hält uns vor der Zerstörung zurück. Diejenigen, die über psychologisches Wissen verfügen, sind sich dessen bewußt, was in ihnen vorgeht. Darauf kommt es an. Kein Mensch wagt, all seine Impulse zu enthüllen; ja, niemand könnte das Risiko eingehen, sich jemand anderem so zu zeigen, wie er wirklich ist, ohne bei dem Spiel zu verlieren. In allen menschlichen Beziehungen sind Masken und Illusionen in einem gewissen Ausmaß notwendig. Wir leben zugleich auf der Bühne der Konventionen wie in unserer eigenen chaotischen, aber mehr oder weniger realen Welt.

Die Menschen sind emotional verwickelt in etwas, das man ›Lebens-Beziehung‹ nennen könnte. In derjenigen, die hier zur Diskussion steht, wird der Psychiater, obwohl er an ihr teilhat, doch von den Emotionen des Patienten nicht überwältigt. Seine Distanz garantiert Kontrolle über die Situation, sein Bewußtsein und seine Analyse der emotionalen Reaktionen wirken automatisch als Filter auf das Unbewußte des Patienten. Seine Behandlungsmethode und seine Menschenkenntnis bilden schrittweise und sorgfältig eine Ordnung aus dem Chaos eines kranken Geistes. Solcherart ist der bewußte Aspekt einer psychiatrischen Behandlung. Man darf jedoch den mächtigeren unbewußten nicht außer acht lassen. Wir wirken viel mehr durch das, was wir sind, als was wir sagen. Jeder Psychotherapeut muß sich die Tatsache vergegenwärtigen, daß seine Fähigkeit zu heilen letztlich davon abhängt, was er *ist*.

Das erste Gespräch mit einem Patienten ist immer aufregend, auch nach vielen Jahren Praxis. Wird auf beiden Seiten sofort Sympathie dasein und damit das Bindeglied, von dem der Erfolg der Behandlung abhängt? Einen neuen Patienten zu treffen, ist wie das Betreten einer fremden Stadt. Man ist erwartungsvoll, neugierig, aber zugleich besorgt, ob man auch die Fähigkeit hat, sich auf den Straßen und den verborgenen Winkeln der ›Stadt‹ zurechtzufinden. Man muß in bester Verfassung sein, denn es ist der erste Eindruck, der zählt. Dieser erste Eindruck muß den Patienten bezaubern und ihm Zuversicht und Vertrauen geben.

Ich erinnere mich an viele erste Gespräche, aber eines ist in meiner Erinnerung besonders lebendig. Eines Sonnabendnachmittags klingelte es zweimal an meiner Vordertür Sturm. Ich öffnete die Tür, und vor mir stand ein junger Mann in beigen Cordhosen, geschnitten wie Matrosenhosen, in einem hellroten Pullover und einem offenen weißen Hemd. Er sah mir geradeheraus in die Augen und nannte seinen Namen. Ein angenehmer Exzentriker, dachte ich, und ließ ihn ein. Meine innere ›Leica‹ hatte geklickt, ich fragte mich, ob seine es auch getan hätte. Mir war die Bedeutung und Intensität dieses Augenblicks bewußt, in dem der Grundstock gelegt wurde für die ganze zukünftige Behandlung. Offensichtlich war der Schock des ersten Anblicks für ihn größer als für mich. Er nahm sehr verkrampft Platz und wagte während unserer ganzen Unterhaltung nicht, mich anzusehen. Ich fühlte seine Angst und seine Aufregung, seine Befürchtungen und Hoffnungen. Ich setzte mich und legte meine Maske an. Mit freundlichen Worten bat ich ihn, mir zu sagen, warum er gekommen sei. Ich wurde zum teilnahmsvollen Zuhörer, zum empfangenden Instrument.

Wenn der erste Eindruck eines Interviews sich legt und die Situation sich entspannt, wird der Patient zu einem Sender, der sich durch seine Worte, sein Schweigen, seine Gesten und seine Haltung ausdrückt. Die Empfangsantennen des Psychiaters sind ausgerichtet auf das Wesen des Patienten, auf sein Bewußtsein ebenso wie auf sein Unbewußtes. Aber während der Psychiater äußerlich Empfänger ist, bleibt er keineswegs passiv. Er reagiert und übermittelt seine eigenen Gefühle und Gedanken durch Haltung, Gesten und Gesichtsausdruck. Er mag sich dessen vielleicht nicht bewußt sein, aber seine Maske kann doch nicht seine instinktiven Reaktionen verbergen, die immer ins Spiel kommen, ob er es will oder nicht. Ein Patient weiß unbewußt schon beim ersten Interview, was sein Psychiater von ihm denkt.

Ich denke, es ist selten, daß ein Psychiater einen Patienten nicht mag. Im Gegenteil, es ist natürlich, ihn oder sie zu mögen. Ich fühlte ganz gewiß sowohl Zärtlichkeit wie Verständnis für diesen jungen Mann. Er sprach mit ausgeprägtem Zögern über seine quälenden Probleme, die er nicht vollkommen verstand und um derentwillen er meine Hilfe suchte. Durch meine Versicherung, daß er mit seinem Leiden nicht allein wäre und viele Menschen mit denselben Schwierigkeiten zu kämpfen hätten, konnte ich sein Gefühl der Isolation auflösen und ihn etwas von seinen Ängsten befreien. Jetzt legte er seine Hände, die er bis dahin eng zusammengepreßt gehalten hatte, auf seinem Bein übereinander. Er begann mit mehr Selbstsicherheit zu sprechen, und obwohl er mich noch immer nicht ansah, hatte er doch einen gewissen Kontakt zu mir bekommen: er wußte, daß ich ihn verstand. Und ich wußte, daß ich einen Teilerfolg erreicht hatte: ich hatte die erste Schranke überwunden und, wie ich meinte, einen positiven Eindruck auf ihn gemacht. Die ganze Zeit hatte ich ihn angesehen, als teilnahmsvoller Freund und als bewußter, beobachtender Forscher, der versucht, jede Information zu registrieren, die durch Wort oder Geste, Schweigen oder Ausdruck übermittelt wurde, um von der ganzen Persönlichkeit des Patienten ein Bild zu bekommen.

Noch einige Stunden, nachdem er gegangen war, konnte ich diesen jungen Mann nicht vergessen. Ich war fasziniert und in Gedanken intensiv mit ihm beschäftigt. In zweifacher Hinsicht dachte ich über meinen Beruf nach. Ein Teil meines Selbst verfluchte die Psychotherapie. Diese Arbeit, sagte ich zu mir, ist mörderisch. Man wird zu einem Empfänger für die Bedürfnisse anderer Menschen, und wenn man nicht sehr vorsichtig ist, wird einem alle Vitalität geraubt. Aber der andere Teil meines Selbst war stolz und befriedigt über diesen Beruf einer geistigen ›Hebamme‹, die einem Patienten zu einer geistigen und emotionalen Wiedergeburt verhilft.

Eine Reise nach Rußland

I

Die Inflationszeit nach dem Ersten Weltkrieg in Deutschland war die schönste Zeit meines Lebens. Die letzten Überbleibsel der Zurückhaltung waren der deutschen Jugend, zu der ich damals zu gehören glaubte, verlorengegangen. Ich studierte Medizin in Berlin, dieser Metropole, die allen alles zu bedeuten vermochte, eine prachtvolle Prostituierte. Durch das reiche Angebot an Amüsement und Fluchtmöglichkeiten wurde Berlin zur Hauptstadt erotischen Glanzes, und die Ausländer, die wegen ihres Geldes erwünscht und willkommen waren, kamen in Scharen, entweder um nur zu kosten oder um in Vergnügen und Laster zu ertrinken.

Die großzügige finanzielle Unterstützung, die meine Eltern mir gewährten, sank in ihrem Wert auf fast nichts, aber mich bekümmerte meine Armut nicht, denn, alle anderen waren ja in der gleichen Situation, und es war eine Lust zu leben. Ich tat eine Anzahl russischer Studenten auf, denen ich zwecks Aufbesserung meiner Finanzen Deutschunterricht gab, aber trotzdem lebte ich von der Hand in den Mund.

Deutschland befand sich in einer Situation ökonomischer Belagerung, die abenteuerlich und aufregend war wie ein Krieg, nur ohne die Bomben, und ich lebte in meiner materiellen Unsicherheit in dem Gefühl der Jugend und des Glücks. Trotz der Nächte in lesbischen oder andern Nachtclubs, der Vorlesungen an der Universität, den Studien zu Hause und dem Geldverdienen, hatte ich dennoch Zeit für Liebe, Freundschaften und die Poesie.

Ich wohnte in möblierten Zimmern in der Kaiserallee und am Nollendorfplatz und fühlte mich heimisch inmitten all des Verkehrslärms tagsüber und des faszinierenden und verderbten Lebens bei Nacht. Ich hatte den Nollendorfplatz gewählt, weil ich dort allem nahe sein konnte, was ich mochte: Straßenbahnen,

Busse, Untergrundbahn und Mädchen in hohen Stiefeln, die herumstanden und abends lärmten, bis ein
Freier kam und sie für kurze Zeit entführte. Auf der
einen Seite waren die eleganten Restaurants, hauptsächlich für die reichen Ausländer, und sie machten
den Platz respektabel, aber ein paar Schritte weiter,
in den Seitenstraßen, konnte man die Nächte in Nachtclubs verbringen. Zigarrenrauchende Frauen empfingen uns, und die Mädchen tanzten miteinander. Gegen Mitternacht wurde unter der Leitung einer hochgewachsenen Frau mit Adlernase und Sombrero eine
Art Gavotte getanzt; sie murmelte Worte und Befehle
vor sich hin, die so eine Art schwarzer Magie sein sollten. Wir nannten sie Napoleon und taten, was sie befahl: wir hielten einen Drink in einer Hand, taten ihn
dann in die andere, nahmen ihn und stellten das leere
Glas hinter uns. Der Symbolismus dieser Zeremonie ist
deutlich. Dort und in anderen Clubs hatte an den
Abenden und in den Nächten die Musik jenen nostalgischen Beigeschmack, der das Ende einer Epoche verrät. Eine neue Ära begann, als die Nazis in Deutschland
die Macht übernahmen.

Der Geschmack der verbotenen Früchte war herrlich genug, um mich mehr und mehr von ihnen wünschen zu lassen — eine Zeitlang. Sie fügten mir und
meinen Freunden keinen Schaden zu, im Gegenteil,
sie brachten uns ein berauschendes Gefühl gehobener
Stimmung — ohne Drogen. Unsere seltsamen Vergnügen schwächten uns nicht und vergifteten uns auch
nicht; wir fanden Zeit und Energie für Wesentliches.
Dazu zähle ich Freundschaften und das Lernen. Während der 20er Jahre in Deutschland ging die Kunde von
großartigen Männern und Frauen von Mund zu Mund,
von Stadt zu Stadt, in einer Art faszinierenden, intellektuellen Klatsches. Hatte man einen bestimmten Ruf,
der auch auf diese Weise entstand, wurde man oft
eingeladen.

Der Ruf, den Walter Benjamin genoß — er stand bei
gemeinsamen Freunden in höchstem Ansehen — erweckte in mir den Wunsch, ihn kennenzulernen, und
es kam auch zu einer Einladung, auf welche Weise, das
weiß ich nicht mehr. Eines Tages also kam ich zu mei-

nem ersten Besuch in die Delbrückstraße 23, in Grunewald, wo die Benjamins wohnten. Bald hatte ich mich sowohl mit Walter als auch mit Dora angefreundet. Wir drei brauchten einander zu jener Zeit, da die Benjamins sich auseinanderlebten und zwischen ihnen schon so etwas wie ein Vakuum entstand. Ich selbst suchte ein Gegengewicht zu meinem unsicheren, vergnügungssüchtigen, vagierenden Geist. Das fand ich in Gesellschaft der Benjamins, deren Leben mit den Bewegungen jener Zeit, mit ihrer Kultur und Literatur, eng verflochten war.

Dora war eine schöne, sinnliche, überempfindliche Frau, eine intelligente Journalistin, der die Bedeutung des Werkes ihres Mannes bewußt war, die sich aber von seinem zwanghaften Verhalten unterdrückt fühlte. Sie war wie ein Komet, tauchte kurz auf und verschwand noch schneller. Sie hatte das Mitgefühl jener Menschen, die nach außen gerichtet und sich anderer Menschen bewußt sind, und war eine wunderbare Freundin in der Not. Als ich in Schwierigkeiten kam, war sie es, die mir, in der schlimmsten Zeit der Inflation, zu einem Stipendium eines holländischen Arztes verhalf, der sie bewunderte.

Bei meinem ersten Besuch schon erkannte ich, daß Walter ein genialer Kopf war, und ich wurde zu seiner ergebenen Zuhörerin, der er Teile seines Essays über Goethes ›Wahlverwandtschaften‹ vorlas, an dem er zu jener Zeit gerade arbeitete. Auch lasen wir Baudelaire zusammen, und wir diskutierten unsere persönlichen Probleme. Ich lernte ihn immer besser kennen und stieß bei ihm auf Sympathie und Verständnis, die in einem entscheidenden Augenblick meines Lebens positive Aktivität auslösten. Als meine Eltern wollten, daß ich meine Studien wegen finanzieller Schwierigkeiten gänzlich abbräche, begleitete er mich nach Danzig, um ihnen zu sagen, daß weder er noch seine Frau es dulden würden, wenn ich einen Beruf ergreifen müßte, meine Talente dürften nicht vernachlässigt werden. Meine Eltern ließen sich überzeugen, und ich konnte mein Medizinstudium mit Hilfe des Stipendiums und des Geldes, das ich mir selbst dazuverdiente, fortsetzen. Außer Aldous Huxley ist mir niemand begegnet, der von ähnlicher Lauterkeit und Größe war wie Walter Benjamin.

Wenn man über die Vergangenheit schreibt, dann muß man sich in sie zurückversetzen und dort *sein*. Ich sehe Benjamin vor mir sitzen, hinter einem großen Tisch, auf dem sich Bücher und Manuskripte stapelten, die Wände seines Zimmers bis unter die Decke voll von Büchern, von einem kleinen Platz abgesehen, wo ein Bild von Paul Klee hing, »Angelus Novus«. Für ihn lebte dieses Bild und er sprach darüber, als sei es eine Person. Die geometrischen dünnen Linien gefielen mir nicht, aber ich akzeptierte seine Wertschätzung ohne weiteres. Für mich war Benjamin eine Autorität. Er war ein Mann, der sich für Ideen und ihre Praxis engagierte. Bei Gesprächen pflegte er aufgeregt zu werden und mit schnellen Bewegungen im Zimmer auf- und abzugehen. Er war so dünn, daß seine Beine aussahen wie Stöcke; sein ganzer Körper schien ohne physische Substanz zu sein, als hätte er sich von ihm befreit; nur Mund und Augen zeigten die verborgenen Leidenschaften eines sehr emotionalen Charakters. Seine großen, vollen und sehr roten Lippen, das Zeichen seiner Sinnlichkeit, verdeckte ein Schnurrbart. Dicke Brillengläser verbargen seine Augen, aber dennoch blitzten einem Erregung und Leidenschaft entgegen. Sein gewelltes schwarzes Haar über einer vollkommen geformten Stirn erinnerte mich an einen kleinen Jungen, und in mancher Beziehung war er ein Kind mit einem Geist, der seinem Alter und seiner eigenen Zeit weit entwachsen war.

Benjamin lebte in Ideen, ohne ein Bücherwurm zu sein. Ethisches Verhalten und vor allem Freundschaften waren für ihn das sine qua non für ein menschliches Wesen. Nachdem wir einander nicht mehr sahen, entwickelte er unter dem Einfluß seines Bruders, einem Arzt im Osten Berlins, und einer russischen Frau, die ihn unter ihre Fittiche nahm, politisches Engagement. An Benjamin habe ich beobachten können, wie große Werke der Literatur sich durch persönliche Probleme entfalten; dieses Phänomen diskutierten wir oft, wenn Benjamin aus seinem Essay ›Die Wahlverwandtschaften‹ vorlas.

So verband sich in unserer Freundschaft der geistige mit dem familiären Kontakt. Wir vertrauten einander. Walter besaß ein so starkes Einfühlungsvermögen, daß er intuitiv Entzücken und Agonie meiner Erlebnisse nachvollziehen konnte. In diesem Punkt war er wie eine Frau. Und ich war bewegt und fasziniert von seinen emotionellen Bekenntnissen. Er erzählte mir oft von zwei Menschen, die er liebte und die ihn in seinem Leben, wie ich glaube, am stärksten beeindruckt haben. Es waren der Dichter Heinle und seine Freundin Rika Seligson, die sich in jungen Jahren gemeinsam das Leben genommen hatten. Obwohl ihr Tod mit dem Ausbruch des Ersten Weltkrieges zusammenfiel, ließ sich ihr Entschluß zu sterben nicht durch eine so erzwungene Trennung erklären.

Walter sprach nicht von Heinle, er machte ihn gegenwärtig, denn er war ihm in seinem Bewußtsein immer gegenwärtig. Walter war mit Heinle über den Liebestod einer Meinung: Er sagte mir fast wörtlich folgendes darüber:

Jede Liebe geht im Alltag kaputt; der Alltag drängt sich zwischen die Liebenden und verdünnt die Substanz der Liebe. Da keine Liebe den Kampf mit dem Leben aushalten kann, gibt es nur eine Möglichkeit, sie voll und ganz zu erhalten — den gemeinsamen Tod der Liebenden. Walter war überzeugt, daß Liebe und Tod zusammengehören, ein Thema, das immer wieder in unseren Gesprächen aufkam. Allem Anschein nach hatte Walter Benjamin keine Todesfurcht, die ich, im Gegensatz zu ihm, nie abschütteln konnte. Wahrscheinlich litt er an Todessehnsucht. Er machte sich seine intimen persönlichen Beziehungen so schwer, daß er ihr Mißlingen gleichsam zu wünschen schien. So sublimierte er seine Todessehnsucht. Der Mensch, der ihn zu seinem Essay über die Wahlverwandtschaften am meisten inspiriert hatte, war eine Frau. Ich kannte sie gut. Wir waren befreundet. Sie war Walters vorrangige Beschäftigung, ob sie anwesend oder abwesend war. Sie lebte außerhalb Berlins und sah Walter nur selten. Sie war Bildhauerin und widmete ihr Leben der Kunst und der Freundschaft mit Gleichgesinnten. Sie sammelte einen Kreis von Dichtern,

Künstlern, Kritikern und Philosophen um sich und war eine Henriette Herz des zwanzigsten Jahrhunderts. Ich sah in ihr das geistige Pendant zu Walter Benjamin. Sie folgte denselben ethischen Grundsätzen, und ihre ›finesse‹ der Empfindung und Wahrnehmung wurde Walters geistigen Wegen und Umwegen gerecht. Sie war zart gebaut und ging mit leicht gebücktem Rücken. Ihr Gesicht beeindruckte durch eine porzellanweiße Haut und rundliche Formen. Die runden Wangen saßen unter einer hohen, gewölbten Stirn. Zum Lesen hielt sie eine Lorgnette vor ihre kurzsichtigen und tiefliegenden Augen. Sie ähnelte Walter auch in der Kurzsichtigkeit. Als ich einmal ihre Myopie erwähnte, antwortete Walter: »Venus war auch kurzsichtig.« Sie war Benjamins Freund, konnte aber seine Gefühle nicht erwidern. Ich bin überzeugt, daß er ihre Unerreichbarkeit wollte und brauchte.

War denn Benjamin ein Romantiker, den das Geheimnis und das Unerreichbare faszinierten? Obwohl er vom Unerreichbaren und Mysteriösen abhängig war, kann man ihn nicht »romantisch« nennen. Diese seine psycho-physische Veranlagung erlaubte ihm lieben zu können, ohne auf Gegenliebe zu hoffen. Er brauchte schwere oder unüberwindliche Hindernisse, um seinen Gefühlen künstlerische Gestalt zu geben. Die Destillation der Gefühle war das Wesen und die Stärke seines Schaffens und seines Lebens. Die Frau, die er liebte, hatte ihre Gefühle auf einen Mann konzentriert, der Walter als Freund sehr nahestand. Die beiden Männer gehörten verschiedenen Welten an. Sie waren, von einer gewissen geistigen Verwandtschaft abgesehen — Gegensätze. Walter Benjamin war salopp gekleidet und seine Bewegungen waren gauche. Sein Äußeres hinkte seinem Inneren nach und er fand es schwierig, sich im Alltag zurechtzufinden. Dagegen war sein Freund elegant und beherrschte jede Situation mit charmantem Zynismus. Es erschien mir merkwürdig, daß Walters Freundin dasselbe Schicksal in der Liebe hatte wie er, nämlich keine Gegenliebe zu finden. Und ebenso merkwürdig fand ich die harmonischen engen Beziehungen dieser drei Menschen mit Dora Benjamin, deren Wesentliches unausgesprochen blieb.

Ich habe niemals Eifersucht zwischen ihnen gesehen, Klagen gehört oder nachtragende Gefühle wahrgenommen. In ihrer Freundschaft zeigte sich mir das Ideal menschlicher Reife und Disziplin. Ein Vergleich mit Goethes ›Wahlverwandtschaften‹ erübrigt sich, obwohl Walter und ich oft darüber diskutierten.

Unser Gedächtnis ist launenhaft. Briefe, die ich vor beinahe fünfzig Jahren an eine Freundin schrieb und die mir ausgerechnet jetzt in die Hände kamen, gaben meinen Erinnerungen an Walter einen Stoß. Die Briefe sind folgendermaßen adressiert: bei Dr. Walter Benjamin, Berlin-Grunewald, Delbrückstraße 23. Dabei fällt mir ein, daß Walter und Dora mir ihr Haus öffneten und ich eine Zeitlang bei ihnen wohnte. Etwa vier Wochen lang, von Ende Juli bis Ende August des Jahres 1922.

In einem Brief schrieb ich:

»Dora B. ist heute weggefahren. Ich bewohne die ganze Wohnung allein. Ich fühle mich recht gut in dem schönen Zimmer von Walter B.« usw.

Als ich diese Zeilen las, fragte ich mich, wie es nur möglich war, daß unsere Freundschaft nicht länger als ein paar Jahre dauerte. Ich habe keine Antwort darauf, nur Vermutungen. Vielleicht nahmen uns andere und stärkere Bindungen zu sehr in Anspruch oder vielleicht war es gerade unser enges Zusammenleben, das uns auseinanderbrachte. Solange wir zusammen waren, teilten wir »das tägliche Brot« und unsere Gedanken. Unsere Freundschaft war eine Brüderschaft, intim, wie sie nur mit dem geistig nah Verwandten möglich ist. Walter und ich erlebten in derselben Periode Höhen und Krisen unseres Lebens, so wurde unser gegenseitiges Vertrauen gestärkt. Walters Offenheit mir gegenüber wurde niemals zur Vertraulichkeit, da sein Stolz und seine ästhetische Sensibilität ihm verbaten, sich gehenzulassen. Ich habe Benjamin nie in einer saloppen Verfassung gesehen. Ich fühlte mich in seiner Atmosphäre wohl und zuhause, und, wie es aus meinem Brief hervorgeht, in seiner Abwesenheit so wohl wie in seiner Anwesenheit. Unsere Beziehung war absolut unbefangen. Es kam mir nie in den Kopf, an seinen Gefühlen für mich zu zweifeln oder mich zu sorgen, ob er eine gute Meinung von mir hätte. Die Selbstverständlichkeit einer Beziehung ist das Kriterium ihrer Realität. Wir trauerten und wir lachten zusammen. Walters Lachen ist unvergeßlich. Es gehört zu ihm wie ein Geburtsmal. Ich lachte aus mir heraus, Walter konnte nur in sich hineinlachen. Er gluckste und seine Augen blitzten dabei wie die eines Jungen, der etwas Gewagtes erzählt. Sein Lachen gehörte zu seinem besonderen Charme, wie ich ihn nur bei außergewöhnlichen Menschen erlebt habe. Es ist eine Art versteckten und verdeckten Spiels mit Wort und Ausdruck, etwas, das man nicht in Worte fassen kann. Walters Lachen und Charme kamen am meisten und besten außerhalb seines Hauses zur Geltung. Eine entsprechende Episode ist mir wörtlich und optisch gegenwärtig. Wir trafen uns in einem Künstlercafé in der Ansbacher Straße. Ich hatte eine Freundin mitgebracht. Arno Holz und Stefan Zweig saßen an Nebentischen. Während der lebhaften Unterhaltung über unsere Umgebung fragte ich Walter: Welche Berufsbezeichnung würden Sie sich eigentlich geben? Er gluckste und flüsterte mir ins Ohr: »Privatgelehrter.« Er liebte Bonmots und an diesem Nachmittag lieferte ihm meine Freundin eins. Sie hatte eine Reise vor und Walter fragte sie: »Was für eine Art Hotel oder Gasthaus haben Sie sich ausgesucht?« Ihre Antwort: »Ich gehe nur noch in ein Gasthaus ›Zur Guten Meinung‹.« Er war entzückt, zog sein Notizbuch aus der Tasche und notierte die Bemerkung. Er sammelte auf Schritt und Tritt Material wie ein Maler, der dauernd seine Umgebung skizziert. Er war ein ewiger Student des Ungewöhnlichen und der halben Töne. Walter Benjamin erinnerte mich an einen Maulwurf — er wühlte in der »Erde« und er fand, was er suchte. Und das natürlich unter der Oberfläche. Dichter sind Maulwürfe; sie kennen sich im Unterirdischen aus. Ich wußte, daß Walter einer der wichtigsten Denker seiner Generation war, aber für mich war er in erster Linie Dichter. Er war beides. Seine Nachdichtungen von Baudelaires ›Les Fleurs du Mal‹ sind bekannt, seine eigenen Gedichte sind nicht im Druck erschienen.

Von seinen Gedichten sprach er fast nie, von seinen

Übersetzungen erzählte er oft und las mir aus ihnen vor. Ich hatte den Eindruck, daß sie ihm viel wichtiger als seine Gedichte waren. Er fühlte sich »richtig« als Übersetzer und unbeholfen, nicht am Platze, als Autor seiner eigenen Verse. Warum? Er war ein Mensch, der sich verstecken mußte, dem die direkte Offenbarung unmöglich war. Er hatte zu viel Scheu sich zu enthüllen, obwohl er von Natur schöpferische Begabung und das kreative Wort besaß. Ich glaube, daß seine Entwicklung als Philosoph, Essayist und Literat ein erfolgreiches Versteckspiel mit seinem wahren Selbst war. Er lief vor sich weg und fand auf der Flucht Stützen, die er benötigte. Das Gebäude seines Wissens und seiner indirekten Dichtungen gab ihm das nötige Selbstvertrauen und beschützte außerdem seine Achillesferse: eine hypersensible Verwundbarkeit. Er war ein Dichter, durch und durch, was Empfindung, Sensibilität, Wort und vor allem sein Wesen anbelangt. Er verdichtete, was in seinen Augenkreis und in seine Gedanken kam. Seine Schrift war das Symbol dieser seiner essentiellen Aktivität. Sie war puppenhaft klein, zusammengedrängt, verdichtet. Sie war der Ausdruck enormer Konzentration und Gestaltungskraft, denn in all ihrer Kleine war sie vollkommen leserlich. Walter »verdichtete« im gesprochenen wie im geschriebenen Wort. Was er auch sagte, wie er auch erzählte, alles kam sozusagen aus einer sprach-geologischen Tiefe und darum erschien alles, was aus seinem Munde kam, neu, ungesagt — originell.

Trotz seines großen Wissens und seiner ungewöhnlichen Bildung ging Walter an jedes Phänomen unvoreingenommen heran. Er sah die Welt neu, mit nie endendem Erstaunen. Jeder Gedanke, jedes Ereignis war für ihn eine Entdeckung, etwas Einmaliges. Der Vergleich mit der Erlebnisfähigkeit des Kindes drängt sich auf. Ich glaube jedoch, daß ein solcher Vergleich oberflächlich und falsch ist. Das ewige Erstaunen eines intelligenten Menschen ist ein unbewußter und glücklicher Protest gegen die mechanische Wiederholung von Erfahrungen. Die Verwunderung des Kindes ist der notwendige Ausdruck seiner Unerfahrenheit. Walter hörte nie auf, auf Entdeckungsreisen des Inneren und Äußeren zu gehen. Das Erstaunen des Kindes rührt von der Fremdheit des Erlebnisses und Erlebten, das Erstaunen des Dichters vom »Schock« des Wiedererkennens. Nichts war Walter fremd, weil er eine intuitive Kenntnis von allem hatte. Die Freude des Wiedererkennens erklärt vielleicht seine Aufgeregtheit und Begeisterung, wenn er seine Gedanken im Gespräch formulierte oder Bilder und Landschaften erlebte. Er war an jedem geistigen Vorgang emotional beteiligt. Ich glaube, daß es nichts gab, was ihm uninteressant war.

Ich hatte Gelegenheit, dieses allumfassende Interesse zu beobachten. Er war vom Roulette im Zoppoter Kasino ebenso fasziniert wie von den Vorgängen in einem Schwulenlokal. Seine Wertbetonungen waren einzigartig, und darum gab es nichts, was für ihn wertlos war. Auch in seinen Urteilen war er beides: Dichter und Philosoph. Es ist nicht überraschend, daß ein solcher Mensch sich niemandem und nichts überlegen fühlte. In diesem Sinne gehörte er zu allem und alles gehörte zu ihm. Sein vollkommenes Verständnis und seine natürliche Bescheidenheit machten ihn in meinen Augen zu einem ungewöhnlich angenehmen und exemplarisch guten Menschen.

Ich kann mich wie gesagt nicht erinnern, warum Walter und ich aufhörten, miteinander umzugehen; es müssen andere und stärkere Bedürfnisse gewesen sein, die uns in verschiedene Richtungen trieben. Zu jener Zeit war ich sehr häufig mit Lisas Bruder und ihren russischen Freunden zusammen. Schon in meiner Jugend hatten mich russische Juden sehr angezogen, wegen ihrer großzügigen, warmen und alles umfassenden Gastfreundlichkeit. Sie waren ein wunderbarer Clan, der durch die gemeinsame Rasse und ihr Emigrantenschicksal zusammengehalten wurde. Nach langen Jahren des Schweigens kamen Briefe aus Charkow. Lisa hatte dort einen russischen Rechtsanwalt geheiratet und eine Tochter geboren. Ihr Bruder war Angestellter der Sowjetischen Handelsdelegation geworden und arbeitete unter Madame Andrejewa Gorki, der Frau von Maxim Gorki. Eines Tages berichtete er, daß Lisa zu einem Besuch nach Berlin kommen würde, und im

Frühling 1923 kam sie dann tatsächlich mit ihrem bezaubernden kleinen Ebenbild, Irina.

Drei Monate lang hörte ich keine einzige Vorlesung, und ich lernte auch nicht zu Hause. Ich war die verzauberte Gefangene eines Gefühls, das bei seiner Wiederkehr vielleicht noch stärker war als bei seinem ersten Entstehen. Lisa hatte einiges in Berlin zu erledigen, wozu sie, wie mir schien, gezwungen wurde, obwohl es ihr keinen Spaß machte. Unsere gemeinsamen Stunden richteten sich danach und viele Abende lang saß ich in ihrem möblierten Zimmer, nachdem die kleine Irina schlafen gegangen war, und wartete und wartete. Ich ging niemals weg, bevor sie nicht gekommen war, und das war manchmal erst in den frühen Morgenstunden. In der Spannung sehnsüchtiger Erwartung schrieb ich Gedichte und übersetzte Baudelaires ›Les Fleurs du Mal‹. Wann auch immer sie kam, immer las ich ihr noch die Ergebnisse meines Wartens vor und es machte uns nichts aus, die Nächte ohne Ruhe zu verbringen. Drei Monate vergingen, während der ich wie in Trance lebte. Dann kam ihr Mann und nahm sie wieder mit sich zurück nach Charkow.

Nach ihrer Abreise war ich wie betrunken und ging meinen Studien und meiner Arbeit mit den russischen Studenten nach wie ein Automat. Ich konnte Lisa nicht aus meinem Geist verbannen. Briefe kamen, aber sie brauchten lange Zeit und manche gingen verloren. Ich war entschlossen, sie wiederzusehen, gegen alle Schwierigkeiten, die zu überwinden praktisch unmöglich war.

Eines Tages im November 1923 besuchte ich eine gute Freundin und bemerkte nicht, daß noch eine andere Person im Raum war. Überwältigt von meinem Kummer und meiner Sehnsucht rief ich aus: »Wenn ich nicht nach Rußland fahren kann, um Lisa wiederzusehen, werde ich mich in die Spree stürzen!« Eine Person im Hintergrund des Zimmers sagte plötzlich etwas und erregte dadurch meine Aufmerksamkeit. Mir machte es nichts aus, mich einer Fremden zu überlassen. Die Fremde war ein schönes Mädchen von etwa 20 Jahren, und bereitwillig nahm ich ihre Einladung, sie zu besuchen, an. Von unserer ersten Begegnung an verbrachten wir unser Leben gemeinsam. Sie sagte mir, daß sie sich in dem Augenblick, als sie meinen verzweifelten Aufschrei gehört habe, dazu entschlossen hätte, mir um jeden Preis zur Erfüllung meines Wunsches zu verhelfen. Es schien, als sei das Wesen ihrer Gefühle für mich die Bewerkstelligung des Unmöglichen, wonach ich mich sehnte. Und sie hatte Erfolg.

Katherina war eine Schönheit ohne die geringsten Hemmungen in ihrem Verhalten gegenüber Menschen. Sie besuchte bekannte Bankiers und Industriekapitäne und überredete sie, mir eine Reise nach Rußland zu finanzieren, damit ich an den Universitäten von Moskau und Charkow einen abstrakten Film des schwedischen Malers Viking Eggeling vorführen konnte. Warum diese rational denkenden Menschen ihr das Geld gaben, das wir brauchten, weiß ich nicht und möchte es auch nicht wissen. Sie gaben uns jedenfalls genug für die Fahrkarten 1. Klasse und einen Aufenthalt von ungefähr vier Monaten. Ich wollte nicht allein fahren; Katherina sollte mich begleiten. Aber nachdem dieser erste (finanzielle) Schritt des Unternehmens hinter uns gebracht war, hatten wir immer noch die Hürde vor uns, die Visa zu bekommen. Es bedurfte einer Meisterleistung, dieses Problem zu lösen.

Unsere Trumpfkarte war ein Essay mit dem Titel ›Eidodynamik‹, den ich über Eggelings revolutionären Film geschrieben hatte, der etwas Neues war, etwa dem vergleichbar, was Léger damals in Frankreich machte. Er versprach die Entwicklung neuer Erziehungsmethoden, besonders für das Lehren von Fremdsprachen, in der Industrie und für die Textilgestaltung. Der Film ›Symphonie Diagonale‹ war ein avantgardistisches Kunstwerk und wurde von fortschrittlichen Kritikern gerühmt. Wir entschlossen uns, ihn bei der russischen Handelsdelegation vorzuführen und unser Glück zu versuchen, durch seine Verdienste und meine Ideen über seine praktische Anwendung schließlich die Visa zu bekommen. Eggeling, ein Freund von uns, erklärte sich mit Freuden einverstanden, nachdem ich meinen Essay über seinen Film ihm und einer Gruppe von Künstlern vorgelesen hatte.

Ich hatte Lisas Bruder ins Vertrauen gezogen und fand bei ihm Hilfe und Sympathie. Er arrangierte eine Vorführung von Eggelings Film in der Kulturabteilung der russischen Handelsdelegation und gab meinen Essay Madame Gorki im voraus zu lesen. Sie war von dem Film und meinen Argumenten für seine praktische Anwendung so beeindruckt, daß sie mir ihre Unterstützung bei der Visabeschaffung zusicherte. Sie fügte jedoch hinzu, daß wir uns um zusätzliche Referenzen von einigen wohlbekannten Leuten bemühen sollten, die für unsere Zuverlässigkeit bürgen könnten. Keine von uns hatte politische Kontakte noch kannten wir irgendwelche Mitglieder der Kommunistischen Partei. Ich kann mich nicht daran erinnern, wer die glänzende Idee hatte, an Käthe Kollwitz heranzutreten, die bekannte Künstlerin, deren sozial realistische Bilder und Zeichnungen außerhalb Deutschlands berühmt geworden waren. Wir wußten, daß sie Sozialistin war, wenn auch ganz sicher keine Kommunistin. Sie lebte mit ihrem Mann, einem Arzt, in einem Armenviertel Nord-Berlins und wurde sehr bewundert, nicht nur wegen ihrer Kunst, sondern auch wegen ihres praktizierten Sozialismus, den man auch praktiziertes Christentum nennen konnte. Wir wußten, daß sie in einem ärmlichen Haus in einem Arbeiterviertel Berlins wohnte.

Sie beantwortete meine Bitte, sie aufsuchen zu dürfen, mit einer Einladung an mich und meine Freundin. Nachdem wir die Türglocke des zweistöckigen schmalen Hauses geläutet hatten, kam sie selbst heraus. Ich blickte direkt in ihr fremdartig schönes Gesicht mit den hohen Wangenknochen und den großen, traurigen Augen. Ihr schon graues Haar war in der Mitte gescheitelt, wie es zu jener Zeit bei älteren Frauen noch Mode war. Sie sah russisch aus, wie viele Preußen. Ihre Bewegungen waren langsam und ihre Gesten freundlich und einladend. Wir tranken mit ihr Kaffee und aßen Kuchen, an einem ovalen Eßtisch, der von einer weißen Spitzentischdecke bedeckt war. Das kleine Zimmer mit der niedrigen Decke bot durch ein von Spitzenvorhängen eingerahmtes Fenster Ausblick auf eine graue Straße.

Ich erzählte Käthe Kollwitz die Wahrheit über mei-

nen Wunsch, nach Rußland zu fahren. Ich verbarg vor
ihr nicht die Tatsache, daß ich meine russische Freundin besuchen wollte, die sich zu der Zeit in einem Sanatorium auf der Krim aufhielt. Ich wollte sie dort
aufsuchen, mußte aber vorgeben, mich in einer kulturellen Mission nach Rußland zu begeben. Sie lächelte
und sagte kein Wort, gab uns aber ohne zu zögern
einen Brief, der an eine wichtige Persönlichkeit adressiert war. Wir bekamen unsere Visa ohne erwäh-
nenswerte Verzögerung.

Mein Instinkt hatte mich zu der richtigen Person geführt, denn Käthe Kollwitz wurde sowohl wegen ihrer
Liebe den Armen gegenüber verehrt, als auch aufgrund ihrer einzigartigen Kunst, in der sie deren Leben und Leid abbildete. Ich denke, daß ihre Empfehlung aus beiden Gründen Gewicht hatte.

II

Eines Tages im Juni 1924 brachen wir nach Rußland
auf. Unsere Freunde wollten nicht glauben, daß wir
die Visa bekommen hatten, weil zu jener Zeit Rußland
für Fremde praktisch geschlossen war. Es war eine
schlimme Zeit für das Land, in der manche Bezirke
am Rande der Hungersnot standen. Nicht einmal die
Ukraine, die wir besuchen wollten, ein Landstrich, der
für seinen landwirtschaftlichen Reichtum berühmt war,
konnte seine Einwohner ernähren.

Es war in der Tat phantastisch und unglaublich, daß
zwei Kinder im Glashaus der Liebe und Romantik
einen Weg gefunden haben sollten, den Argwohn so-
wjetischer Bürokratie zu überwinden. Wir hatten Erfolg, er war der Triumph der Unschuld auf der Suche
nach einer Romanze in einer Welt von Maschinen,
Hunger, Grausamkeit und Paranoia.

Wir wußten nicht und ahnten nicht, daß diese Reise
ein fatales Ende nehmen sollte, einen dramatischen
Wendepunkt in unser beider Leben darstellen würde.
Glücklicherweise hatte meine Freundin von unseren
Wohltätern Dollars bekommen. Unter anderen Um-

ständen hätten wir niemals die gewaltigen Kosten tragen können, die auf uns zukamen.

Wir passierten den polnischen Korridor, nahe Danzig, und fuhren durch Königsberg, wo ich ein Jahr an der Universität verbracht hatte. Wir konnten einen Blick auf diese düstere alte Stadt zu beiden Seiten des Pregels werfen, die ehemals Festung war und ein Ort der Lehre, der seine ruhmreichen Tage hatte, als Kant dort Vorlesungen hielt und seine ›Kritik der reinen Vernunft‹ schrieb. In den Zwanziger Jahren war es eine häßliche, lebendige Stadt mit einer großen jüdischen Gemeinde, deren Mitglieder zu Beginn des Jahrhunderts aus Rußland hierher geflohen waren und Königsberg zu einem Zentrum des Zionismus gemacht hatten.

Die Erinnerungen an entfernte Ereignisse kommen mir wie Flecken in einem Rorschach-Test vor. Nach Königsberg erinnere ich mich an Riga, wo ich fast den Zug verpaßte und noch in letzter Minute, nachdem er sich schon in Bewegung gesetzt hatte, aufspringen konnte. Ich war ausgestiegen, um Erfrischungen zu kaufen, und von einer Menge Leute eingekeilt worden, die dasselbe im Sinn hatten. Ich geriet in Panik, da ich fürchtete, ich könnte meine Freundin, mein Gepäck, mein ganzes zukünftiges Glück verloren haben. Ich fand sie natürlich wieder, nachdem ich durch viele Wagen gewandert war. Unser Abteil war in einem russischen ›wagon-lit international‹, und wir hatten es ganz für uns allein.

Nach einer langen Tages- und Nachtreise von Riga aus kamen wir schließlich in Moskau an. Unsere Fahrkarten waren auf Sewastopol ausgestellt, die Hauptstadt der Krim; aber wir mußten den Zug verlassen; ohnehin wollten wir den Roten Platz sehen. Der Bahnhof in Moskau sah aus wie ein Obdachlosenasyl. Leute in Lumpen, mit Sackleinen um die Füße gewickelt anstelle von Schuhen, lagen herum, schliefen oder aßen und warteten. Manche mußten viele Tage lang warten, bevor sie ihre Reise antreten konnten, und kein Offizieller vermochte ihnen zu sagen, ob es in den Zügen Sitzplätze geben würde. Man mußte sich einfach auf sein Glück verlassen. Man sagte uns, es könnte in dem

›wagon-lit international‹ des Zuges nach Sewastopol, der am selben Abend fuhr, vielleicht etwas frei sein, aber sicher sei es nicht.

Wir hatten Europa verlassen und den seltsamen Kontinent Asien betreten. Es war ganz einfach, am Moskauer Bahnhof ein Taxi zu bekommen, und begierig, das Beste aus unserem Tag in dieser Stadt zu machen, und voller Übermut baten wir den Fahrer, uns für eine Stunde oder so einfach durch die Stadt zu fahren. Wir hätten es besser wissen sollen. Er schien jedenfalls begeistert und fuhr uns lange herum. Wir sahen viele verlassene, deprimierende Straßenzüge und einige eindrucksvolle Gebäude inmitten von Ruinen, bevor wir beim Wunder von Moskau anlangten: dem Roten Platz. Dort stiegen wir aus und bezahlten. Es war eine astronomische Summe, die uns mit Schrecken an kommende Kosten für uns private Reisende in einem kommunistischen Staat denken ließ. Ich bin ziemlich sicher, daß man uns ungeheuer betrogen hatte, aber der Kreml lag vor unseren Augen und alles andere wurde aus unserem Bewußtsein verdrängt. Die goldenen Zwiebeltürme der Kirchen sahen uns an, und wir starrten zurück auf ihren asiatischen Glanz. Hier war sie, die wahre Wasserscheide zwischen Europa und Asien, hier auf dem Roten Platz. Es war ein Glanz von unbarmherziger und erdrückender Intensität, denn er vermittelte einem das Gefühl, daß eine grausame Peitsche Tausende von Menschen dazu getrieben hatte, diese wunderbaren Bauwerke zu errichten. Der Rote Platz erschien mir trotz seiner Schönheit genauso einsam, lieblos und herausfordernd wie die Regierungen, die jahrhundertelang vom Kreml aus geherrscht hatten über ein williges, freundliches und liebenswertes Volk.

Während wir mitten auf dem Platz standen und über den Anblick, der sich uns bot, staunten, sprach uns ein Mann auf deutsch an und fragte, was wir von dem ›Herzen Moskaus‹ hielten. Er schien sehr erfreut über unsere Antworten und wollte uns zu unserer Überraschung den ganzen Tag nicht mehr verlassen; er begleitete uns. Wir waren froh über seine Gesellschaft, denn er war ein überaus angenehmer Mensch.

Er nahm uns in ein Restaurant mit, wo wir uns stundenlang unterhielten. Das Essen war reichlich und gut. Nach dem Essen fuhren wir zur Moskwa und in einen Park, aber nichts machte wirklich noch einen starken Eindruck auf mich nach dem Wunder des Roten Platzes. Ich bin heute sicher, daß unser Begleiter ein Beamter der GPU war, und daß sein Auftrag darin bestand, uns zu beobachten und unsere Reaktionen zu prüfen. Damals wurde ich mir dessen nicht bewußt, ebensowenig wie ich merkte, daß eine sehr nette, deutsch sprechende Russin, die sich im Speisewagen zwischen Riga und Moskau zu uns setzte, wahrscheinlich dieselbe Aufgabe hatte. Sie bekam gewiß alle Informationen von uns, die sie sich hatte wünschen können. Ich erzählte ihr, daß ich an der Universität von Moskau oder Charkow oder an beiden einen Vortrag über den Film von Eggeling halten sollte, und daß wir vorher noch mit einer russischen Freundin zusammentreffen würden, mit der wir Ferien auf der Krim machen wollten. Ich erwähnte außerdem, daß meine Freundin in einem Sanatorium in Alupka sei und wir so gespannt wären, die berühmte Schwarzmeer-Küste kennenzulernen, an der dieser Badeort lag. Ich muß klarstellen, daß wir während unseres gesamten Aufenthaltes in Rußland niemals belästigt wurden. Im Gegenteil, unsere ›Schatten‹ waren hilfreich, intelligent und amüsant.

Nach zehn Stunden Besichtigung von Sehenswürdigkeiten hatten wir genug. Wir kehrten zum Bahnhof zurück, lange bevor der Zug nach Sewastopol ankommen sollte. Wir wußten nicht, ob wir unsere Reise würden fortsetzen können. Das Essen und das Taxi hatten schon einen ziemlichen Teil unseres Geldes verschlungen, und wir fürchteten uns vor noch größeren Ausgaben, wenn wir gezwungen wären, uns in Moskau ein Hotel zu suchen. Glücklicherweise kam der Zug beinahe fahrplanmäßig an, und wir fanden im internationalen Schlafwagen ein leeres Abteil. Wir bekamen natürlich unsere Plätze, denn für den Durchschnittsrussen waren sie viel zu teuer. Und so dampften wir gen Süden und wurden immer aufgeregter, je näher die Realität unseres Wiedersehens mit Lisa rückte. Ich hoffte, daß sie unseren Brief aus Berlin erhalten hatte, in dem wir ankündigten, daß wir zu dem und dem Zeitpunkt möglicherweise abfahren würden; und außerdem mein Telegramm, in dem ich ihr den Tag unserer Abreise und unserer vorgesehenen Ankunft in Alupka mitteilte. Man konnte jedoch nicht sicher sein, ob Briefe und Telegramme rechtzeitig ankommen würden — und überhaupt. Und Lisa erhielt denn auch nicht eine unserer Mitteilungen und alles, was sie von unserer abenteuerlichen Reise wußte, war irgendeine vage Andeutung, die ich ihr einige Wochen früher darüber gemacht hatte, bevor die endgültigen Vorkehrungen getroffen waren. Sewastopol kam immer näher. Wir hatten die unermeßlichen russischen Steppen und einige der riesigen Kornfelder der Ukraine durchquert. Auf vielen Bahnhöfen, in denen der Zug gehalten hatte, spielten Zigeuner von verwegener Schönheit vor unserem Schlafwagenabteil für ein paar Kopeken Geige. Als wir Charkow erreichten, waren wir einen Augenblick voller Zweifel und Unentschlossenheit. Denn hier wohnte Lisa, und wir konnten die Möglichkeit nicht ausschließen, daß sie vielleicht schon wieder von Alupka zurück war. Wir entschlossen uns, das Risiko, sie nicht in Alupka anzutreffen, auf uns zu nehmen, und weiter nach Sewastopol zu fahren. Die Unsicherheit gab dem Ende unserer Kreuzfahrt einen abenteuerlichen Akzent und machte sie besonders spannend und aufregend. Von Charkow bis Sewastopol mußten wir noch einmal die Nacht hindurch fahren, und wir verschliefen sie aus lauter nervöser Erschöpfung. Aber als der Morgen kam, konnte ich den Süden riechen, wie schon einmal, als ich mich auf einer Italienreise Mailand näherte. Die Luft war ganz lau, und Zypressen, die schattenspendenden Bäume des Südens, tauchten auf, als wir uns dem Bahnhof näherten. Sie kündigten eine andere Welt an, eine Welt des Lichtes und der Hitze, wie ich sie noch nie erlebt hatte.

Es war ein heißer, dufterfüllter Morgen, als wir den Zug in Sewastopol verließen. Es dauerte nicht lange, bis wir mitten in der Stadt waren. Die Straßen um den Hauptplatz herum waren voller Landauer und lustig bemalter Karren. Nur Männer mit buntbestickten Käppchen schienen auf der Straße zu sein.

Sie sahen mit ihrer dunklen Gesichtsfarbe wie Süd-
länder aus, und ihre Stimmen hatten den heiseren,
gutturalen Klang des Nahen Ostens. Wir waren in
eine sehr alte neue Welt mit subtropischem Klima
gekommen. Das strahlende Licht und die farbenfreudig
gekleideten Menschen entzückten uns, obwohl wir tod-
müde waren. So hatten wir auch nur noch Kraft für
eine der Sehenswürdigkeiten der Stadt — das Denkmal
für die im Krim-Krieg gefallenen Soldaten. Es stellte
eine von Soldaten umringte Kanone dar und wirkte
unbeschreiblich häßlich mitten auf dem wunderschönen Platz. Es war immer noch früh am Tage, und wir
wollten bis zum Abend in Alupka sein. Aber die einzige Möglichkeit, dorthin zu kommen, war, einen Wagen zu mieten — ein teures Unterfangen, das unsere
Dollarreserve beträchtlich zusammenschrumpfen ließ.

Eine atemberaubende Fahrt brachte uns aus der
Stadt auf eine unermeßlich weite Hochebene, die
rechts vom Schwarzen Meer gesäumt war — das an
diesem Tage grün war — und links von gelblichen
Sandsteinklippen, in deren unteren Teil das Wasser
Höhlen gewaschen hatte. Diese Höhlen, so konnte uns
unser Fahrer erzählen, waren bewohnt. Viele dieser
Bewohner waren Jugendliche und Kinder, die berühmten ›besprizornij‹, der Fluch des Landes. Sie waren
verwildert und wuchsen ohne Erziehung und frei von
jeglicher Disziplin auf. Die Armut in Rußland zu dieser
Zeit hatte nicht nur diese Kinder, sondern auch viele
Erwachsene in ein kümmerliches Dasein gestoßen. Die
Regierung konnte mit dieser Situation nicht fertig
werden. Die ›besprizornij‹ bildeten Banden, die herum-
zogen und sich von Diebstählen ernährten. Sie waren
entweder die unglücklichen Nachkommen von Eltern,
die während der Revolution gestorben waren, oder einfach anarchische Produkte der Revolution und ihrer
Nachwehen. Wir waren schon lange unterwegs gewesen, als wir die Höhlenwohnungen der Armen und
›besprizornij‹ hinter uns ließen und nun an einer Stelle
anlangten, die aus irgendeinem Grunde, den ich nicht
verstand, ›Goldene Brücke‹ genannt wurde. Es gab
keinen Bogengang oder irgendein anderes Zeichen,
das diesen Namen gerechtfertigt hätte, es sei denn,

daß er einfach bedeutete, daß wir uns von nun an wirklich im Herzen der Krim befanden — in einer der schönsten Gegenden Rußlands, wenn nicht vielleicht der ganzen Welt.

Die Landschaft, wenn man dieses dürre Hochplateau so nennen konnte, hatte sich unmerklich verändert. Sie schien sich zu erweitern, und in der Ferne tauchten kleine Dörfer auf, die genauso weiß aussahen wie alles hier. Die Häuser waren winzig und niedrig und hatten flache Dächer. Immer näher fuhren wir an den Rand der Hochebene, und die Straße, die sich wie eine Spirale wand, machte die Reise für uns reichlich beschwerlich. Endlich fuhren wir langsamer und kamen auf einen Weg unterhalb des Plateaus, der zu einem Rasthaus führte. Hier hielten wir, um zu essen.

Wir befanden uns in einer Oase. Der Bauplatz für das Haus war wahrscheinlich aus dem Felsen herausgehauen worden, obwohl es auch ein von natürlichen Kräften langsam gebildeter Einschnitt gewesen sein könnte.

Es war eine erholsame Abwechslung, Bäume zu sehen, die hier im Schutz einer Höhle wachsen konnten. Wir saßen draußen an einem Holztisch, auf dessen unterem Ende eine lichterloh brennende Feuerpfanne stand, in der unser Essen zubereitet wurde. Wir aßen gebratenes Lamm, und zum Nachtisch gab es Käsekuchen und türkischen Kaffee. Wir blieben in diesem höhlenartigen Garten ungefähr zwei Stunden, bis wir unsere alptraumartige Reise fortsetzten. Wieder fuhren wir auf die Hochebene hinauf, und andere weiße Häuser tauchten am Horizont auf, dem weitesten Horizont, den ich jemals gesehen hatte. War er es, der mir zusammen mit dem blendenden weißen Licht das Gefühl von Unendlichkeit gab?

III

Ungefähr um fünf Uhr nachmittags hielten wir am Eingang des Sanatoriums in Alupka, wo ich meine Freundin zu finden hoffte. Als ich die Tür öffnete, die in einen kleinen Vorgarten führte, schnellte mir der winzige Kopf einer Schlange entgegen, gefolgt von ihrem ungefähr anderthalbmeterlangen Körper. Ich wich zurück, indem ich Katherinas Hand packte und ›Wie schrecklich!‹ rief. Es war vermutlich eine übergroße Natter, die sich von der Nachmittagssonne bescheinen ließ. Ich hielt sie für ein böses Omen. Wir gingen ins Haus, wo wir hörten, daß Lisa noch da sei, und man uns in ihr Zimmer führte. Lisa wandte sich zu uns um, und wir starrten uns an. Sie war so erschrocken, uns zu sehen, daß sie bewegungslos stehenblieb. Wie lange es dauerte, weiß ich nicht. Ich hatte das Zeitgefühl verloren, ebenso wie mein Vermögen, vorwärts zu gehen. Da standen wir nun, schweigend und gelähmt, bis meine deutsche Freundin den Bann brach und zu Lisa sagte: ›Guten Abend, Lisa. Ich freue mich, Sie kennenzulernen.‹ Langsam kam ich wieder zu mir und ging zu ihr hinüber, konnte ihr aber keinen Kuß geben. Versuchsweise streichelte ich leise ihre Hand und ihren Arm. Sie sagte kein einziges Wort, bis sie sich schließlich mit einer konventionellen Bemerkung Katherina zuwandte.

Irina hatte draußen gespielt, als wir angekommen waren, und ihre Rückkehr veränderte die Situation. Sie half, die sonderbare Lage zu normalisieren. Mutter und Tochter wohnten in einem kleinen, hellen Zimmer mit einem großen Fenster und einem Balkon, der außen am Haus entlanglief.

Lisa fand ihre Selbstbeherrschung wieder, als ihre Tochter den Raum betrat, und sie nahm uns mit, um uns dem Chefarzt des Sanatoriums vorzustellen. Wir lernten einen kleinen, untersetzten Juden kennen, der uns mit rückhaltloser Freundlichkeit empfing und mit keinem Wort die geringste Überraschung über unseren ungewöhnlichen Besuch verriet. Sobald er hörte, daß ich Ärztin war, konnten wir uns frei im Sanatorium bewegen und wurden während unseres ganzen Aufenthaltes dort versorgt.

Das erste Abendessen, das wir zu uns nahmen, beeindruckte mich wegen seiner seltsamen Zusammenstellung so sehr, daß ich mich noch an jede Einzelheit erinnern kann. In diesem Genesungsheim gab es gebackenen Fisch, zu dem wir Kakao tranken. Das Essen war reichlich und schmackhaft zubereitet, und als Nachtisch gab es Eis.

Patienten wie Personal fanden es ganz natürlich, daß wir uns in unseren Ferien hier kurz aufhalten wollten. Sie nahmen uns von Anfang an so freundlich auf, daß wir uns niemals fremd vorkamen. Der intelligente Arzt sprach eine Mischung aus Jiddisch und Deutsch, und er und meine Freundin traten als Übersetzer auf. Wir waren damals naiv und leichtgläubig; aber auch wenn man dies berücksichtigt, glaube ich doch, daß die Kameradschaftlichkeit echt war, ebenso wie die ungezwungene Aufnahme, die man uns, Ausländern aus einem kapitalistischen Land, entgegenbrachte. Die Mitglieder der kleinen Gemeinschaft zeigten keine Anzeichen von Entbehrung, Not oder Unzufriedenheit. Sie waren eine ungezwungene, unkomplizierte und freundliche Gruppe von Menschen, was um so mehr beeindruckte, wenn wir bedachten, daß das Land so völlig heruntergekommen war. Trotz der traurigen Lage in Rußland schien jedermann im Sanatorium gut genährt und umsorgt zu sein. Soweit ich es beurteilen konnte, waren die Patienten, die wir kennenlernten, Arbeiter und ihre Familienangehörigen, die sich hier von einer Krankheit erholten oder hierher geschickt worden waren, um nach langer anstrengender Arbeit wieder zu Kräften zu kommen. Die seltsame Zusammenstellung der Mahlzeiten zeigte keinen Mangel an Kalorien und Vitaminen, und mit der Zeit gewöhnten wir uns an das Essen. Für unseren Unterhalt brauchten wir nichts zu zahlen, und bis heute weiß ich nicht, ob Lisa oder die russische Regierung für uns aufkamen.

Der Kontakt zu dem Arzt erleichterte uns allen dreien, besonders Lisa, die etwas schwierige Anpassung an die Situation. Lisa hatte weder meinen letzten Brief, der unsere eventuelle Abreise ankündigte, noch mein Telegramm erhalten. Sie hatte überhaupt nicht mit der Möglichkeit unserer Rußlandreise gerechnet.

Lisa und ich konnten es nicht fassen, daß wir hier zusammen waren, und wir liefen herum wie Schlafwandler. Jede betastete zärtlich Hand und Gesicht der anderen, um sich zu vergewissern, daß wir wirklich da wären. Anfangs sah ich sie, wenn wir bei Tisch nebeneinandersaßen, an, als hätte ich ihr Porträt vor mir, das Jaeckel vor Jahren gemalt hatte. Aber nach drei oder vier Tagen war das Eis gebrochen, und es war wieder wie in alten Tagen.

Lisa mietete für Katherina und mich ein Zimmer in einem Privathaus, das nicht weit vom Sanatorium entfernt auf einem Hügel stand. Alupka war eine kleine, sich einen Berg hinaufziehende Ortschaft mit vielen verlassenen Häusern und einer Moschee, deren Minarett wie ein Bleistift in den Himmel wies. Das Minarett war von einem schmalen Balkon umgeben, von dem der Muezzin die Gläubigen mit kehligem, monotonen Gesang zum Gebet rief. Alupka sah mit den vielen Straßencafés wie eine typische Stadt des Nahen Ostens aus. Die Männer räkelten sich auf halbzerbrochenen Stühlen, tranken Aperitifs oder türkischen Kaffee und redeten stundenlang, während ihr Frauenvolk unsichtbar blieb. Sie verrichteten derweil wohl die ganze Haus- und Feldarbeit. Diese dunkelgesichtigen Männer mit ihren farbenfrohen Käppchen rauchten lange gebogene Pfeifen. Das sichtbare Leben hier war immer noch das Leben eines anderen Zeitalters.

War es ein versteinertes Leben in dem sowjetischen Staat? Ich hatte wirklich diesen Eindruck. Tief verwurzelte Gewohnheiten und religiöse Normen widersetzen sich der Veränderung, so daß ich verschiedene Welten aus verschiedenen Jahrhunderten unter einer neuen sozialen Ordnung beobachten konnte.

Alupka sah mit seinen ansteigenden Straßen und seinen hohen Mimosenbäumen verlassen und wunderschön aus, wie ein Bild aus einem Märchenbuch. Die Mimosenbäume wuchsen riesenhaft in den Himmel und überragten die zahlreichen Eichen und die Passionsblumen-Bäume. Das Dorf war von einer Kette hoher Felsen eingerahmt, deren gold-gelbliche Farbe von roten, geometrische Muster bildenden Linien durchzogen war.

Man mußte einen weiten Weg hinunter zum Meer zurücklegen, in einer Landschaft, wo silbrige Platanen mit all den anderen schon erwähnten Bäumen den unentbehrlichen Schutz vor der Junisonne gaben, die in diesem subtropischen Klima unerträglich heiß war. Der Sandstrand war bevölkert wie zu unserer Zeit die französische Riviera, mit lauten, glücklichen Menschen, von denen einige nackt badeten.

Wir aßen jeden Tag im Freien zu Mittag, denn während unseres ganzen Aufenthaltes schien die Sonne, und wenn die kleine Irina sich im Wasser tummelte und dabei von ihrer Mutter beaufsichtigt wurde, zogen Katherina und ich uns höher hinauf zurück, um uns, geschützt vor der Menge und der Sonne, unter einem Mimosenbaum oder einer hohen Eiche auszuruhen. Ich döste oder sah mir das Leben um mich herum an. Ich beobachtete viele Delphine, die in der Nähe der Küste im Wasser auf- und wieder untertauchten oder verfolgte die kleinen Dampfer, die auf ihrem Weg nach Sotschi und Jalta bei uns vorbeikamen. Es war für mich ein einmaliger Sommer.

Ich hatte darüber aber nicht vergessen, daß ich meinen Paß aufgrund eines kulturellen Auftrags erhalten hatte. Lisa hatte die Universität von Charkow über Eggelings Film und meine Broschüre informiert. In einer umgehenden Rückantwort wurde sie gebeten, meinen Essay zu übersetzen und sich mit einem Beamten aus dem Ministerium für Erziehung in Verbindung zu setzen, der in Sotschi Ferien machte. Erstaunlicherweise kam eine Verabredung mit ihm schnell zustande, so daß wir eines Tages mit dem Dampfer nach Sotschi aufbrachen. Dort folgte eine zweite Überraschung. Ich hatte ein bißchen Angst davor gehabt, einen hohen russischen Beamten kennenzulernen, aber der Mann, dem ich vorgestellt wurde, stellte sich als charmant und umgänglich heraus und sprach überdies fließend Deutsch. Er kam Lisa und mir mit Interesse entgegen, und wir setzten einen Termin fest, an dem ich in der Charkower Universität den Film von Eggeling zeigen und meine Vorlesung halten sollte. Er äußerte seine Hoffnung, daß Lisas Übersetzung meines Essays bis dahin fertig und an ihn geschickt sein würde. Wir freuten uns sehr und fühlten uns nach diesem Interview beflügelt. Deshalb beschlossen wir, mit dem nächsten Dampfer einen Ausflug nach Jalta zu machen. Es mag an der Erschöpfung gelegen haben, die der Aufregung über ein solch entscheidendes Gespräch gefolgt war, daß ich nicht mehr fähig war, viel von dem berühmten Hafen von Jalta mitzubekommen. Immer schon hatte dieser Name für mich einen poetischen und romantischen Klang gehabt, denn Tschechow hatte in dieser Stadt gelebt und geschrieben. Nur ein Bild ist in meinem Gedächtnis haftengeblieben: ein kleiner, hölzerner Landungssteg und eine Horde lärmender, nein, schreiender kleiner Jungen, die wie Delphine aus dem Wasser schnellten und wieder eintauchten und mit akrobatischer Geschicklichkeit die Kopeken, die Leute ins Meer geworfen hatten, wieder heraufholten. Ansonsten muß mein Bewußtsein etwas getrübt gewesen sein, denn die einzige Erinnerung, die ich außerdem noch habe, ist die an einen südländischen, ruhigen und sehr geheimnisvollen Park in der Ferne. Ich erinnere mich jedoch an das gute Einverständnis, das während der Reise und unseres ganzen Aufenthaltes zwischen uns dreien herrschte.

Lisa und Katherina waren Freundinnen geworden, ohne eifersüchtig zu sein oder Ansprüche zu stellen. Wir waren glücklich zu dritt, was vielleicht mit dazu beitrug, daß die Gespanntheit zwischen mir und Lisa nachließ; denn unser Besuch hatte sie gefreut, ihr aber auch einen Schock versetzt. Unser Abenteuer schien auf der ganzen Linie gut ausgegangen zu sein. Ich weiß nicht, ob es mich näher zu mir selbst gebracht hat. Wahrscheinlich war es so. Sicher war ich jedoch darüber, daß ich mich glücklich preisen konnte über die Liebe, die mir von meinen beiden Freundinnen entgegengebracht wurde. Wir waren nun schon ungefähr vier Wochen in Alupka, aus Juni war Juli geworden, mit einer noch heißeren Sonne und ohne einen Tropfen Regen. Lisa hatte in dieser Zeit meinen Essay übersetzt, und wir lebten uns ein, ohne auch nur einmal an die Welt zu denken, die wir hinter uns gelassen hatten. In den Stunden der Mittagsruhe aß ich ungewaschenes Obst, Aprikosen und Kirschen, die es im Überfluß gab, wobei ich niemals daran dachte, daß so etwas gefährlich sein könnte. Die Hitze in diesen Tagen war so unerbittlich, daß wir abends noch lange aufblieben, um uns geistig und seelisch wieder aufzufrischen. Normalerweise ging Katherina vor mir auf unser Zimmer, um mir noch etwas Zeit zu lassen, mit Lisa allein zu sein. Eines Nachts blieb ich bis zwei oder drei Uhr auf. In Lisas Zimmer standen nur die allernotwendigsten Möbel. Die kleine Irina schlief fest in ihrem Bett, und Lisa und ich lagen auf ihrem, unterhielten uns leise oder schwiegen. Plötzlich erschien der Schatten eines Mannes auf dem Balkon vor dem Fenster und verschwand in dem Augenblick wieder, als ich ihn erblickt hatte. War er einer von den GPU-Beamten oder vielleicht ein Privatdetektiv, falls es einen solchen Beruf in einem sozialistischen Land überhaupt noch gab? Weder meine Freundin noch ich zweifelten daran, daß er in jedem Fall etwas Böses bedeutete, und wir beunruhigten uns. Ich verließ Lisas Zimmer und war nicht mehr die sorglose Person, die ich in den vorangegangenen Wochen gewesen war. Der Schatten auf dem Balkon war wirklich ein böses Omen; er prophezeite das Ende von etwas, das schön und voller Zauber gewesen war. Zwei Tage später erschien unerwartet Lisas Mann in Alupka.

Er war ein jüdischer Rechtsanwalt, von untersetzter Statur, mit dem Bauch des nicht mehr ganz jungen Mannes, einem hübschen Gesicht und durchdringenden, schlauen und intelligenten Augen. Seine raschen, bestimmten und sprunghaften Bewegungen erschreckten mich, weil sie auf eine impulsive und vielleicht sogar rücksichtslose Persönlichkeit schließen ließen. Nur zu bald stellte sich heraus, warum er gekommen war. Er drohte meiner Freundin mit einer Scheidung, wenn wir nicht auf der Stelle Alupka verließen. Er gestand ihr zu, uns noch eine Woche bei sich zu behalten, um die Lage nicht zu offensichtlich zu machen, wobei er ihr bedeutete, daß er die meiste Zeit davon in Alupka zu bleiben gedenke. Mir gegenüber erwähnte er nie etwas davon und spielte die Rolle des höflichen, charmanten Gentleman, der sich seiner Frau und ihren ausländischen Freunden während ihres Urlaubs angeschlossen hatte. Vielleicht war seine Sympathie für die schöne Katherina, der er besondere Aufmerksamkeit und Komplimente widmete, wirklich echt. Ich bemerkte, daß er seine Frau noch immer sehr liebte und auf mich sehr eifersüchtig war, obwohl er sich nichts von seinen Gefühlen und Absichten anmerken ließ. Tatsächlich offenbarte er gerade das Gegenteil von dem, was er wirklich gefühlt haben mußte. So lud er Katherina und mich ein, in seinem Haus in Charkow zu wohnen, solange wir wollten, und sicherte uns jegliche Unterstützung zu für unsere Vorbereitungen, die meinen Vortrag und alles andere betrafen.

Unsere Welt war in Dunkel gehüllt worden, und wir alle drei — Lisa, Katherina und ich — lebten wie in einem Alptraum. Lisa wurde mit der Zeit immer blasser. Tag und Nacht fühlten meine Freundin und ich das Verhängnis über uns, und ich ging wie ein Automat umher, während ich auf das Unvermeidliche wartete. Es kam bald. Drei Tage nach Ankunft ihres Mannes sagte Lisa in einer der seltenen Stunden des Alleinseins zu mir, daß wir Alupka so schnell wie möglich verlassen müßten, um ein Drama zu verhindern. Wir richteten uns für weitere vier Tage ein, nachdem ihr Mann sich entschlossen hatte, einen Tag eher abzureisen.

In der Zwischenzeit wurden wir zu langen Autoausflügen in das phantastische Hinterland dieser Krimgegend eingeladen. Ich erinnere mich, daß man uns zu einem der berühmtesten Zarenschlösser mitnahm, dessen Terrassengarten voll von subtropischen Pflanzen und Blumen war. Wir mußten — wie in indischen Tempeln — in Überschuhe schlüpfen. Andere Erinnerungen an unsere Ausflüge habe ich nicht mehr, denn ich war wie betäubt von Sorge und Furcht. Dennoch bemerkte ich dann und wann, daß weder kapitalistische Gewohnheiten noch der Kapitalismus selbst unter dem neuen Regime der Zwanziger Jahre abgestorben war. Unser Gastgeber warf mit Rubeln um sich, als ob Geld Nebensache wäre. Ich sah, daß er dem Taxifahrer viel Geld zusteckte, und daß er eine Menge für Essen und Extravaganzen ausgab. Vielleicht wollte er sich vor uns Ausländerinnen aufspielen, vielleicht bekam er auch noch Honorare als Rechtsanwalt, was unter den Kommunisten nicht erlaubt war. Er verkörperte einen Widerspruch, der mir bereits in anderem

Zusammenhang begegnet war, die Überzeugung nämlich, daß es trotz allem in diesem Teil Rußlands die
alten Lebensgewohnheiten und Gottesdienste immer
noch gab.

Wenn Lisas Mann die Freiheiten und Früchte des
Kapitalismus genoß, war es verwunderlich, daß seine
Frau und seine Tochter Gäste oder Patienten eines
Sanatoriums waren, das staatlich finanziert und überwacht wurde. Die einzige Schlußfolgerung, die sich aus
alledem nur ziehen ließ, war die, daß er Sonderrechte
genoß. Aber warum und wie dies geschehen konnte,
war undurchschaubar.

Wir mußten unser Versprechen einhalten und Vorbereitungen für unsere Abreise treffen. Lisas Mann
fuhr ab mit einer herzlichen Einladung an uns, nach
unserer Ankunft in Charkow sein Haus aufzusuchen.
Ein Tag mit Lisa allein blieb mir noch. Sie erzählte
mir zum ersten Mal, daß sie krank sei und Tuberkulose
habe und daß ihre Krankheit der Grund für ihren
langen Sanatoriumsaufenthalt in Alupka gewesen sei.
Ich zweifelte an der Wahrheit ihres Bekenntnisses
und fragte mich, ob ihr Mann sie zu diesem Vorwand
gedrängt hatte, um unbequeme Fragen von uns zu
verhindern. Lisas Besuch in Berlin, wo sie mysteriöse
Russen treffen mußte, hatte mich irgendwie beunruhigt, aber ich war keineswegs neugierig zu erfahren,
was hinter ihrer Absicht, nach Deutschland zu kommen, gestanden hatte. Die merkwürdige Anziehungskraft so vieler intelligenter und schöner Russinnen ist
untrennbar verbunden mit ihrer schon obligatorischen
Gewohnheit, sich mit Geheimnissen zu umgeben. Normalerweise sind es keine echten Geheimnisse, aber
manchmal müssen sie einen wirklich geheimnisvollen
Auftrag verbergen. Hatte Lisa einen solchen Auftrag
gehabt?

Wir mußten gehen, und ich sah meine russische
Freundin von einer unbekannten Trauer niederge-
drückt, deren Ursache, wie ich fühlte, nicht allein in
der Trennung von mir und Katherina, die ihr auch eine
Freundin geworden war, liegen konnte. Ich war sicher,
daß ihr Mann sie zu einem viel weiterreichenden Entschluß als zu unserer überstürzten Abreise erpreßt

hatte, aber sie sagte nichts, was darauf hinwies, daß uns noch weiteres Unglück bevorstand. Der Augenblick kam, in dem der Wagen am Tor vorfuhr, um uns die lange, gewundene Straße zurück nach Sewastopol zu bringen.

Unbeweglich stand Lisa da, um uns Lebewohl zu sagen. Als ich im Wagen saß, starrte ich sie an. Ihr Körper schien schmaler und dünner als vorher zu sein, und ihr Kopf größer, als ich mich erinnern konnte. Ihr breites, mondartiges Gesicht mit den großen braunen Augen und dem fliehenden Kinn wurde von einer ungewöhnlich hohen Stirn und einem roten, negroid-dicklippigen Mund beherrscht. Auch ihre Nase, die sich an der Spitze verbreiterte, war ein Zeichen ihrer Sinnlichkeit. Ihr braunes seidiges Haar war in der Mitte über der erstaunlichen Stirn gescheitelt und widersprach der Schwäche und Sinnlichkeit der unteren Gesichtshälfte. Betrachtete man die Einzelheiten ihres Gesichts, ergaben sie keine Harmonie, aber das Gesamtbild dieser außergewöhnlichen Physiognomie war so machtvoll, daß es Männer wie Frauen gleichermaßen beeindruckte, es war ein Gesicht von einzigartiger Schönheit und magnetischer Kraft.

An die Rückfahrt über die Hochebene nach Sewastopol erinnere ich mich überhaupt nicht mehr, nur daran, daß Katherina und ich wiederum ein internationales Schlafwagenabteil belegten. Auf der Reise fühlte ich, daß ich krank wurde. Mir wurde immer heißer, und ich wußte, daß dies nicht den Schmerzen beim Abschied von Lisa zuzuschreiben war. Als wir im Bahnhof von Charkow ankamen, konnte ich kaum bis zum Taxi gehen, das uns zu Lisas Haus bringen sollte. Dort wurde ich sofort in Lisas eigenes Zimmer gebracht und in ihr Bett gelegt. Ich wurde wirklich sehr krank. Sechs Wochen lang war Katherina Tag und Nacht an meinem Bett. Ein älterer Arzt mit den Manieren eines Europäers diagnostizierte Malaria und verschrieb mir große Dosen Chinin. Mir ging es nicht besser. In meinen Ohren sang es, und mein Herz wurde von Tag zu Tag schwächer. Ich sagte es meiner Freundin, daß ich nicht an die Malaria-Diagnose glaubte. Nach zehn Tagen war ich so schwach, daß es mich nicht mehr kümmerte, ob ich lebte oder starb. Ich befand mich auf einem Grat zum Jenseits, und ich konnte mich schon hinüberfallen sehen. Es war damals eine wichtige Erfahrung für mich, überhaupt keine Angst vor dem Tode zu haben. So krank ich war, mußte es mich überrascht haben, denn ich erinnere mich an mein Gefühl der Entsagung sehr lebhaft und klar. Vor dieser Krankheit hatte ich große Angst vor dem Tode gehabt, und diese alte Furcht kam wieder, nachdem ich ins Leben zurückgekehrt war. Der Arzt wurde sehr besorgt und erkannte schließlich, daß ich nicht an Malaria, sondern eher an der Ruhr erkrankt war. Er setzte das Chinin ab und verordnete mir massenweise Kaffee. Mein Puls war zu dieser Zeit auf vierzig gesunken, ›genauso wie bei Napoleon‹, tröstete er mich. Katherina rettete mir das Leben, indem sie seinen Kaffee-Verordnungen folgte und mir das richtige Essen gab. Tatsächlich machten mich die Nahrungsmittel vom Schwarzmarkt gesund, die ein Student, der in unserem Haus wohnte, irgendwie herbeischaffte. Er war eine eigentümliche Kreatur mit dem Aussehen und den Bewegungen eines Affen. Er war furchteinflößend und unheimlich, hatte kaum Stirn und so kurz geschnittene Haare, als ob er gerade aus dem Gefängnis entlassen worden wäre. Er kannte alle Tricks des Schwarzmarkt-Dschungels. Seine Gefälligkeit uns gegenüber war nicht kostenlos. Meine schöne Freundin war begehrenswert, und er verfolgte sie unaufhörlich mit seinen Avancen. Sie gab nach, um meiner Genesung willen.

Meine Natur, gutes Essen und vor allem die Pflege meiner Freundin retteten mir das Leben. Nach sechs Wochen verließ ich zum ersten Mal mein Bett, zerbrechlich wie ein Kind, und jegliches Gefühl in mir war betäubt.

Schritt für Schritt kam ich wieder zu Kräften, bis ich durch die Straßen von Charkow spazieren gehen konnte. Das war im September. Meine Freundin hatte mit Erfolg eine Verschiebung meines Vortrags und der Vorführung von Eggelings Film in der Universität durchgesetzt. Es lag wohl an meiner depressiven Stimmung — einer Folgeerscheinung meiner Krankheit —, daß ich die Charkower Straßen für die abschreckendsten und häßlichsten Straßen hielt, die ich je gesehen hatte. ›Diese Stadt ist nur gut zum Selbstmord, denn hier kann man einfach nicht leben‹, sagte ich immer wieder zu meiner Freundin.

Alle paar Meter auf unserem Spaziergang stolperten wir über kleinere oder größere Gruppen von Kindern, die ›besprizornij‹, von denen wir gehört hatten, als wir an den Höhlenwohnungen in der Nähe von Sewastopol vorbeigekommen waren. Hier in Charkow blockierten sie die Bürgersteige, spielten auf irgendwelchen Instrumenten oder bettelten einfach. Was war das für ein Haufen von kleinen, schmutzigen Rowdies, ungewaschen, dreist und vernachlässigt; manche von ihnen waren sehr hübsch. Es war erschreckend, zu sehen, wie Mädchen und Jungen, nicht älter als vier oder fünf, mit den Straßenbanden umherzogen. Es war bekannt geworden, daß Prostitution eine ihrer Einnahmequellen war, so daß diese Kinder bereits in alle Tricks der käuflichen Liebe eingeweiht waren. Die jungen Mädchen mit ihren lasziven Bewegungen waren in einem unnatürlichen Alter schon zu jungen Frauen geworden. Kein Polizist in Uniform, kein Aufsichtsbeamter hielt die ›besprizornij‹ in Schach oder verhinderte den Aufruhr, den sie verursachten. Diese Losgelassenen und verlorenen Kinder, die zusammenhielten und vielleicht als Diebe ihren eigenen Ehrenkodex hatten, ließen mich an einen Kinderkreuzzug unter der Führung des Teufels denken, und dieser Teufel war kein anderer als der Mensch.

Ich mußte mich noch drei weitere Wochen schonen, ehe ich daran denken konnte, mich in der Universität sehen zu lassen und mich den Anforderungen einer Filmvorführung und eines Vortrags zu stellen.

Während dieser Zeit erhielt ich einen Brief von Lisa, in dem stand, daß ich ihr nie wieder schreiben oder irgendeinen indirekten Kontakt mit ihr suchen dürfte. Auch verlangte sie von mir, das Haus ihres Mannes zu verlassen, sobald dies mein Gesundheitszustand erlaubte. Ich reagierte kaum auf dieses befremdende Dokument, denn ich hielt es für unecht und erpreßt. Irgendwie mußte ich gespürt haben, was wirklich dahinter stand, denn ich redete über diesen Brief ständig wie unter einem Zwang, nicht nur mit Katherina, sondern auch mit einer Kusine von Lisa. Diese wohnte in der Nähe und besuchte mich regelmäßig — gegen den Willen von Lisas Mann, den ich während der ganzen Zeit meiner Krankheit und Genesung nicht ein einziges Mal zu sehen bekam. Wie er es anstellte, mir so erfolgreich aus dem Weg zu gehen, nachdem ich das Bett verlassen konnte, weiß ich nicht, aber es war eben so. Vom Augenblick seiner Abreise von Alupka an habe ich ihn niemals wiedergesehen.

Lisas Kusine hatte mich gern, und wir besprachen die ganze Angelegenheit. Sie war eine intelligente junge Studentin, die mehrere Sprachen, darunter auch deutsch sprach. Offensichtlich mochte sie den Mann meiner Freundin nicht und erzählte mir von seiner Eifersucht. Sie war auch der Meinung, daß Lisa ihren Brief unter Druck geschrieben habe. Ihre Worte waren: ›Ich weiß, daß Lisa Sie gern hat. Das hat sie mir selbst gesagt. Und ich bin sicher, daß das eine glatte Erpressung ist.‹

Eines Tages im September schließlich führte ich meinen kulturellen Auftrag aus. Ich stand hinter einem Pult und hielt vor einer kleinen Studentengruppe der Charkower Universität meinen Vortrag. Ich zeigte den Film von Eggeling, den sie begeistert beklatschten. Auch mein Vortrag kam bei ihnen gut an, aber ich bin mir nicht ganz sicher, ob sie wegen der Sprachschwierigkeiten viel davon verstanden haben. Was mit der Übersetzung meines Essays durch Lisa geschah, habe ich nie erfahren. Mein kultureller Auftrag war ausgeführt, und wir waren bereit, Rußland zu verlassen.

Einige Tage vor unserer Abreise wurden wir von der GPU aufgefordert, in das Hauptquartier zu kommen und alle Fotografien, die wir in Rußland gemacht, alle Bilder und Zeichnungen, die wir hier angefertigt hatten, mitzubringen. Meine Freundin Katherina hatte Aufnahmen in Alupka und Jalta gemacht, und wir fühlten uns wegen dieses letzten kleinen Besuchs im furchteinflößenden Hauptquartier einer berüchtigten Institution unbehaglich. Voller Angst um die Fotos und Negative gingen wir dorthin. Zwei ernst aussehende Männer empfingen uns und sahen das mitgebrachte Material durch. Wir betrachteten derweil die Wände des Zimmers, an denen ein großes Leninbild und ein noch größeres von Kaganowitsch hingen. Die beiden Männer beschlagnahmten sehr höflich die Aufnahmen samt den Negativen, stellten sich aber als recht menschlich und mitteilsam heraus. Einer von ihnen fragte mich, wie mir das Kaganowitsch-Bild gefiele, das erst neulich von einem bekannten Maler gemalt worden sei. Es war ein realistisches Machwerk in grellen Farben und von schreiender Vulgarität. Irgendwie fühlte ich mich ungezwungen in der Gegenwart der GPU-Männer und antwortete wahrheitsgemäß: ›Mir gefällt dieses Bild überhaupt nicht. Ich finde es schlecht, der Maler ist kein Künstler. Das ganze Ding sieht aus wie ein Plakat, das irgendein Angestellter einer Werbeagentur produziert hat.‹ Die Beamten schienen etwas überrascht über diese Offenheit, waren aber nicht schockiert oder gar bestürzt. Ich fragte mich, ob sie nicht vielleicht genau die gleiche Meinung hatten und meine Offenheit schätzten. Beide Männer schüttelten uns die Hand, und wir verließen die GPU erleichtert und zufrieden.

Von da an hatte ich keine Furcht mehr vor Russen oder irgendwelchen russischen Beamten. Ich kannte ihre eigentliche Position nicht und wußte nichts von ihren schrecklichen Taten. In Rußland hatte ich nur Angst davor, daß Lisas Mann mir irgendwelchen Schaden zufügen könnte, und ich sehnte mich nach dem Tag der Abreise. Wir waren nun schon fast zwei Monate in seinem Haus. Ich hatte im Zimmer seiner Frau gelebt und geschlafen, und während ich in ihrem Bett dem Tod nahe war, wurde sie gezwungen, mich aus ihrem Leben zu verbannen.

Wir nahmen Abschied von Rußland an einem goldgelben Herbsttag und fanden uns einmal mehr in einem internationalen Schlafwagen-Abteil wieder. Diesmal fuhren wir eine andere Strecke, über Kiew und Warschau nach Danzig. Wir brauchten dringend eine Erholung nach dem bösen Ende unserer Kreuzfahrt, und meine Eltern freuten sich darauf, uns zu betreuen. In Warschau hatten wir Aufenthalt, einer

Stadt mit einem großen Park und einer vornehmen Hauptstraße voller eleganter, lebhafter Menschen. Wir waren in die sanfte Umarmung des kapitalistischen Systems zurückgekehrt und fühlten uns wohl darin. War es ein symbolischer Akt oder glaubten wir wirklich, körperlich beschmutzt zu sein, als wir uns nach den öffentlichen Bädern erkundigten? Wir gingen direkt zu dem uns empfohlenen Badehaus und wurden von einer Angestellten in einen großen Raum mit mindestens fünf Badewannen geführt. Eine davon war so groß wie ein Doppelbett, und diese ungewöhnliche und luxuriöse Wanne suchten wir uns für unser Bad aus. In dem warmen und belebenden, nach Kiefernnadeln duftenden Wasser fühlten wir uns wie Zwillinge im Mutterleib. Noch am selben Abend stiegen wir in den Zug nach Danzig, um die letzte Runde unseres Kinder-Kreuzzuges anzutreten.

Nach der Ankunft in meinem Elternhaus begann ich mich zum ersten Mal nach meiner Krankheit zu entspannen. Meine Eltern stellten keine Fragen, und auch wir erzählten nicht viel von dem, was geschehen war. Ich schlief wieder in meinem alten Zimmer, wo ich die letzten Jahre meiner Schulzeit am Viktoria-Gymnasium verbracht hatte und die Bücher der deutschen Romantiker und der Philosophen des Ostens und Westens gelesen hatte. Ich fühlte mich in meine Jugend zurückversetzt und spürte die Verwurzelung mit meinem Heimatboden stärker als jemals zuvor. Es war schön, morgens mit dem Bewußtsein aufzuwachen, daß meine Eltern da waren. Ich fühlte mich jetzt enger mit ihnen verbunden als zu der Zeit, als ich sie verlassen hatte, um auf die Universität zu gehen. Diese Ferien wurden zu einer heilsamen Ruhepause, die wir alle genossen: meine Eltern, meine Schwester, meine Freundin und ich selbst. Mein Vater, ein kleiner, kräftiger Mann mit einem freundlichen und naiven Wesen, der immer die Bildung und das Reisen geliebt hatte, mag in mir die Erfüllung seiner eigenen Wünsche gesehen haben. Er zeigte deutlich, daß er meine Gesellschaft genoß und tat wie immer, alles, um mein Leben leicht und glücklich zu machen. Er und meine Schwester führten uns in der schönen Stadt Danzig herum, und wir alle machten Ausflüge in das waldige Oliva mit seiner alten Abtei oder an die Sandstrände der Ostsee. Wir zeigten Katherina unsere ›Schätze‹, und ich führte ihr das elegante Zoppot vor, die einzelnen Schauplätze meiner Eskapaden während meiner Schul- und Studienzeit. Nach einem Monat, den wir mit meiner Familie verbracht hatten, kehrten wir nach Berlin zurück, um ein neues Kapitel unseres Lebens zu beginnen. Das Trauma meiner Rußland-Reise ließ in mir ein Vorurteil gegen alles Russische zurück, so daß ich jahrelang in keines der vielen russischen Restaurants in Berlin gehen und es nicht ertragen konnte, Russisch zu hören.

Meine Jugend hatte den ›coup de grâce‹ erhalten.

Im November 1924 hatten wir uns in zwei Zimmern in einem Außenbezirk von Berlin eingerichtet, in einer ruhigen Gegend von Friedenau, wo Bäume die Straßen säumten und die Häuser von Gärten umgeben waren. Unsere alte Wirtin, die wir bald mit ihrem Vornamen anredeten, versorgte uns liebevoll.

Wir waren in die saubere Welt der Achtbarkeit und, wie ich damals glaubte, einer gesicherten Zukunft zurückgekehrt.

IV

Noch vor meiner Rußland-Reise hatte ich meine Abschlußprüfungen hinter mich gebracht. Nach meiner Rückkehr mußte ich das für die Approbation notwendige klinische Jahr absolvieren, um damit die Berechtigung für die Eröffnung einer Praxis oder für eine Anstellung als Krankenhaus-Ärztin zu erhalten. Ich konnte es kaum glauben, daß für mich die Angst um meine Prüfungen vorüber war, zu denen ich mich zitternd und zagend begeben hatte, ohne mein Gemüt und mein Denken im geringsten mit zukünftigen Berufsplänen zu belasten. Obwohl ich den Wert all dieser Examen anzweifelte, deren Ergebnisse weder die Kenntnisse noch die Fähigkeiten der Studenten widerspiegelten, fühlte ich mich zunächst unsicher mit mei-

nem neuerworbenen Status, und ich begann voll Freude und Hoffnung mein praktisches Jahr in einem Krankenhaus in der Nähe unserer neuen Wohnung. Ich wollte eine gute, zuverlässige Ärztin werden und dachte, ich könne durch praktische Erfahrung das nachholen, was ich während meiner letzten Studienjahre an der Universität möglicherweise versäumt hatte. Die Zeiten waren zu schwierig gewesen, um sich, wie ich es eigentlich hätte tun sollen, voll auf das Studium zu konzentrieren. Die Inflation in Deutschland brachte eine Aufteilung der notwendigen Aktivitäten mit sich. So war ich gezwungen, die Studiengebühren und einen Teil meiner Lebenskosten zu verdienen. Aber es waren meine gefühlsmäßigen Erlebnisse, durch die ich hauptsächlich beansprucht wurde, und die mich, weit mehr als die Geldknappheit, von den Vorlesungen und anderen Studien abgelenkt hatten. Schon einmal, am Ende meiner Schulzeit, war ich in einer ähnlichen Situation gewesen.

Viel zu sehr war ich von der Dichtung und meiner eigentümlichen Innenwelt in Anspruch genommen, als daß ich der Schule viel Beachtung geschenkt oder meine Hausaufgaben gründlich gemacht hätte. Trotz dieses Mangels bestand ich das Abitur mit Leichtigkeit, weil — wie ich dachte — meine Lehrer um meine inneren Werte wußten und auf meine Fähigkeiten, in der Universität weiterzukommen, vertrauten. Die medizinischen Prüfer kannten ihre Studenten nur flüchtig, und ich weiß nicht wie oder warum ich die Abschlußprüfungen bestanden hatte, denn die Fragen und Tests an der ›Charité‹ in Berlin waren schwierig und das Prüfungsniveau galt als hoch.

Am Ende des Jahres 1924 ging ich jeden Tag für acht Stunden in das Schöneberger Krankenhaus, wo ich sehr viel lernte. Mein unmittelbarer Vorgesetzter war Dr. Troester, der keine Mühe scheute, mich in die Kunst und die Kenntnisse medizinischer Diagnosen und Therapien einzuführen. Er hatte ein typisch deutsches, breites Gesicht mit einer hohen Stirn, aber sanfte blaue Augen, bewegte sich, im Gegensatz zu der weit verbreiteten Vorstellung des unbarmherzigen, überaktiven Deutschen auf den Stationen, eher sanft und ver-

hielt sich so, wie sein Name es nahelegte. Er brachte mir die üblichen Labortests bei und, was für mich noch wichtiger war, die Kenntnis und notwendige Technik, eine richtige Diagnose zu stellen und die richtige Therapie einzuleiten. In dieser Zeit bemerkte ich nicht die leiseste Benachteiligung jüdischer Studenten oder Ärzte. Man kann fast sagen, daß das Gegenteil eher zutraf, daß nämlich die sogenannten Arier besonders gut mit ihren jüdischen Kollegen auskamen und umgekehrt. Auf jeden Fall waren das meine Erfahrungen. Ich hatte meinen Schmerz über Lisa erfolgreich unterdrückt, um mir und den anderen als zufriedener Mensch zu erscheinen, der seiner Arbeit im Krankenhaus mit Eifer und Hingabe nachging. Ich wußte, daß die Medizin an sich niemals mein Leben ganz ausfüllen konnte und daß meine Interessen und Aktivitäten immer in viele verschiedene Richtungen gehen würden. Ich sah auch ein, daß meine Kollegen, wenngleich sie mir gefielen und meine Freunde wurden, doch nicht zu der Welt gehörten, in der ich eigentlich zu Hause war.

Meine beiden Bereiche hielt ich strikt auseinander und erwähnte niemals einem Kollegen gegenüber, daß ich Gedichte schrieb, genauso wie ich meinen literarischen Freunden nur oberflächlich von meinem Arztberuf erzählte. Dr. Troester gab mir die Zuversicht, eine zuverlässige Ärztin werden zu können, obwohl ich eine starke Abneigung gegen die Konfrontation mit Sterbenden oder Toten hatte. Ich kann den Schock nicht vergessen, den ich erlebte, als ein sterbender Mann unter meine besondere Obhut gestellt wurde. Ich war hilflos und voller Angst, und als er starb und ich den Tod als den ›normalen‹ Begleiter des Lebens sah, rebellierte ich gegen den körperlichen Verfall und erschrak vor dem gräßlichen Vernichter. Ich konnte es nicht ertragen, diesen verfallenen Körper anzusehen, die Schwäche des wächsernen Toten, und ich weiß heute, daß ich mich in diesem klinischen Jahr im Schöneberger Krankenhaus unbewußt dagegen entschieden hatte, mich als praktische Ärztin niederzulassen.

Das Jahr 1924 markierte das Ende eines gefühls-

betonten und den Beginn eines berufsbetonten Abschnitts. Es war ein Jahr des Wagnisses und der Einbuße, der Zufriedenheit, was freundschaftliche Beziehungen anbelangte, und des Vergnügens am alltäglichen Leben. Durch die Veröffentlichung von Übersetzungen und eigenen Versen hatte ich eine gewisse Aufmerksamkeit erregt. Während meines klinischen Jahrs, das der medizinischen Praxis vorangehen mußte, bekam ich langsam festen Boden unter meine Füße. Die beste stimulierende Wirkung hatten jedoch ein glückliches Zuhause und meine Freundschaften. Walter Benjamin war zu der Zeit gerade aus Berlin weggegangen, aber er hatte schon keinen festen Platz mehr in meinem Leben gehabt. Man kann die Verschiebungen und Konstellationen innerhalb zwischenmenschlicher Beziehungen nicht rational erklären; sie sind sicherlich in der Jugend stärker in Bewegung als im Alter. Zu der Zeit von Walters Weggang rückten Franz und Helen Hessel immer mehr in den Mittelpunkt meines Lebens. Sie schlossen Katherina in ihre Zuneigung mit ein, und wir vier feierten oft spontan Feste in ihrem Haus im Tiergarten. Es war in der Nähe der Brücke über den Landwehrkanal gelegen, der eine Grenze zwischen Tiergarten und dem Westen der Stadt bildet. Die Hessels — in diesem Fall Helen — wußten, wie man ein altes schönes Stil-Haus in einen hellen, fröhlichen und modernen Wohnsitz verwandelte, ohne den romantischen Zauber seiner langen Vergangenheit zu vertreiben. Ich besuchte sie gern, weil sie jeden Besuch zu einem Ereignis machten. Ich lernte sie kennen, als Franz Hessel mich zu sich einlud, um die Veröffentlichung von einigen meiner Gedichte zu besprechen; damals war er Lektor des Rowohlt-Verlages und Herausgeber von ›Vers und Prosa‹, einer Zeitschrift für moderne Dichtung. Das Dienstmädchen führte mich in ein kleines Zimmer, in dem er hinter einem großen Tisch auf einem schweren Stuhl saß. Ein Bett stand in der Nähe des Fensters und ein anderer schwerer Stuhl nahe der Tür. Ich setzte mich darauf und sah mir dieses Buddha-Gesicht an, die großen, weit auseinanderstehenden Augen, den großen Mund, und das wohlwollende und amüsierte Lächeln. Seine tastende und sanfte Art, Zugang zu mir zu finden, war alles andere als deutsch, und ich wußte sofort, daß hier der geborene Zuhörer und Tröster vor mir saß. Während wir noch die Angelegenheit besprachen, wegen der ich gekommen war, flog Helen mehr als daß sie ging in das kleine Zimmer und rief: ›Ich möchte Sie kennenlernen. Kommen Sie in mein Zimmer.‹ So begann alles, und als wir von Rußland wiederkamen, waren die Hessels da und nahmen uns sofort auf. Sie wogen die angenehme, aber doch sehr mittelständische Umgebung in Friedenau auf, wo wir lebten. Ich fühlte mich bei ihnen immer mehr zu Hause, wenn wir um den ovalen weißen Tisch in ihrem Eßzimmer saßen und aßen und tranken, während ihre beiden süßen kleinen Söhne um uns herum spielten. Alle Möbel in diesem Zimmer waren weiß und schienen uns anzulachen. Das Mobiliar im Salon nebenan bestand hauptsächlich aus einem großen Sofa und einem schönen Perserteppich, so daß uns genügend Platz zum Tanzen blieb. Wir tanzten oft nach Schallplatten, bis wir, erschöpft vor Vergnügen, uns auf das Sofa fallen ließen.

Helen war bereits nach Paris gezogen, als ich mein klinisches Jahr begann, aber sie besuchte oft ihr Haus in Berlin. Hessel, ein guter Schriftsteller und Proust-Übersetzer, arbeitete und schlief im Mädchenzimmer, wo ich ihn das erste Mal angetroffen hatte. Er lebte gern auf kleinstmöglichem Raum und fühlte sich nur wohl in einfacher Umgebung. Er hatte Helen gebeten: ›Überlaß mir bitte das Mädchenzimmer. Ich ziehe es vor.‹ Er stammte aus einer reichen jüdischen Familie und dachte immer, er müsse sich deswegen schlecht vorkommen; er fühlte sich schuldig in einem großzügigen Milieu und, um alles zu vergessen, suchte er sich das kleinste, bescheidenste — eben das Mädchenzimmer aus. Er war nicht nur Schriftsteller, sondern auch ein brillanter Plauderer und ein Charmeur. Helen sah, wenn sie zusammen waren, wie eine Dompteuse aus, die keine Löwen bändigte, sondern die Welt um sie herum und Männer wie Frauen in ihren Bann zog.

Wie Walter Benjamin hatten auch Franz und Helen

Hessel die Gabe, Freundschaften zu schließen, die für sie ein ethischer Auftrag ebenso wie ein ästhetisches Vergnügen waren. Sie waren Künstler auf dem Gebiet zwischenmenschlicher Beziehungen. Ich lernte viele ihrer literarischen und andere Freunde kennen, die mir das Milieu ermöglichten, das ich am meisten brauchte.

Und so lebte ich glücklich zwischen Krankenhaus und gleichgesinnten Freunden. Die Erfahrung mit dem Tod und dem Sterben ließ mich erkennen, daß ich wohl eine zuverlässige, aber niemals eine rückhaltlos hingebungsvolle und ganz gewiß keine praktische Ärztin werden würde. Ich bekam eine bessere Einstellung zum Krankenhaus-Leben, als ich das letzte Viertel meines praktischen Jahres im Virchow-Krankenhaus absolvierte, wo ich der Abteilung für Haut- und Geschlechtskrankheiten zugewiesen wurde. Ich lebte mich schnell ein und gehörte bald zum Ärztestab; in Wirklichkeit war ich eine Art unausgebildete und unbezahlte Stationsärztin. Ich lernte die Behandlungsroutine schnell und war zufrieden, unter Patienten zu sein, die fast alle geheilt werden konnten und meistens junge Mädchen waren. Sie machten den Besuch auf der Frauenstation, die ich zu versorgen hatte, zu einem Vergnügen, und dazu lernte ich noch viel von dem Leben der Berliner Prostituierten kennen. Mein praktisches Jahr endete in der Weihnachtszeit von 1925. Jetzt war ich auch als Ärztin endgültig den Kinderschuhen entwachsen.

Da ich offenbar für die Anstrengung und Verantwortung einer Arztpraxis nicht geeignet war, hätte ich mich gerne spezialisiert, aber ich hatte kein Geld, um die drei Jahre einer unbezahlten Ausbildung an einem Krankenhaus zu finanzieren. Es vergingen einige Monate der Unentschlossenheit, in denen ich gar nichts tat. Ich konnte nicht meine ganze Energie in die Medizin stecken, das war sicher, und es schien mir eine gute Lösung, ein Mittelding zu finden, nämlich eine Arbeit als Ärztin, die mir gleichzeitig Zeit und Energie lassen würde, meiner eigentlichen Berufung nachzugehen. Ich wollte Beamtin oder Angestellte werden, die mit anderen Ärzten in einem Team zusammenarbeitete, wo die

Verantwortung geteilt und die Dienststunden festgesetzt sein würden. Eine solche Gelegenheit ergab sich bald. Die Allgemeinen Krankenkassen Berlin richteten überall in der Stadt Ambulatorien ein, in denen praktische Ärzte mit Spezialisten im gleichen Gebäude zusammenarbeiteten. Diese fortschrittliche und konstruktive Einrichtung sagte mir zu. Ich kannte einen der dort beschäftigten Ärzte, und er arrangierte für mich ein Gespräch mit Dr. Vollnhals, der Direktorin der Klinik für Geburtenvorsorge. Ich lernte eine gutaussehende junge Ärztin kennen, eine polnische Gräfin, die über genug persönlichen Einsatz und Intelligenz verfügte, um etwas ganz Neues auf medizinischem Gebiet aufzubauen. Sie beschränkte sich nicht nur auf die medizinische Diagnose und Therapie, sondern wollte beides mit der Fürsorge verknüpfen. So führte sie die Sozialmedizin in den Bereich der eigentlichen Medizin ein, mit dem Gedanken, die ganze Familie als Patienten einzubringen. Wohlfahrtsbeamte, die an Ort und Stelle verfügbar sein mußten, sollten den Kliniken für Geburtenvorsorge angegliedert werden.

Es war ein neues Wagnis und dazu ein progressives, wie es sich für den Geist der Weimarer Republik ziemte. Damals waren Berlin und Wien die Außenposten des Fortschritts auf dem Gebiet physischer und sozialer Erkrankungen. Das von Dr. Vollnhals geleitete Institut schien mir genau der Platz für die Arbeit zu sein, die ich mir vorgestellt hatte. Ich wurde für einige der Kliniken, die sich in verschiedenen Stadtteilen Berlins befanden, als Ärztin eingestellt.

Meine finanziellen Schwierigkeiten hatten ein Ende, denn ich bekam ein reichliches Gehalt. Ich war überzeugt, meinen Platz an der Sonne gefunden zu haben. Meine Arbeit, sechs Stunden hintereinander jeden Tag, gefiel mir trotz der großen Entfernungen, die ich zwischen den einzelnen Kliniken zurücklegen mußte. Das Hauptbüro, in dem Dr. Vollnhals ihre eigenen Sprechstunden hielt, befand sich auf dem Alexanderplatz, über den ich normalerweise in den Norden Berlins fuhr, wo mein Hauptarbeitsgebiet lag. Zwei verständige junge Frauen waren mir als Wohlfahrtsbeamtinnen zugeteilt, und ich war so eifrig und so zufrieden mit unserer Arbeit, daß für verschiedene Kliniken die Anzahl der Tage verdoppelt werden mußte. Die beiden Wohlfahrtsbeamtinnen teilten meine Begeisterung über eine Arbeit, die über die eigentliche Medizin hinausging, uns mit einer großen Zahl von Familien und deren Sorgen bekanntmachte und uns viel über Sozialpsychologie lehrte. Meine Arbeitsstunden lagen entweder zwischen 22 und 4 Uhr morgens oder zwischen 14 und 20 Uhr. Einige Ärzte — alle Frauen — setzten den Dienst für die Kliniken fest, und wir trafen einmal in der Woche im Hauptbüro zu einer Besprechung mit der Direktorin zusammen. Jede von uns berichtete über Fälle besonderer medizinischer oder sozialer Bedeutung. Die Wohlfahrtsbeamtinnen waren auch da und wurden, wenn nötig, dazugerufen. Wir hatten auch Gelegenheit, mit den Büroangestellten zusammenzukommen, die die Berichte über die besonders zu behandelnden Fälle tippten. Von meinen fünf Kolleginnen war außer mir nur eine jüdischer Abstammung. Es herrschte Kollegialität zwischen uns allen, und mit zweien nahm ich freundschaftliche Beziehung auf; mit einer Deutschen, die mit einem jüdischen Arzt verheiratet war, und mit meiner jüdischen Kollegin. Ich befreundete mich auch mit Dr. Vollnhals, die ich anziehend und amüsant fand. Offensichtlich wirkte ich ebenso auf sie, denn sie lud mich häufig zum Frühstück in der Nähe des Hauptbüros ein, und ich wurde ihre Vertraute. Sie liebte einen jüdischen Arzt, den sie später heiratete, und als ich 1933 einige Monate in einer Pension in der Rue de Froidevaux in Paris lebte, betrat sie eines Tages mit ihrem Mann das Eßzimmer. Sie waren gerade auf dem Rückwege von China, wohin sie unmittelbar nach der nationalsozialistischen Machtergreifung gegangen waren. Aber es war ihnen unmöglich gewesen, die Fremdheit des Ostens und das Herausgerissensein aus dem früheren erfolgreichen Leben auszuhalten, und sie waren auf der Durchreise in Paris, um, zu meinem großen Erstaunen, nach Deutschland zurückzukehren.

Ich konnte mir kein besseres Leben wünschen. Die Schwestern und Sekretärinnen waren hilfsbereit und angenehm, und ich hatte es damals nicht für möglich gehalten, daß auch nur eine von ihnen 1933 zu den Nazis überlaufen würde. Sie und auch die meisten Ärzte in den Kliniken schienen von anderer Gesinnung zu sein. Nur eine von meinen näheren Kolleginnen gab mir jeden Grund, anzunehmen, daß irgend etwas faul sei, und mein Verdacht ihr gegenüber bestätigte sich, denn sie wurde ein aktives Parteimitglied, sobald Hitler an der Macht war. Zum Glück merkte ich bis 1933 nicht, was mir bevorstand.

Die Zeit verging, und mir wurde Arbeit in anderen Teilen Berlins zugeteilt. Ich begrüßte die Gelegenheit, auch die Menschen anderer armer Bezirke kennenzulernen. Niemals begegnete mir der geringste Anflug von Antisemitismus von seiten meiner Patienten; die Beziehungen zwischen uns hätten nicht besser sein können. Weder die von mir medizinisch behandelten Frauen noch ihre Familienangehörigen, die ich wegen ihrer sozialen Nöte aufsuchte, zeigten irgendwelche Zeichen von Ressentiments. Ich hätte es bemerkt, wenn es anders gewesen wäre. Dr. Vollnhals war eine gute Lehrerin eines ziemlich guten Teams. Sie wählte mich immer zu ihrer Stellvertreterin, wenn sie Berlin verlassen mußte. Ich schrieb meine Doktorarbeit über die Praxis an den Kliniken für Geburtenvorsorge im Rahmen der Familienfürsorge und erhielt meinen Titel im Jahre 1928.

Die Dinge liefen gut für mich. Ich lernte immer mehr Ambulatorien der Krankenkassen kennen und fügte mich überall dort ein, wohin mich die Pflicht rief.

Wie ich schon erwähnt habe, war für jeden medizinischen Zweig gesorgt. Die Patienten wurden zuerst dem praktischen Arzt vorgeführt, der sie dann an die benötigten Spezialisten weiterleitete; sie alle arbeiteten im gleichen Gebäude.

1928 eröffnete der Leiter der ganzen Organisation die erste Klinik für Geburtenkontrolle im Ambulatorium am Alexanderplatz, und ich wurde als eine der ersten Ärztinnen verpflichtet. Unser Dienst war kostenlos und wurde bald so bekannt, daß weitere Kliniken eröffnet werden mußten. Ich bin besonders stolz darauf, daß ich bei der Geburt der Empfängnisverhütung als einer Wohlfahrtseinrichtung im Ursprungsland dieses medizinischen Fachbereichs, in Deutschland, dabei war.

Die Methode der Konsultation war genau geplant und sie war im Prinzip und in der Durchführung kompliziert. Wir verteilten nicht nur Verhütungsmittel und Salben, sondern betrachteten das Problem von allen Seiten: von der medizinischen, der psychologischen und der sozialen. Das Hauptziel war, Abtreibungen zu verhindern, und nicht nur, die Überbevölkerung unter Kontrolle zu halten. In jeder Sprechstunde fragten wir zuerst nach der gefühlsmäßigen und körperlichen Beziehung der Patienten zu ihrem Ehemann und erkundigten uns nach ihrer Einstellung zum Gebrauch von Verhütungsmitteln. Wir fanden heraus, daß viele Frauen die Kliniken für Geburtenkontrolle nicht so sehr auf ihren eigenen Wunsch, als auf den ihres Mannes aufsuchten.

Wenn es im Falle eines Ehekonfliktes irgendeine Möglichkeit gab, den Ehemann zu fragen, taten wir es. Wenn die psychologischen Schwierigkeiten der Ehefrau zwingend waren, schlugen wir dem Mann vor, ein Verhütungsmittel zu benutzen. Über die wöchentlichen Sprechstunden hinaus wurden in jedem Monat Abendvorträge von Ärzten unseres Dienstes gehalten, die sich mit den verschiedenen Aspekten der Geburtenkontrolle befaßten. Daran schlossen sich Diskussionen an. Auch Vorlesungen über die Vorbereitung auf die Elternschaft standen unseren Patienten zur Verfügung. An beiden Veranstaltungen nahm ich aktiv teil.

1927 fanden meine Freundin und ich eine unmöblierte 3-Zimmer-Wohnung in einem Neubaugebiet im Westen Berlins, und etwa drei Jahre lang lebte ich in dem angenehmen Gefühl von Sicherheit und Wohlergehen. 1930 erhob die drohende Gefahr des Nationalsozialismus zum ersten Mal das Haupt, senkte es aber wieder für eine kurze Zeit, bis 1933 die endgültige Katastrophe ›das andere Gesicht Deutschlands‹ sichtbar machte.

Während ich noch immer in einem glücklichen Traumland und in der befriedigenden Wirklichkeit meiner Arbeit lebte, hatte ich eines Nachmittags im Jahre 1930 ein sonderbares Erlebnis.

Ich saß mit einer Freundin gemütlich bei Kaffee und Kirschtorte auf der Terrasse eines schönen Cafés in der Tauentzienstraße zusammen. Wir unterhielten uns angeregt, umgeben von Leuten, die uns nicht ansahen und mit ihren Süßigkeiten und Getränken voll beschäftigt zu sein schienen. Urplötzlich fürchtete ich mich vor den uns umgebenden Gesichtern. Sie sahen für mich wie brutale Skelette aus, deren Besitzer alles Lebendige zertrampelten, wo immer sie gingen. Warum war mir so etwas früher nie passiert? Was war in diesem Augenblick bloß mit mir geschehen? Es erklärt sich daher, so vermute ich heute, daß viele unerfreuliche und verdrängte Eindrücke abrupt in mein Bewußtsein geschnellt waren, was vielleicht durch den feindseligen Blick eines einzelnen Deutschen hinter meinem Rükken, oder von einem weit entfernten Tisch herübergeworfen, ausgelöst worden war, so daß ich eine solche Botschaft nicht bewußt wahrgenommen hatte. Mein Unterbewußtsein brachte mir gewaltsam bei, daß ich das andere Gesicht Deutschlands gesehen hatte — das Menetekel. Noch am selben Tag erzählte ich meiner Freundin von diesem Erlebnis und fügte hinzu, daß ich unmöglich noch viel länger in Deutschland bleiben könne.

Aber ein paar Wochen später mußte ich den Vorfall vergessen haben, denn ich verhielt mich weiterhin so, als ob nichts passiert wäre. Dann, eines Tages im Jahre 1931, bat mich der Leiter der Organisation, für die ich arbeitete, zu sich. Er erzählte mir von seiner Furcht vor dem Nationalsozialismus und daß er es für besser hielte, wenn ich nicht länger an den Kliniken für Geburtenkontrolle angestellt wäre. Er schlug einen Kurs in elektro-physikalischer Therapie vor, und deutete an, daß er mir den leitenden Posten in einem der für eine solche Behandlung vorgesehenen Institute geben würde. Er versprach mir, daß mein Gehalt während der Einarbeitungszeit und auch später das gleiche bleiben würde. Ich hatte keine andere Wahl, als seinen Vorschlag anzunehmen.

Ende 1931 wurde ich die Leiterin des Instituts für

elektro-physikalische Therapie des Ambulatoriums Neukölln in einem Bezirk, der nicht viel später berüchtigt wurde für die gewaltsamen Kämpfe zwischen Kommunisten und Nazis. In diesen Distrikt wagte sich in der Nacht oder sogar am Tage niemand, der ein jüdisches Gesicht hatte. Dennoch paßte ich mich den Gegebenheiten und meiner neuen Arbeit an. Mit den anderen Ärzten, den Physiotherapeuten und Schwestern am Institut verband mich eine herzliche Kollegialität. Ich zweifelte nicht an ihrer Loyalität mir gegenüber. Das Personal, das ich zu beaufsichtigen hatte, half mir, ein Forschungsprojekt zu beginnen, dessen Ergebnisse in einer medizinischen Fachzeitschrift sechs Monate nach meiner Emigration veröffentlicht wurden. Es handelte sich um die Nebenwirkungen einer Krankheitsbehandlung mit Wärme und Kurzwellen.

Mit der Zeit konnte man nicht mehr durch Berlins Straßen gehen, ohne einzelne Nazis anzutreffen, die komplett mit Uniform, Schaftstiefeln und Hakenkreuz ausgerüstet waren. Sogar ganze Horden marschierten singend und grölend durch die Straßen. ›Juda verrecke‹ war der unaufhörlich wiederholte Refrain.

Meine Freundin begleitete mich überall hin und beschützte mich, so gut sie konnte. Ich hatte keine Angst vor den GPU-Beamten in Rußland gehabt, aber jetzt empfand ich eine tiefe Abscheu, wenn mir die marschierenden Nazi-Banden begegneten.

Die meisten meiner Kollegen glaubten nicht, obwohl sie erschreckt waren, daß dieser Wahnsinn wirklich Macht über die Bevölkerung gewinnen könnte. Katherinas Vater aber bestand darauf, daß sie mich verließ. So fand ich mich Anfang 1933 allein mit einem Dienstmädchen in der zauberhaften Wohnung, in der Katherina und ich zusammen gelebt hatten. Im März desselben Jahres wurde mir mitgeteilt, sofort meinen Dienst aufzugeben, in dem ich sieben Jahre gearbeitet hatte. Mir wurde mein Gehalt für weitere sechs Monate ausgehändigt.

An dem Tag, als ich zum letzten Mal nach Neukölln fuhr, um Abschied von meinen Freunden und Kollegen zu nehmen, wäre ich beinahe von einem Mitglied der Gestapo verhaftet worden. Ich fuhr mit der U-Bahn.

Als wir Hasenheide, eine Station vor Neukölln, erreicht hatten, forderte mich ein Detektiv in Zivil auf, ihm zu folgen. Als ich mir seine Belästigung verbat, zeigte er mir eine Gestapo-Kennmarke, die an seinem Rockaufschlag befestigt war. Ärgerlich, aber keineswegs eingeschüchtert, folgte ich ihm. Im Gegenteil, ich hatte große Lust, mich zu rechtfertigen. Er sagte mir, daß er in mir eine Spionin vermute, wobei er den Papieren, die ich ihm zeigte und die meine Identität bewiesen, keine Beachtung schenkte. Er nahm mich mit auf die Wache. Etwas später, während ich noch rief, daß meine Vorfahren schon seit 300 Jahren in Deutschland gelebt hätten und daß einer von ihnen sogar Soldat unter Friedrich dem Großen im 7jährigen Krieg gewesen sei, erschien der Wachtposten selbst, sah mich und sagte: ›Das ist Frau Dr. Wolff, sie hat meine Frau im Neuköllner Ambulatorium behandelt.‹ Zu meiner großen Überraschung ließen mich die Beamten laufen, und ich fuhr weiter nach Neukölln. Mein Erlebnis hatte keine direkten Folgen, erschütterte mich aber natürlich sehr. Ich ging danach kaum noch auf die Straße. Als dann eine Verordnung in Kraft trat, nach der private Krankenkassen keine Honorare mehr an jüdische Ärzte zahlen durften, fühlte ich, daß meine Tage in Deutschland gezählt waren. Ich hatte in den letzten vier Jahren eine kleine Privatpraxis geleitet, aber mit dieser Verordnung war mir jede Möglichkeit genommen, den Lebensunterhalt zu verdienen.

Obwohl ich jetzt keine Arbeit mehr hatte, war ich noch nicht endgültig dazu entschlossen, mir eine neue Heimat zu suchen. Dazu war erst noch ein anderer Schock notwendig, der auch bald kam. Die Hauswartsfrau, die für den Block zuständig war, in dem ich wohnte, war eine frühere dankbare Patientin von mir. Ich hätte niemals vermutet, daß ihr 18jähriger Sohn, ein dümmlicher Halbwüchsiger, der sich auf der Straße großtat, zu meinem endgültigen Entschluß, das Land meiner Geburt aufzugeben, beitragen würde. Er war Parteimitglied und streifte schon in Uniform umher, bevor Hitler an die Macht kam. Ich bin mir so sicher, wie man ohne letzten Beweis eben sein kann, daß er mich bei der Gestapo denunzierte. Am 19. Mai 1933 verließ ich morgens mein Haus, und als ich wiederkam, sagte mir mein Dienstmädchen, weiß wie ein Laken: ›Die Gestapo war hier und hat die Wohnung und den Keller durchsucht. Sie sind wegen Bombenbesitzes angezeigt worden. Die Beamten kommen am Nachmittag zurück, um in ihrer Gegenwart die ganze Wohnung zu durchsuchen.‹ Ich rannte zu einer mit mir befreundeten Patientin, die in der Nähe wohnte, und erzählte ihr, was geschehen war. Sie begleitete mich nach Hause und blieb die ganze Zeit über bei mir, während zwei Detektive alle meine Papiere und meinen persönlichen Besitz durchsahen. Sie gingen auch in den Keller. Die ganze Angelegenheit hätte ein Scherz sein können, so lächerlich war die Anschuldigung. Ich war immer noch in kämpferischer Stimmung und platzte fast vor Wut; als ich sie fragte: ›Wer ist das Schwein, das mich denunziert hat?‹ Ich mußte ein magisches Wort benutzt haben. Die beiden Männer wurden ganz freundlich und entschuldigten sich, mir Schwierigkeiten bereitet zu haben. Sie unterstrichen ihre Freundlichkeit mit den Worten: ›So etwas müssen wir andauernd tun. Sie brauchen keine Angst zu haben, denn wir haben nichts gefunden, was Sie belasten könnte.‹

Jahrelang hatte ich nicht bemerkt, daß ich mein Leben in einer gefährlichen Umgebung verbracht hatte, gefährlich in einem weiteren und einem sehr engen Sinne. Der Sohn meiner Patientin war schon seit langem ein Mitglied der NSDAP, und einige Minuten von meiner Wohnung entfernt an einem schönen Park, an dem ich jeden Tag vorbeigegangen war, stand ein Eckhaus mit einem großen Emailleschild an der Tür, das die Aufschrift trug: ›Dr. Goebbels, Arzt.‹ Einige meiner Patienten sagten mir ihren Schutz bei allem weiteren Ungemach zu; aber ich konnte mich mit dem Leben in Deutschland keinen Tag länger als irgend nötig abfinden.

Ich traf die notwendigen Vorbereitungen in einer von Angst beschleunigten Eile. Als ich zur örtlichen Polizeiwache ging, um meinen Paß abzuholen, gab mir der Polizeibeamte das für fünf Jahre gültige Dokument mit den Worten: ›Es tut mir leid, daß Sie

Deutschland verlassen. Meine Frau sagt immer, jüdische Ärzte sind die besten.‹ Mir waren bei den meisten Deutschen, mit denen ich zu tun hatte, Sympathie und ein gewisses Schamgefühl begegnet, aber diese Höflichkeit blieb in meinem Gedächtnis eingegraben wie etwas, das ich niemals vergessen durfte.

V

All die Jahre, die ich in Deutschland vor 1933 als Ärztin verbracht hatte, waren gut gewesen und hatten meinem Temperament und meinen Neigungen entsprochen. Damals hatte ich Kollegen und eine Arbeit kennengelernt, die mich mit der Gesellschaft verbanden.

In der entgegengesetzten Situation befand ich mich als Ärztin in London, wo ich isoliert wie in einem Glashaus arbeitete. Das geschah zum Teil durch die äußeren Umstände, zum Teil auf eigenen Wunsch. Die Arbeit gab mir ein Gefühl der Sicherheit und befriedigte mich, denn ich liebte sie. Ich konnte kein Zugehörigkeitsgefühl entwickeln, denn ich gehörte keiner psychotherapeutischen Schule an und hatte einen den Briten fremden kulturellen Hintergrund. Da ich gern mit mir allein bin und nachdenke, quält mich der Unterschied zwischen meiner Arztexistenz in Deutschland und in London nicht.

Ich habe auf verschiedener Erde, wirklich in meinem ganzen Leben, versucht, meinem Selbst näherzukommen. Natürlich ist jeder Mensch zu jeder Zeit auf der Suche nach seinem Selbst. Es ist die wichtigste Suche für uns überhaupt. Das Komplizierte dabei ist, daß wir es nie wirklich finden noch festhalten können, wenn wir einen Schimmer von ihm entdecken. Heilige und Sünder sind nicht besser dran als die, die keins von beiden sind. Ich bin immer noch auf der Suche nach meinem Selbst und ich werde sie fortsetzen, mein Leben lang. Das ist die Situation des Menschen — und also meine.

1. Das menschliche Leben ist ein einziger Monolog, aber leben heißt zusammenleben.

2. Die einzige Wirklichkeit, die wir erkennen können, ist die Wirklichkeit der Selbst-Erkenntnis.

3. Wer das Glück sucht, sucht vergeblich. Glück fällt einem zu.

4. Charme ist eine subtile Form sinnlicher Anziehungskraft, der bewußte oder unbewußte Wunsch, einen anderen Menschen oder seine Gunst zu gewinnen. Je weniger der Charmante seiner Macht bewußt ist, desto reizender und wirkungsvoller ist er.

5. Tugend und Laster sind Phantasieprodukte gesellschaftlicher Konventionen. Es gibt nur konstruktive und destruktive Verhaltensmuster, Strukturen, die austauschbar sind und ineinander übergehen.

6. Sünde ist der Mangel an Kontakt mit sich selbst und anderen.

7. Schuldgefühle sind das Resultat mangelnder Beziehung zur Realität.

8. Liebe bedeutet Kontakt, und es gibt ebenso viele Arten der Liebe wie des Kontakts.

9. Gleichgeschlechtliche Liebe ist die ideale Zwillingsbrüderschaft.

10. Sehnsucht ist der bittersüße Genuß faszinierender Frustrationen.

11. Alle Menschen werden von Kindheit an manipuliert. So führen die Manipulierten die Manipulierten, und niemand weiß, was der Mensch wirklich ist.

12. Die drei Säulen menschlicher Beziehungen sind Vertrauen, Würde und Unabhängigkeit.

13. Äußere Ereignisse sind nie ganz gleich; Ereignisse im Innern können sich ständig wiederholen.

14. Materielle Sicherheit ist ein Rahmen ohne Bild; moralische Sicherheit ist ein Bild ohne Rahmen; emotionale Sicherheit ist ein Widerspruch in sich selbst.

15. Großzügigkeit ist die verschwenderische Verausgabung des eigenen Selbst.

16. Einige moderne Dramatiker wie Beckett, Ionesco und Pinter haben erkannt, daß den größten Anteil an unserem Innenleben der Automatismus der Selbst-Hypnose hat, und daß das Denken nichts weiter ist als ein Reflex, ein undurchsichtiger Vorgang, bei dem man immer wieder die gleichen Stellen abgrast. Gertrude Stein hat schon fünfzig Jahre früher den Weg gezeigt, der hin zur Erkenntnis unserer hoffnungslos automatisch und mechanisch ablaufenden Natur führt.

17. Der Ursprung einer jeden dichterischen Erfindung ist entweder biographisch oder autobiographisch. Biographie und Roman unterscheiden sich nur durch einen zwischen sie geschobenen Prozeß der Verschleierung und Konstruktion zu einer bestimmten Struktur. Ein Roman ist eine umgewandelte und abstrahierte Biographie oder Autobiographie.

18. Die meisten von uns leben aufgrund unvermeidlicher sozialer und psychischer Abhängigkeiten ein Leben aus zweiter oder dritter Hand. Diejenigen, die nach dem siebten Lebensjahr noch Erfahrungen aus erster Hand machen, sind Genies.

19. Der Narziß starrt so oft und so intensiv auf sein Spiegelbild, daß es trüb wird und schließlich blind. Der Überhöhung des Ego folgt seine Zerstörung.

20. Der Narziß liebt sein Spiegelbild, aber fürchtet und verdrängt seinen Schatten. Vermutlich deshalb umgibt er sich mit menschlichen ›Schatten‹, Sklaven, die den Gott von eigenen Gnaden anbeten und ihm ergeben folgen.

21. Der Gestrauchelte ist eine Parodie des Narziß.

22. Jede emotionale Unsicherheit geht zurück auf einen extremen Narzißmus, der die Fähigkeit zu lieben ausschließt.

23. Der Neurotiker flüchtet sich ständig in eine neue Krankheit, um sich am Leben zu erhalten.

24. Innerer Widerstand ist vielleicht die Weisheit des Unbewußten.

25. Der Künstler ist das Kind und der Atlas der Innenwelt.

26. Von Geburt an ist die Psyche der beständige Ausdruck der Gesamtheit unserer emotionalen Eindrücke.

27. Jede Erfahrung, seien es physische Reize oder Gedanken, ist im Grunde emotional, entstanden und geleitet durch das Gefühl.

28. Was wir für uns selbst sind, ist immer gegenwärtig; was wir für andere sind, immer vergangen.

29. Unsere Wirkung auf andere hängt davon ab, was wir sind; sie wird verstärkt oder geschwächt durch das, was wir scheinen.

30. Ich fühle mich weit schuldiger, wenn mein Gefühl falsch ist, als wenn ich etwas Falsches tue.

31. In der Kindheit gibt es keinen Abgrund zwischen Tagträumerei und Kreativität.

32. Wenn wir noch sehr jung sind, besteht ein großer Teil unseres Lebens aus Tagträumen, sie sind gleichzeitig unsere Lehrmeister. Wenn dann aber die unumgängliche Gehirnwäsche sich unserer bemächtigt hat, behaupten sich mit der Zeit immer mehr die zerstörerischen Kräfte der Imagination; es liegt nur an der Verwundung der verletzlichen Psyche, daß Tagträumerei unsere Vitalität aufzehren kann.

33. Beim Erwachsenen sind Tagträume die schwankende Brücke zwischen schöpferischem Bedürfnis und Weltflucht.

34. Körperliche Anstrengung und Befriedigung sind die Grundlagen geistiger Gesundheit. Der Wahnsinnige verläßt erst seinen Körper und dann seinen Geist.

35. Fühlen heißt alle körperlichen und geistigen Antennen auf Empfang stellen. Die ankommenden Schwingungen werden dann an alle inneren Stationen weitergeleitet und beeinflussen unsere Reaktion.

36. Unser Wahrnehmungsvermögen kann niemals umfassend sein. Auch der Bereich innerer Wahrnehmung ist begrenzt, außer für den Dichter und Propheten. Erkenntnis ist die Reaktion auf die Wahrnehmung, aber sie wird durch das Gefühl eingeengt. Innere Verwirklichung ist ohne Beweiskraft und kann sich manchmal sogar in die entgegengesetzte Richtung verschieben, da sie in Beziehung steht zu den Erleuchtungen im Erkenntnisbereich, die je nach den gefühlsmäßigen Strömungen oder Unterströmungen einen großen oder engen Umkreis haben. Alle Vergegenwärtigungen sind deshalb eine Sache der Emphase.

37. Telepathie ist die Gabe, mit einem ›inneren hypnotisierten Ohr‹ zu hören, die Wellen aufzunehmen, die die Gedanken und Gefühle anderer Personen ausstrahlen. Hypnose hat gezeigt, daß Gedanken und Suggestionen einer anderen Person in unser Hirn eindringen können, ohne daß wir uns dessen bewußt werden.

38. Dinge, die man sieht und findet, erstarren und werden Vergangenheit; jedes Finden bedeutet beides, Gewinn und Verlust.

39. Nur ›in utero ovo‹ spielt die Natur eine Beschützerrolle. Mit dem fertigen Produkt schwindet ihr Interesse. Menschen gehen nur so lange dem Leben entgegen, wie sie noch nicht allein lebensfähig sind. Sind sie es, nähern sie sich dem Tode.

40. Während der kindlichen Entwicklungszeit kommt der Fortschritt auf friedlichem Wege und wird in Frieden gelassen. Danach stellt sich der Fortschritt weit eher durch Leiden und Hindernisse als durch Erfüllung ein. Nur ein Zustand permanenter innerer Revolution kann eine Evolution hervorbringen.

41. Die Gehirnwäsche fängt bei der Geburt an und schaltet sich wahrscheinlich direkt in den geistigen Wachstumsprozeß ein. Eine generelle Unbeholfenheit und ein Mangel an manueller Geschicklichkeit sind, wenn sie nicht aufgrund organischer Fehlentwicklungen entstanden sind, das Ergebnis schwerer psychischer Mißhandlung des Kindes, die von mangelnder Fürsorge oder übertriebener Verhätschelung kommt. Es ist nicht die körperliche Gewalttätigkeit allein, die hemmende Schläge austeilt. Jede psychomotorische Störung macht sich in der menschlichen Dynamik bemerkbar: in Gestik, Haltung und Ausdrucksweise, Sprache, Handschrift und allen Fertigkeiten.

42. Das Gedächtnis ist die Substanz der Identität:
Es gibt zwei Arten von Gedächtnis:

1. Das durch Nachplappern in der Kinderzeit gebildete Gedächtnis, das fortwährende Erzählen und Wiederholen von dem, was man wahrgenommen hat. Der Nachplapperer ruft sich jederzeit Worte und Gedichte, sogar ganze Seiten eines Buches zurück. Diese Art des Erinnerns ist immer in uns, aber sie ist außerhalb unseres wirklichen Selbst.

2. Die andere Art des Gedächtnisses, die ich ›Jakobsleiter‹ nennen will, ist zielgerichtet. Es begleitet und leitet das Selbst Schritt für Schritt auf seiner Reise von den unbewußten Anfängen bis zu allen Arten der Erkenntnis. Es ist immer da und in uns, aber wir können niemals in seine Ganzheit sehen. Ohne seine Stufenleiter würde das Selbst in den bodenlosen Abgrund des Nichts fallen.

BESINNE DICH SELBST UND DU WIRST GESUND SEIN

43. Über das Gefühl.

Das Gefühl ist das Zentrum, die Sonne des kleinen Universums, das der Mensch ist. Genauso ist es in der Tierwelt, sogar in ihren niederen Formen, wo das Gefühl Instinkt genannt wird. Instinkt ist nur sein primitiver Ausdruck.

Das erste Aufflammen eines Gefühls zwischen zwei Menschen ist eine Geburt, die Geburt eines Dramas. Genau wie das Leben selbst ist es ein Drama in drei Akten: Anstieg, Höhepunkt, Abfall.

Eine jede dieser drei Phasen kann sehr lang oder sehr kurz sein, die inneren Vorgänge aber bleiben die gleichen.

Weil das Gefühl dramatischen Charakter hat, sind alle gefühlsmäßigen Erlebnisse in ihrem Wesen tragisch.

Obwohl Gefühle zu Ende gehen, sind ihre Rückstände von Dauer. Sie sind das Baumaterial für die Psyche, die ihre eigene Geologie hat. Unter der Oberfläche des Bewußtseins liegen sehr viele Schichten von Erfahrungen, die sich vollzogen haben, halb vollzogen oder noch gar nicht vollzogen sind. Sie sind Elemente des Selbst, das den inneren Reichtum des Menschen ausmacht.

Aus dieser Substanz saugen menschliche Beziehungen ihre Kraft, wenn der Funke verglüht ist. Neue emotionale Erlebnisse führen dazu, Früheres zurückzurufen und wieder aufleben zu lassen. Jeder Mensch kann sich immer von Neuem aufschwingen, hat die Fähigkeit zu einer neuen Evolution, zur Veränderung seiner inneren Strukturen und Umrisse. In diesem Sinne kann jeder ein neuer Mensch werden. Trotzdem können zwei Menschen das gleiche Gefühl zueinander nicht zweimal haben: es wird immer modifizierte Wiederholung des originalen Erlebnisses sein oder ein neues Gefühl, das sich aufgrund seiner inneren Gesetzmäßigkeit ebenso unvermeidlich entfaltet wie es vergeht.

44. Über die Aufrichtigkeit in der emotionalen Kommunikation.

Es gibt drei Arten von Aufrichtigkeit, wenn es um den Ausdruck starker Gefühle geht: vollkommene Aufrichtigkeit, den Willen zur Aufrichtigkeit und halbe Aufrichtigkeit. Vollkommene Aufrichtigkeit gibt es nur in den ersten Stadien, wenn das aufflammende Gefühl beide Partner getroffen und in ihnen ähnliche Erschütterungen und Reaktionen hervorgerufen hat. Kommunikation gehört in die Welt der unbewußten und unmittelbaren Reflexe. Symptome und Gesten sind automatisch.

JEGLICHE AUFRICHTIGE KOMMUNIKATION ZWISCHEN ZWEI GEFÜHLSMÄSSIG ANEINANDER GEBUNDENEN MENSCHEN GESCHIEHT AUTOMATISCH UND UNBEWUSST

Sie ist meistens auch eine nicht-verbale Kommunikation. Wenn Worte überhaupt benötigt werden, sind sie automatisch und die Begleiter von Gestik und Ausdruck. In dem Augenblick, wo umgekehrt Gesten Begleiterscheinungen zu Worten werden, hat sich die erste Unaufrichtigkeit unbeabsichtigt in das Verhältnis eingeschlichen, das sich immer noch an die Wahrheit klammert, jetzt aber bewußt und aus der Angst geboren, der Angst, den anderen zu verletzen oder zu verlieren. Sobald gefühlsmäßige Beziehungen alltäglich werden und sich etabliert haben, ist ein gewisser Grad von Unaufrichtigkeit unvermeidlich. Nur wenn man dieses und ebenso die Unvermeidbarkeit der Gefühlsveränderungen und -entwicklungen klar erkannt hat, kann man eine Beziehung unversehrt erhalten. In jedem von uns steckt die Sehnsucht nach der ›Urerschütterung‹, der Geburt des Gefühls, die das Wesen des Lebens selbst ist. Die Menschen versuchen auf verschiedenem Wege, sie immer wieder zu erleben, am häufigsten durch sexuellen Kontakt. Eine sexuelle Beziehung ist nämlich häufig nicht ein Akt ›sui generis‹, sondern eine Verschleierung gerade dieses Verlangens nach grundlegenden gefühlsmäßigen Erlebnissen.

45. Die äußere Erscheinung ist nicht alles, aber alles hat seine äußere Erscheinung.

46. Emotionale Liebe wirkt wie ein Magnet, ist automatisch und deshalb unausweichlich. Bewußt lieben zu wollen ohne emotionales Engagement ist fast unmöglich. Die bewußte Liebe zu einer anderen Person ist eine Kunst und eine Aufgabe. Dazu ist es wichtig, sich selbst geliebt zu haben. Sich selbst emotional *und* bewußt zu lieben, ist überhaupt die schwierigste Aufgabe, die es gibt. Im Grunde ist es unmöglich, aber die Selbstliebe ist der Anfang des einzigen Weges, alles Böse aus der Welt zu schaffen.

47. Weil wir unfähig sind, uns selbst zu lieben, sind wir geneigt, aus uns selbst herauszugehen, um zu lieben und geliebt zu werden. Wir sollten uns aber hüten, zu viel und zu weit aus uns herauszugehen, da wir vielleicht gar nichts mehr vorfinden, auf das wir uns stützen können, wenn wir in uns zurückkehren müssen.

48. Die Menagerie des Menschen.

Wir leben in einer Menagerie, und je älter wir werden, desto unverkennbarer taucht unser individueller tierischer ›Urahne‹ aus der Tiefe an die Oberfläche. Wir können Katzen, siamesische Katzen, Tiger, Affen, Schweine, Eichhörnchen, Mäuse und Ratten unter unseren Mitmenschen ausmachen, ganz zu schweigen von Hunden, Löwen, Fischen und — das trifft besonders auf England zu — Pferden. Wenn mich ein sehr alter Freund anschaut, sehe ich jetzt öfter als früher in das Auge eines Kabeljaus, denn das Alter hat seinen Glanz getrübt. Eine andere Freundin mittleren Alters sieht immer mehr aus wie eine siamesische Katze, der sie auch tatsächlich in Charakter und Ausdrucksweise ähnelt. Max Ernst hat mir einmal gesagt, daß für ihn die Menschen *wirklich* Tierköpfe haben, eine Vision, die er auch in seinen Bildern festgehalten hat.

Wir tragen unsere phylogenetische Vergangenheit nicht nur im Keim, sondern unser ganzes Leben lang mit uns herum, und wir scheinen auf diese oder jene

Tierart fixiert zu sein. Je älter wir werden, desto stärker ausgeprägt ist unser tierhaftes Aussehen. Bedeutet das, daß es mit uns im Alter bergab geht, daß wir uns immer mehr vom Menschlichen wegbewegen? Es ist eine eigentümliche Tatsache, daß Kinder am wenigsten wie Tiere aussehen, obwohl sie ihnen doch, gemessen an der Zeit und ihren Fähigkeiten, am nächsten sind, Kindergesichter erinnern überhaupt nicht an Tiergesichter, sie sind eine Gattung für sich: eben Kindergesichter.

49. Das Schicksal wird durch Vererbung und äußere Umstände bestimmt und durch Erziehung bedingt, aber gemacht aus der Anziehungskraft, die wir auf die uns umgebende Welt ausstrahlen.

50. Die bedeutenden Augenblicke in unserem Leben haben einen eigentümlich träumerischen Charakter und verbreiten ein Gefühl der Unantastbarkeit. Wir sind nicht absolut sicher, ob sie schon da waren oder noch nicht. Und *sie* sind die Erlebnisse, die die Zeit transzendieren und uns mit einer unbekannten Ewigkeit verknüpfen.

51. Das Rätselhafte ist das Herz emotionaler Beziehungen. Verschwindet es, verschwindet mit ihm das Leben aus der Beziehung.

52. Ich bin, was ich *war*, und weil ich war.

53. Alle menschlichen Verhaltensweisen sind Versteckspiele, Benimmattrappen, und weniger Ausdruck menschlicher Gefühle. Nur unbewußte Zufallsprodukte innerer Vorgänge wie kleine Versprecher, vor allem aber Gestik und Körperhaltung — kurz gesagt, die Physiognomie — zeigen die Handschrift der menschlichen Realität.

54. Alle Kunstwerke sind Selbstporträts der Künstler, entweder umgestaltete oder verunstaltete.

55. Heuchelei zerstört immer das eigene Selbst und selten das andere.

56. Gewohnheiten sind die Säulen des Lebens ebenso wie seine Grabhügel.

57. Jede menschliche Beziehung braucht den Konflikt, man muß sie regulieren, muß an ihr arbeiten können. Sie würde sich auflösen, wenn man sie in Ruhe ließe.

58. Religion ist der kunstvollste Konflikt, dessen der Mensch in seiner Beziehung zu sich selbst und dem Universum fähig ist.

59. Der Konflikt ist der schöpferische Mechanismus, mit dem der Mensch versucht, das Vergängliche dauerhaft und das Bestechliche weniger bestechlich zu machen.

60. Gerade die Existenz des Konflikts scheint die Stetigkeit und den Fortbestand des Menschen über die Natur hinaus und außerhalb von ihr aufzuzeigen.

61. Die Natur sorgt nur für sich und nicht für das Individuum. Das individuelle Wachstum muß sich gegen die Natur behaupten.

62. Seele und Natur sind Todfeinde. Jede Phase in der seelischen Entwicklung ist gegen die Natur.

63. Die Basis aller seelischen Entwicklung ist das Leiden.

64. Natürliche Abläufe haben zwanghaften Charakter. Ist erst einmal der Keim gelegt, läuft alles Weitere bis aufs I-Tüpfelchen genau ab. Gefühle gehören in den Bereich der Natur, und auch sie haben einen zwanghaften Charakter. Veranlassen wir sie, von ihrem Kurs abzuweichen, legen wir es auf Verwicklungen an und kämpfen gegen die Natur mit Hilfe der Seele. Das Ergebnis dieses Kampfes ist entweder erhaben oder entsetzlich.

65. Das Gefühl ist das Zentrum des inneren Lebens und der Punkt, wo Natur und Seele aufeinandertreffen, denn es sind unsere Gefühle, auf die wir zuallererst und vordringlich die verwandelnde Kraft des Konflikts richten.

66. Manche Erkrankungen können uns dem Selbst näherbringen, andere entfernen uns von ihm. Alle Krankheiten, die Depressionen einschließen, trennen uns von unserem Selbst; deshalb fühlen wir uns schuldig, wenn wir krank sind.

67. Ein Neurotiker leidet in Wirklichkeit daran, daß er Kontaktschwierigkeiten mit dem eigenen Selbst hat.

68. Depression und Angst trennen uns von unserem Selbst. Da wir nicht immer frei von dem einen und nie frei von dem anderen sind, können wir niemals ganz wir selbst sein.

69. Das Selbst ist der Kern des Menschen. Es ist die ausgleichende Kraft zwischen dem Ego und einem ›höheren‹ oder kosmischen Bewußtsein, das nur wenige von uns in seltenen Augenblicken unmittelbar und flüchtig erleben. So entzieht sich das Selbst weit öfter als umgekehrt der unmittelbaren Bewußtheit, aber es macht sich in allen von uns bemerkbar durch das Identitätsbewußtsein.

70. Das Ego ist das Medium emotionaler Reaktionen, der Triebe und des Bewußtseins. Die Hauptfunktionen des Ego sind die Bewahrung der Selbstachtung, die Aufmerksamkeit für die eigene Person und die Kraft der Selbstbestätigung. Diese Bedürfnisse machen die Unterdrückung von Trieben und emotionalen Reaktionen notwendig. Aber die Repressionen können die Selbstverteidigung durchbrechen. Und das Leben selbst ist eine Gefahr für die Totalität des Egos. In beiden Fällen sind neurotische und geistige Störungen die Folge. Schon Freud hat gesagt: ›Das Ich ist nicht Herr im eigenen Haus.‹

71. COGITO EGO SUM.

Register

In der Reihe Passagen sind bisher erschienen:

In der Reihe Passagen sind bisher erschienen:

Jean Meynaud, Heiner Stück,
Jutta Matzner, Robert Jungk
SPEKULATIONEN
ÜBER DIE ZUKUNFT
272 Seiten.

Irmtraud Morgner
GAUKLERLEGENDE
Eine Spielfraungeschichte.
116 Seiten. 6 Farbtafeln.

NEUER ROTER
KATECHISMUS
Herausgegeben von Karl Frey-
dorf. Kommentiert von Frank
Böckelmann. 268 Seiten.

Paul Scheerbart
GLASARCHITEKTUR
und gesammelte architek-
tonische Phantasien. Nachwort
Wolfgang Pehnt. 216 Seiten.

Ulrich Sonnemann
DER BUNDESDEUTSCHE

DREYFUS-SKANDAL
Mit einem Kommentar von
Sieghart Ott. 112 Seiten.

J. Stalin
MARXISMUS UND FRAGEN
DER SPRACHWISSENSCHAFT
und N. Marr
ÜBER DIE ENTSTEHUNG
DER SPRACHE
Einleitung von Etienne Balibar.
148 Seiten.

Hella Tiedemann-Bartels
VERSUCH ÜBER DAS
ARTISTISCHE GEDICHT
Baudelaire, Mallarmé, George.
160 Seiten.

Charlotte Wolff
INNENWELT UND
AUSSENWELT
Autobiographie eines Bewußt-
seins. 268 Seiten.

In Vorbereitung:

André Breton
LES VASES COMMUNI-
CANTS / POINT DU JOUR /
LES PAS PERDUS

André Breton / Paul Eluard
L'IMMACULEE CONCEPTION

Georges Bataille
LA PART MAUDITE

Salvador Dali
GESAMMELTE ESSAYS

Robert Desnos
LA LIBERTE OU L'AMOUR

Sergei Eisenstein
THEORIE AUS DEM
NACHLASS

Hanns Eisler
MUSIKALISCHE SCHRIFTEN

Charles Fourier
LE NOUVEAU MONDE
AMOUREX

Gert Mattenklott
EIN SCHÖNER SOZIALISMUS
John Ruskin, Oscar Wilde,
William Morris

Alberto Savinio
LA NOSTRA ANIMA

Ulrich Sonnemann
DAS ZUVERLÄSSIGE
AN DEUTSCHLAND

Stefan Themerson
WUFF, WUFF ODER WER
TÖTETE RICHARD WAGNER

Oswald Wiener
DIE GROSCHEN-
PORNOGRAPHIE DER
JAHRHUNDERTWENDE

Raymond Williams
KULTUR UND
GESELLSCHAFT
1780 — 1950